L'Internet quantique

Fabrice Dupuy

L'Internet quantique

L'intrication quantique au cœur du réseau de demain

Préface de Laurent Leboucher,
CTO Orange

DUNOD

Édition : Matthieu Daniel, Anne Le Duc
Direction et conception graphique de la couverture : Nicolas Wiel (DA), Elizabeth Riba (graphiste)
Mise en page : Lumina Datamatics

11 rue Paul Bert, 92240 Malakoff
www.dunod.com
ISBN 978-2-10-086946-6

Préface

Ce livre passionnant aborde une rupture technologique fascinante qui marquera profondément l'histoire humaine : celle de la deuxième révolution quantique, autrement dit de l'avènement de l'informatique quantique et plus particulièrement de son implication sur les réseaux de communication. Là où les ordinateurs classiques atteignent leurs limites, les systèmes quantiques, défiant les lois de la physique conventionnelle, laissent envisager la résolution d'une catégorie très large de problèmes complexes jusqu'alors considérés comme insolubles. Les champs d'applications sont gigantesques et les répercussions économiques seront colossales. Dans le même temps, l'arrivée progressive de tels systèmes nécessitera la constitution de nouveaux protocoles de communication permettant de mettre en réseau toutes ces ressources tout en gardant les propriétés essentielles du monde quantique.

Pour comprendre ces nouveaux paradigmes, il faut revenir aux fondements de la physique quantique et aborder les notions élémentaires que sont les fonctions d'onde, la superposition d'états, l'intrication, l'observation, la localisation, la cohérence, la décohérence, le bruit thermique... Il nous faut aussi appréhender la différence de nature entre l'information classique et l'information quantique.

Une première famille d'applications essentielles est celle de la protection des communications et de l'information en partant du principe que certains hackers n'hésiteront pas dès maintenant à écouter et enregistrer des communications chiffrées pour pouvoir les décoder massivement plus tard lorsque les ordinateurs quantiques le permettront. Les protocoles de distribution quantique de clés de chiffrement peuvent répondre à cet enjeu et commencent à être déployés mais sont pour l'instant limités à des liens point à point car les nœuds restent des systèmes classiques.

Mais c'est bien au-delà de cette première famille d'applications que l'auteur nous emmène avec passion et pédagogie. Partant du principe qu'il n'existera pas un seul type d'ordinateur quantique mais une grande diversité pour résoudre des problèmes complémentaires différents, les communications entre ces systèmes seront essentielles et ne pourront se reposer uniquement sur une communication classique. Se dessine donc une architecture nouvelle de la communication qui repose sur des composants nouveaux : des nœuds, des répéteurs, des routeurs de l'intrication... L'Internet quantique émergera mais ne sera pas purement quantique : il devra coexister avec une partie classique. Cette nouvelle complexité hybride amènera de nouveaux enjeux industriels d'interopérabilité, de latence, de résilience, de protection de l'information, de mise en *pool* de capacités de calcul. Les règles du jeu réglementaires sur la protection des données pourraient changer de même que les pratiques de surveillance et d'observation du trafic. Autant de questions profondes qui donneront du fil à retordre aux futurs opérateurs de télécommunications « quanto-classiques ».

C'est donc un véritable voyage aux facettes multiples que nous propose Fabrice : en redécouvrant le cheminement initial des physiciens précurseurs, les questions posées dans l'expérience de pensée d'Einstein, Podolsky et Rosen, puis l'expérience d'Aspect et l'émergence de cette nouvelle science de l'information quantique, les premières applications quantiques pour protéger les communications classiques, et le champ complètement nouveau de l'informatique quantique distribuée ainsi que de l'Internet quantique sous-jacent. Un bouillonnement qui ne laissera certainement pas indifférents chercheurs, ingénieurs et entrepreneurs. Sans oublier les étudiants en informatique ou en physique qui rejoindront cette nouvelle et formidable aventure humaine.

Laurent Leboucher,
Orange Group Chief Technology Officer

TABLE DES MATIÈRES

Avant-propos

Un réseau de communications par paquets IP (un *net*) et *a fortiori* l'interconnexion de tous ces réseaux de communications par paquets (*Inter-net*) posent au XXIe siècle un certain nombre de défis déjà bien identifiés.

L'un concerne la croissance, toujours exponentielle, du volume d'informations traitées et transmises entre les utilisateurs d'Internet et les plateformes des géants (GAFAM, BATX, NATU)[1]. Selon l'institut *International Data Corporation* (IDC), le volume de données créées ou répliquées a atteint un record en 2020 : 64,2 zettaoctets, soit un peu plus de 64 mille milliards de milliards d'octets. Le même institut prédit 2 142 zettaoctets en 2035.

Un second défi sera le besoin de rendre intelligent le réseau, pour qu'il s'auto-organise (*Self-Organizing Network, Deep Learning*), tant sa complexité et le délai requis à toute prise de décision rendront l'intervention humaine de moins en moins possible ou adaptée.

Le troisième enjeu concerne la protection des données personnelles transmises ou stockées contre les attaques de tout genre. Par exemple, entre janvier et avril 2020, le nombre de cyberattaques a augmenté de 30 000 %, un chiffre explosif qui a de quoi déconcerter.

Ces défis voient le jour alors qu'a lieu l'avènement de la seconde révolution quantique. Des solutions peuvent-elles être apportées par cette dernière ? C'est l'objet de cet ouvrage.

Mais auparavant, rappelons ce que sont ces révolutions quantiques. Qu'apportent elles ? La physique quantique permet de décrire le comportement des systèmes à l'échelle des atomes, ses effets débordent du seul domaine de l'infiniment petit. La première révolution quantique, qui a accompagné les progrès technologiques du XXe siècle, a vu naître des technologies comme le transistor, pièce maîtresse de nos ordinateurs et smartphones, le laser ou le *Global Positioning System* (GPS) fondé sur les horloges atomiques. La seconde révolution quantique, qui est donc en train d'arriver, combine la physique quantique et la théorie de l'information, pour fonder la Science de l'information quantique (*Quantum Information Science ou* QIS). Elle n'est pas nouvelle, ses racines

---

1. GAFAM : Google, Apple, Facebook, Amazon, Microsoft.
BATX est l'équivalent en Chine : le moteur de recherche Baidu, le site de e-commerce Alibaba, le site de services (messageries, réseau social…) Tencent et l'entreprise technologique Xiaomi.
NATU désigne les quatre entreprises emblématiques de la disruption numérique plus récentes : Netflix et son service de streaming, Airbnb champion du séjour chez l'habitant, Tesla et sa voiture électrique, Uber avec son application de mise en relation d'utilisateurs et de conducteurs.

remontant aux années 1960. Ces dernières années, les chercheurs, ingénieurs ont réalisé des progrès dans l'**acquisition**, le **traitement** et la **transmission** de l'information quantique, ce qui sera abordé dans cet ouvrage sous les noms de **détection**, **calcul** et **communication** quantiques, trois ingrédients indispensables à l'Internet quantique.

Vis-à-vis des défis identifiés plus haut et que devra relever l'Internet actuel ou « classique », la seconde révolution quantique et son lot de propriétés (comme celles liées à la superposition quantique, à l'intrication ou aux nouveaux algorithmes) ouvrent notamment la voie à la cryptographie quantique et post-quantique, à des capacités de calcul inédites pour certains problèmes, et peut-être à l'utilisation de ressources physiques moins gourmandes en énergie. D'où la liesse récente des chercheurs et des ingénieurs à travailler sur l'Internet quantique. Notons bien que de tels réseaux de communications quantiques n'ont pas vocation à remplacer Internet, mais à le compléter.

Pour bien des raisons donc, Internet va aussi évoluer pour intégrer une facette quantique. Par exemple, alors qu'Internet repose sur des bits classiques pouvant être dans un état de 0 ou 1, sa facette quantique utilisera des bits quantiques, également appelés qubits, qui peuvent exister dans plusieurs états simultanément en raison du phénomène de superposition quantique. Et l'évolution d'Internet vers le quantique permettra d'exploiter des propriétés nouvelles comme les communications intrinsèquement sécurisées ; en effet, le protocole de Distribution de clés quantiques (*Quantum Key Distribution* ou QKD) permettra d'échanger des clés de chiffrement de manière sécurisée en exploitant les propriétés de la physique quantique. Si une tentative d'interception de l'information quantique est faite, elle perturbe l'état des particules quantiques utilisées dans la communication, alertant ainsi les utilisateurs sur toute tentative d'espionnage.

L'Internet quantique est encore en phase de recherche et de développement ; plusieurs défis technologiques doivent être relevés afin qu'il puisse devenir une réalité pratique à grande échelle. Cependant, il suscite un intérêt croissant en raison de son potentiel : i) renforcer la sécurité des communications dans un monde de plus en plus connecté, ii) mieux détecter les informations transmises par notre environnement ou iii) résoudre des problèmes algorithmiques que même le calcul de haute puissance (*High Performance Computing* ou HPC) sur les superordinateurs actuels mettrait un temps extrêmement long à résoudre.

Pour vous accompagner dans la découverte de l'Internet quantique, cet ouvrage débutera par la présentation de quelques notions de physique quantique (chapitre 1), utilisant la notation de Dirac (c'est-à-dire des kets) pour décrire les états quantiques.

Ainsi, dans le chapitre 2, nous pourrons aborder la seconde révolution quantique : l'avènement de l'informatique quantique. Qu'est-ce qu'un élément d'information quantique ou qubit ? À quoi correspond l'intrication dans cette science de l'information quantique (QIS)? Quels types de calcul pouvons-nous effectuer sur un ou plusieurs qubits ? Et quels protocoles de communications quantiques sont envisageables ?

Forts de ces deux parties introductives, nous pourrons aborder dans le chapitre 3 les applications phares qui vont inciter au développement de l'Internet quantique : les communications intrinsèquement sécurisées, le calcul quantique distribué et la détection de seconde génération, améliorée des fonctionnalités des réseaux quantiques.

Nous prendrons ensuite le temps, dans le chapitre 4, d'énumérer les éléments nécessaires d'un tel réseau de communications quantiques : les sources générant et distribuant l'intrication, les répéteurs quantiques, les mémoires quantiques et les serveurs centraux orchestrant tout ça.

Le chapitre 5 fera le point sur le modèle en couches qu'il sera nécessaire de développer pour conserver un Internet transparent vis-à-vis des choix technologiques et matériels sur chacun de ses nœuds. L'équivalent quantique du modèle OSI ou du modèle TCP-IP.

Comme les sites utilisateurs d'un tel Internet quantique ne connaissent pas les chemins qui les relient, à travers l'un de ces réseaux de communications quantiques comme à travers leur interconnexion, nous exposerons dans le chapitre 6 les nouveaux protocoles de routage qu'il faudra mettre en place et la raison pour laquelle les techniques actuelles de routage dans Internet ne conviennent pas (en l'état).

Enfin, avec le chapitre 7, nous ferons un exposé non exhaustif des premiers réseaux de communications quantiques qui voient le jour, tant en Chine, qu'aux États-Unis et en Europe.

Cet ouvrage s'adresse essentiellement aux universitaires, aux étudiants en master et aux ingénieurs/développeurs des premiers éléments de l'Internet quantique (répéteurs, mémoires et capteurs quantiques, piles logicielles). Un lecteur qui aura besoin d'un rappel concernant les concepts sous-jacents de la physique quantique et de l'informatique quantique commencera par les chapitres 1 et 2 ; le lecteur qui les maîtrise déjà passera directement au chapitre 3. Un chef de projet mettant en place une expérimentation de réseau de communications quantiques trouvera dans le chapitre 4 une checklist des éléments de réseau dont il aura besoin. Un développeur de solutions logicielles (« pile logicielle ») pour l'Internet quantique pourra directement aller au chapitre 5. L'étudiant en master s'apprêtant à se lancer dans une thèse sur les protocoles de routage de l'intrication passera plus de temps sur le chapitre 6. Des chefs de projet, voire de jeunes entrepreneurs souhaitant positionner leur projet/leur produit dans la sphère mondiale des initiatives menant à l'Internet quantique, pourront accélérer leur recherche grâce au chapitre 7.

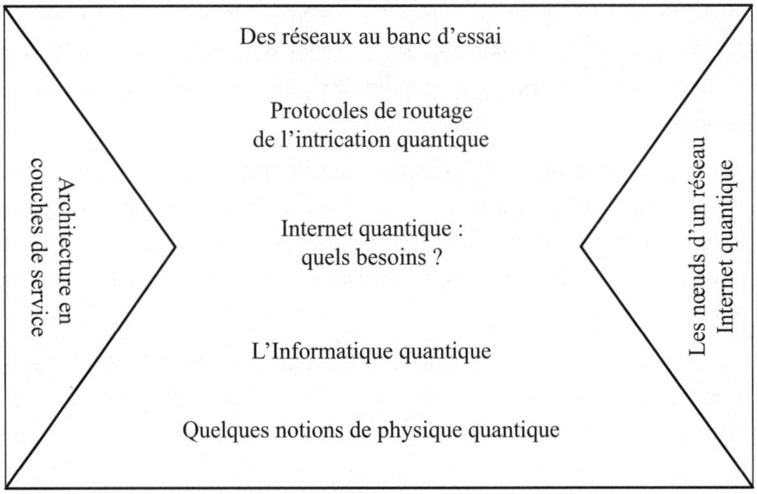

Figure 1 – Organisation de l'ouvrage en 7 chapitres.

Remerciements

Cet ouvrage n'aurait pas vu le jour sans les études préparatoires au lancement d'une thèse dans le domaine, encadrée par Claire Goursaud et Fabrice Guillemin, deux docteurs de recherche que je remercie très sincèrement.

Des soutiens épisodiques mais efficaces m'ont été apportés par le Dr Don Towsley, de l'université du Massachussetts et par le Dr William Munro, de l'université de Queensland, Australie. *Many thanks to them* !

Je remercie Régis Rottat-Laugier, ingénieur hors pair, pour sa relecture constructive et sans complaisance.

Les références bibliographiques sont numérotées entre crochets et classées par chapitre. Vous retrouverez l'ensemble de la bibliographie en fin d'ouvrage, p. 245 et suivantes.

1 Quelques notions de physique quantique

Objectifs

La physique quantique est née il y a plus de cent ans déjà ; elle permet de comprendre comment fonctionnent la matière et les ondes électromagnétiques à petite échelle. La théorie repose sur quatre postulats fondamentaux, tous issus de résultats expérimentaux. Le premier postulat stipule que les états des systèmes quantiques peuvent être décrits via des vecteurs dans un espace de Hilbert complexe ou des matrices de densité. Une décomposition linéaire en états vectoriels est également appelée superposition d'états vectoriels. Le second postulat stipule que l'évolution dans le temps d'un système quantique fermé suit l'équation de Schrödinger, ce qui implique que l'évolution de l'état quantique suit une évolution unitaire. Par la suite, von Neumann a identifié les mesures comme un autre type d'évolution, différent qui ne peut être décrit par l'équation de Schrödinger. Le troisième postulat affirme qu'une observable physique est un opérateur hermitien. La mesure de cette observable donne l'une de ses valeurs propres possibles, avec la probabilité donnée par l'ampleur du vecteur d'état normalisé sur l'espace propre du résultat. Enfin, le quatrième postulat fait référence à la description des états de systèmes quantiques composites. L'espace de Hilbert d'un système composite est représenté par le produit tensoriel des espaces de Hilbert des sous-systèmes. Ce postulat est celui qui permet la description de l'intrication et des observables intriquées.

Ce chapitre décrit les quatre postulats, en quatre sections.

1. FONCTION D'ONDE ET SUPERPOSITION

Le premier postulat stipule donc que l'état d'un système quantique peut être décrit via un vecteur d'état $|\psi>$ dans un espace de Hilbert complexe $\mathcal{H}$ s'il est pur, ou via un opérateur densité ρ si cet état est mixte.

1.1 Vecteur d'état ou fonction d'onde

En physique quantique, le vecteur d'état ou la fonction d'onde $|\psi>$ représente notre connaissance de l'état du système étudié ; elle en donne une interprétation probabiliste. En termes mathématiques, la fonction d'onde est un vecteur d'état dans un espace de Hilbert complexe $\mathcal{H}$ (postulat #1).

Par exemple, $|\psi(r, t)>$ est un vecteur de l'espace de Hilbert, correspondant à l'amplitude de probabilité associée au système quantique étudié, au point r, à l'instant t. Et l'amplitude $|\psi(r, t)>$ multipliée par sa conjuguée donne $||\psi(r, t)>|^2$, la probabilité pour que la particule ou le système quantique en question soit au point r, au temps t.

La fonction d'onde est toujours normée ; sa somme ou son intégrale sur tout le champ des possibles vaut 1 :

$$\int|\psi(r, t)|^2 d^3r = 1.$$

Toute fonction d'onde est fonction des degrés de liberté du système quantique, que l'on souhaite observer, interpréter ou mesurer. Elle utilisera :

- ✓ soit des variables continues (*Continuous Variable* ou CV) comme la position et le temps, $|\psi(r, t)>$, si l'on cherche par exemple à connaître la probabilité de positionnement du système dans l'espace-temps ;
- ✓ soit des variables discrètes (*Discrete Variable* ou DV) comme la polarisation ou le spin, si l'on cherche à connaître les amplitudes de probabilité de ces observables.

Par exemple, pour une connaissance complète d'un photon, la description théorique des degrés de liberté spatio-temporels de ses états quantiques serait :

$$|\Psi> = \sum \int d\mu(x)\ \Psi_s |x, s>$$

où s est le degré de liberté correspondant à sa polarisation, x correspond aux trois degrés de liberté de position dans l'espace et $\mu(x)$ une mesure. Cette description des états du photon dans l'espace et selon son spin utilise une variable continue x et une variable discrète s, et est de dimension infinie. Pour ce qui nous concerne dans cet ouvrage, mais aussi pour simplifier, nous utiliserons principalement des systèmes quantiques dont la grandeur physique que l'on veut observer (c'est-à-dire l'observable) aura des valeurs discrètes ($i = 0$, 1 ou 2) et non continues ($x \in [0, 2]$).

1.2 Tout est question de superposition !

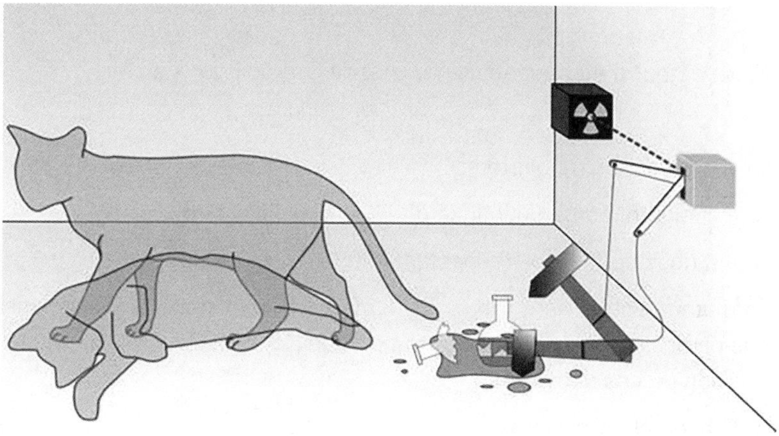

Figure 1.1 – L'expérience de pensée imaginée par Erwin Schrödinger.

L'exemple probablement le plus connu et en tout cas le plus utilisé pour présenter le principe de superposition de la physique quantique est l'expérience de pensée d'Erwin Schrödinger (figure 1.1) : le chat dans sa boîte est mort **et** vivant.

En physique classique le système étudié prend l'un des états possibles : la pièce de monnaie est retombée sur pile ou sur face, un chat est mort **ou** vivant, la face supérieure d'un dé affiche l'un des chiffres entre 1 et 6, la polarisation du photon est horizontale ou verticale, un élément d'information ou bit classique c prend la valeur c = 0 ou c = 1. En physique quantique, tant qu'il n'est pas observé ou mesuré, le système peut être dans une superposition de tous ses états : le chat de Schrödinger est mort et vivant ; la polarisation du photon est dans une superposition de polarisation horizontale et verticale ; la face supérieure du dé quantique non joué et non observé serait 1, 2, 3, 4, 5 et 6 à la fois ; l'élément d'information quantique (un quantum bit ou qubit) est dans un état superposé de 0 **et** 1.

Ainsi, un même état quantique peut posséder plusieurs valeurs d'une grandeur physique observable donnée. Le vecteur d'état ou la fonction d'onde $|\psi>$ correspondante peut prendre n'importe quelle valeur dans l'espace vectoriel de Hilbert. En utilisant la notation de Dirac, cette propriété se traduit par le fait que l'état $|\psi>$ du système est une superposition des états de base et orthonormaux de l'espace de Hilbert.

Par exemple, dans un espace de Hilbert à deux dimensions, dont une base orthonormée serait ($|0>$, $|1>$), le vecteur d'état $|\psi>$ s'écrit alors comme la superposition suivante des deux états $|0>$ et $|1>$:

$$|\psi> = \alpha|0> + \beta|1>, \ \alpha \text{ et } \beta \text{ étant deux complexes.}$$

La probabilité pour que le système soit dans l'état |0> est $|\alpha|^2$; celle pour qu'il soit dans l'état |1> est $|\beta|^2$. Et la somme des probabilités reste toujours égale à 1 :

$$|\alpha|^2 + |\beta|^2 = 1.$$

Ainsi, le vecteur d'état quantique du chat de Schrödinger s'écrit :

$$|\psi>_{chat} = \alpha|vivant> + \beta|mort> ;$$

celui de la polarisation du photon : $|\psi>_{polarisation} = \alpha|\uparrow> + \beta|\rightarrow>$;

celui correspondant au bit quantique q : $|\psi>_q = \alpha|0> + \beta|1>$;

α et β étant deux complexes respectant : $|\alpha|^2 + |\beta|^2 = 1$.

Écrire mathématiquement $|\psi>_{polarisation} = \alpha|\uparrow> + \beta|\rightarrow>$ signifie que la polarisation de l'onde-particule de lumière peut être verticale $|\uparrow>$ ou horizontale $|\rightarrow>$, ou toute superposition de ces deux états.

C'est l'observation ou la mesure qui fait s'effondrer l'état du système quantique dans l'un de ses états propres ; la mesure est une projection non unitaire. Reprenons nos exemples : un film polarisateur vertical laissera passer les photons polarisés horizontalement et imprimera ceux à polarisation verticale ; l'ouverture de la boîte de l'expérience de Schrödinger et l'observation du chat permettra à son état superposé de s'effondrer dans un des états mort **ou** vivant ; une mesure du système quantique portant l'élément q d'information quantique permettra de forcer son état à prendre les valeurs 0 **ou** 1.

Une autre façon de décrire le système quantique est d'utiliser sa matrice (ou opérateur) densité ρ. Lorsque le système en question n'est pas un mélange statistique d'états mais dans un état pur $|\psi> = \alpha|0> + \beta|1>$, son opérateur densité correspond à $\rho = |\psi><\psi|$, c'est-à-dire à :

$$\rho = \begin{pmatrix} \bar{\alpha}\alpha & \bar{\beta}\alpha \\ \bar{\alpha}\beta & \bar{\beta}\beta \end{pmatrix}$$

$\bar{\alpha}$, $\bar{\beta}$ étant les complexes conjugués de α et β. Et la trace ρ est égale à 1 :

$$\mathrm{Tr}(\rho) = \bar{\alpha}\alpha + \bar{\beta}\beta = 1.$$

Il existe plusieurs caractérisations équivalentes des états purs dans le langage des opérateurs de densité. Un opérateur de densité ρ représente un état pur si et seulement si :

- ✓ il peut s'écrire comme un produit externe d'un vecteur d'état avec lui-même, c'est-à-dire : $\rho = |\psi><\psi|$; c'est une projection, notamment de rang 1 ;
- ✓ il est idempotent, soit : $\rho^2 = \rho$;
- ✓ il a une pureté égale à 1, soit : $\mathrm{Tr}(\rho^2) = 1$.

Mathématiquement, la matrice densité d'un état pur a un rang 1, $Tr(\rho^2) = 1$, tandis qu'un état mixte a un rang supérieur à 1 : $Tr(\rho^2) > 1$.

Concentrons-nous en particulier sur le photon et observons sa polarisation. Définissons par |h> la polarisation horizontale et par |v> la polarisation verticale d'un photon (voir la figure 1.2). Dans l'état |h>, le champ électrique E est horizontal ; dans l'état |v>, le champ E est vertical.

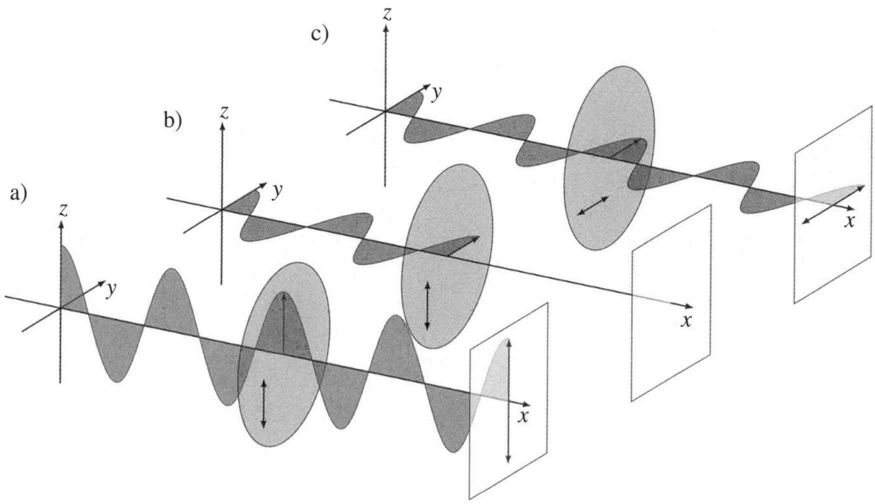

Figure 1.2 – La polarisation de l'onde est verticale |v> dans le cas a), ou horizontale |h> dans les cas b) et c).

Dans cette base à deux états |h> et |v> (notée parfois « + »), l'état quantique de la polarisation du photon s'écrit :

$|\psi\rangle = \alpha|h\rangle + \beta|v\rangle$, α et β étant deux complexes soumis à l'équation : $|\alpha|^2 + |\beta|^2 = 1$.

Et toujours dans la base « + » = (|h>, |v>), le vecteur d'état du photon polarisé ± 45 ° est décrit :

$$|+45\rangle = \frac{1}{\sqrt{2}}(|h\rangle + |v\rangle) \quad \text{ou} \quad |+45\rangle = \left(\frac{1}{\sqrt{2}}, \frac{1}{\sqrt{2}}\right)$$

$$|-45\rangle = \frac{1}{\sqrt{2}}(|h\rangle - |v\rangle) \quad \text{ou} \quad |-45\rangle = \left(\frac{1}{\sqrt{2}}, -\frac{1}{\sqrt{2}}\right).$$

Dans la nouvelle base constituée des deux vecteurs orthonormés (|+ 45>, |– 45>), base notée *x* cette fois, le vecteur d'état du même photon polarisé est décrit :

$$|+45\rangle = 1|+45\rangle + 0|-45\rangle \quad \text{ou} \quad |+45\rangle = (1,0)\ ;$$

$$|-45\rangle = 0|+45\rangle + 1|-45\rangle \quad \text{ou} \quad |-45\rangle = (0,1).$$

Les photons peuvent aussi avoir deux hélicités (polarisations circulaires), correspondant à deux états quantiques orthogonaux, |R> dénommant la polarisation circulaire droite et |L> la polarisation circulaire gauche :

$$|R\rangle = \frac{1}{\sqrt{2}}\,(|h\rangle + i|v\rangle) \quad \text{ou} \quad |R> = \left(\frac{1}{\sqrt{2}}, \frac{i}{\sqrt{2}}i\right)$$

$$|L\rangle = \frac{1}{\sqrt{2}}\,(|h\rangle - i|v\rangle) \quad \text{ou} \quad |L\rangle = \left(\frac{1}{\sqrt{2}}, -\frac{i}{\sqrt{2}}i\right).$$

Un photon peut également être dans un état de superposition tel que :

- ✓ $\frac{1}{\sqrt{2}}(|R\rangle + [L >)$; son état correspond alors à la polarisation verticale |v>) ;
- ✓ $\frac{1}{\sqrt{2}}(|R\rangle - [L >)$; sa polarisation est horizontale.

Plus généralement, il peut être dans n'importe quel état $\alpha|R> + \beta|L>$ (toujours avec $|\alpha|^2 + |\beta|^2 = 1$) correspondant à une polarisation linéaire, circulaire ou elliptique.

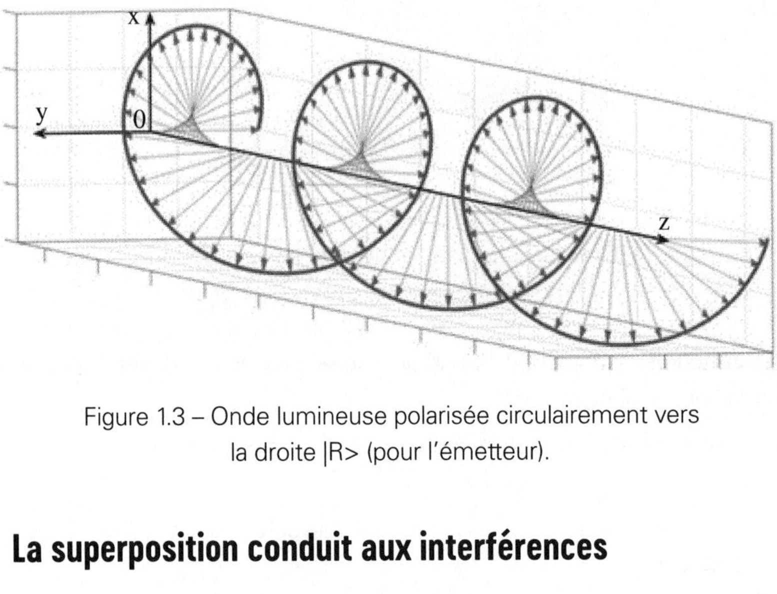

Figure 1.3 – Onde lumineuse polarisée circulairement vers la droite |R> (pour l'émetteur).

1.3 La superposition conduit aux interférences

L'interférence se produit lorsque des particules subatomiques inter-agissent avec d'autres particules dans un état de superposition probabiliste ; la version quantique est similaire à l'interférence d'autres types d'ondes classiques. Par exemple, imaginez que vous laissez tomber deux pierres dans un étang d'eau calme, créant deux ondulations ou séries de vagues dans l'étang. À certains endroits, les points hauts (les crêtes) de deux vagues entrent en collision, ce qui donne lieu à une vague plus grande. Dans d'autres endroits, le point haut d'une vague entre en collision avec le point bas (le creux) d'une autre vague, et les deux s'annulent.

Dans un système quantique, les particules existent sous forme d'ondes d'amplitude de probabilité (que ce soient les probabilités de position, de moment angulaire, d'énergie, etc.). Ces ondes de probabilité peuvent interagir de telle sorte que, lorsque le système est mesuré, certains résultats sont plus probables et d'autres moins probables. C'est ce qu'on appelle un motif d'interférence. Lorsque les ondes se renforcent mutuellement, on parle d'interférence constructive. Lorsqu'elles s'annulent, on parle d'interférence destructrice.

Les **fentes de Young** (ou **interférences de Young**) désignent l'expérience la plus connue en matière d'interférences. Elles consistent à faire interférer deux faisceaux de lumière issus d'une même source, en les faisant passer par deux petits trous percés dans un plan opaque. Cette expérience fut réalisée pour la première fois par Thomas Young en 1801, puis l'a été également avec de la matière, comme les électrons, neutrons, atomes, molécules, avec lesquels on observe aussi des interférences.

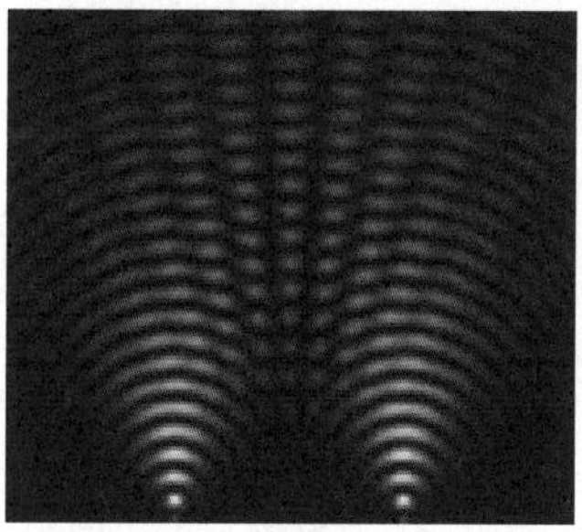

Figure 1.4 – Simulation des interférences obtenues après la traversée des fentes de Young.

Qu'advient-il si on réalise une expérience à deux fentes dans laquelle un seul photon est émis à la fois ? Pour qu'un photon passe de la source jusqu'au détecteur, il doit forcément passer à travers les fentes. Et puisqu'il s'agit d'un photon (une particule élémentaire indivisible), ce photon doit passer soit par la fente numéro 1, soit par la fente numéro 2. La probabilité de frapper le détecteur pour un photon ayant passé par la fente numéro 1 est représentée par la courbe P_1 sur la figure 1.5 (a). De la même façon, la probabilité de frapper le détecteur pour un photon ayant passé par la fente numéro 2 est décrite par la courbe P_2 de la même figure.

Cependant, si on réalise réellement l'expérience en mesurant la position d'arrivée d'un photon sur le détecteur et qu'on répète cette expérience plusieurs milliers de fois, on trouve plutôt la distribution de probabilité représentée sur la figure 1.5 (b). Clairement :

$$P_{12} \neq P_1 + P_2.$$

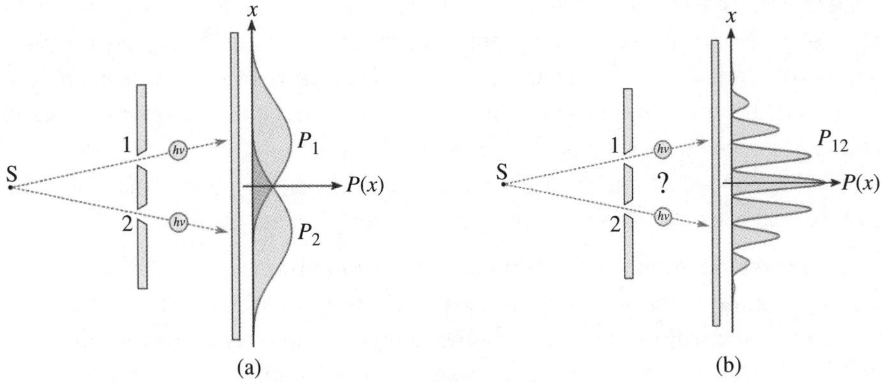

Figure 1.5 – (a) Probabilités attendues pour une source à un seul photon ; (b) Probabilités observées.

L'expérience de Mach-Zehnder facile à mettre en œuvre

L'interféromètre de Mach-Zehnder est un interféromètre optique créé en 1891 et 1892 par Ludwig Mach et Ludwig Zehnder. Il est constitué de deux miroirs et de deux miroirs semi-réfléchissants. Un faisceau de lumière cohérente est divisé en deux, puis ces deux faisceaux sont alors recombinés à l'aide d'un miroir semi-réfléchissant. Ils vont donc pouvoir interférer entre eux.

Outre l'application classique destinée à la mesure qui repose essentiellement sur une vision ondulatoire de la lumière, cet instrument permet de mettre en évidence un phénomène quantique : si on envoie une onde plane lumineuse dans l'instrument, celle-ci est divisée en deux, puis recombinée en phase sur l'une des deux sorties et en opposition de phase sur l'autre. Il en résulte qu'une seule des deux sorties présente de la lumière ; cependant, si l'on réduit le flux jusqu'à envoyer un seul photon, celui-ci étant indivisible, une vision classique imposerait qu'il passe par un seul des deux chemins, avec une probabilité imposée par le coefficient de réflexion du premier miroir semi-réfléchissant. Or, on peut effectivement observer qu'une seule des deux voies présente une sortie de lumière : l'interférence a lieu même quand le flux lumineux est réduit à une émission photon par photon.

1.4 Cas particulier du spin

Une caractéristique quantique des particules que nous n'avions pas identifiée avec la physique classique est leur spin ou leur moment cinétique intrinsèque. Pour bien comprendre, reprenons l'expérience de Stern et Gerlach.

L'expérience de Stern et Gerlach

Cette autre expérience de mécanique quantique a été mise au point par Otto Stern et Walther Gerlach en février 1922, et met en évidence l'existence du spin. Elle consiste à faire passer des atomes d'argent dans un champ magnétique non uniforme de direction verticale. Les atomes d'argent dans leur état fondamental ayant un moment cinétique orbital nul, leur moment magnétique orbital associé est nul également. Ainsi, le faisceau ne devrait classiquement pas subir l'influence du champ magnétique.

Cependant, l'expérience montre que le faisceau se sépare en deux. On explique ce phénomène en introduisant une observable de nature essentiellement quantique : le moment cinétique de spin, ou plus simplement spin. Le spin est comparable à un moment cinétique intrinsèque, mais l'analogie classique est très limitée : il n'y a pas de sens à parler d'un électron « tournant autour de son axe ».

Dans le cas de l'atome d'argent, la séparation en deux faisceaux révèle qu'il existe deux états possibles pour le spin de l'atome : $+\frac{1}{2}\hbar$ et $-\frac{1}{2}\hbar$.

Si le spin de l'atome d'argent est demi-entier, le photon est une onde-particule de spin entier égal à $\hbar$. Selon les lois gouvernant le moment angulaire en physique quantique, le photon peut donc exister sous trois états de polarisation $S_z = \{-\hbar, 0, +\hbar\}$.

Bosons et fermions : valeurs du spin

Pour les bosons (comme le photon), le spin vaut toujours + 1 ou – 1, en unité de $\hbar$, la constante de Planck. Si vous préférez, il vaut toujours $+\hbar$ ou $-\hbar$. Pour les fermions, comme l'électron ou le proton, le spin est toujours un multiple entier de $\hbar/2$.

$|\psi>_{\text{spin-photon}} = \alpha|\uparrow> + \beta|\downarrow>$ signifie que la particule de lumière peut avoir un spin $+\hbar$ (polarisation circulaire droite ou $\uparrow$), un spin $-\hbar$ (polarisation circulaire gauche ou $\downarrow$), ou toute superposition de ces deux états.

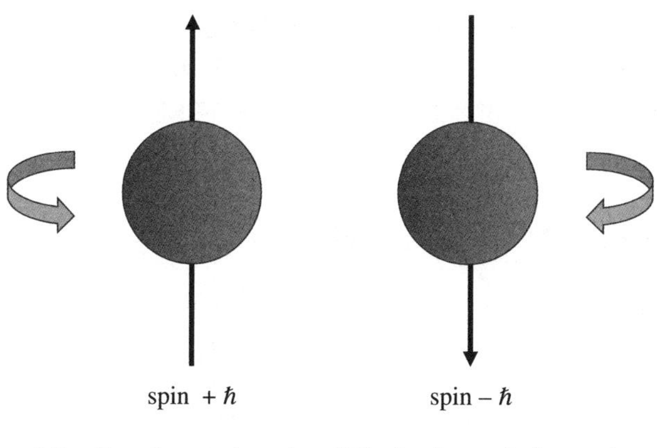

Figure 1.6 – Représentation simplifiée (et fausse) d'un spin positif $+\hbar$ et d'un spin négatif $-\hbar$.

Un modèle que l'on utilise beaucoup en physique quantique est le modèle d'**Ising** . Il permet de simuler la transition de phase ferromagnétique-paramagnétique autour de la température de Curie d'un matériau fictif, le ferromagnétisme étant causé par les moments magnétiques de spins des électrons.

On y considère *N* spins σ_i sur un réseau régulier, une grille de dimension 2 ou 3 par exemple. Les spins voisins σ_i et σ_j interagissent avec une constante de couplage J_{ij}, et sont soumis à un champ extérieur *h*. L'opérateur hamiltonien $\mathcal{H}$ de ce modèle s'écrit alors :

$$\mathcal{H} = -\Sigma_{i,j} J_{ij} \sigma_i \sigma_j - h \Sigma_i \sigma_i.$$

Les spins ont alors la propriété spécifique d'être toujours orientés suivant le même axe spatial et de ne prendre que deux valeurs possibles, + *M* et – *M*.

Considérons maintenant l'état quantique d'un spin $|S> = \pm \frac{1}{2}$ et les trois opérateurs de spin représentés en termes des matrices de Pauli habituelles $\hat{\sigma}^\alpha$ avec $\alpha = x, y, z$:

$$\hat{\sigma}^x = \begin{pmatrix} 0 & 1 \\ 1 & 0 \end{pmatrix} \quad \hat{\sigma}^y = \begin{pmatrix} 0 & -i \\ i & 0 \end{pmatrix} \quad \hat{\sigma}^z = \begin{pmatrix} 1 & 0 \\ 0 & -1 \end{pmatrix}.$$

L'espace de Hilbert d'un seul spin est bidimensionnel ; par exemple, nous pouvons choisir une base de cet espace $\mathbb{C}^2$ sous la forme $\{|\uparrow>, |\downarrow>\}$, en termes des états propres de $\hat{\sigma}^z$ avec :

$$\hat{\sigma}^z|\uparrow>= |\uparrow> ; \quad \hat{\sigma}^z|\downarrow\rangle= - |\downarrow>.$$

De plus, si $\hat{\sigma}^\alpha_j$ désigne la matrice de Pauli $\hat{\sigma}^\alpha$ agissant sur le spin *j* :

$$[\hat{\sigma}^\alpha_{j'}, \hat{\sigma}^{\alpha'}_{j}] = 0 \text{ pour } j' \neq j.$$

L'opérateur hamiltonien d'un tel modèle quantique devient :

$$\mathcal{H} = -\Sigma_{i,j} \hat{\sigma}_i^z \otimes \hat{\sigma}_j^z - \mathrm{h}\Sigma_i \hat{\sigma}_i^x.$$

Nous verrons dans la section consacrée au calcul quantique (voir le chapitre 2, § 5.2. Le calcul quantique adiabatique (*Adiabatic Quantum Computation* ou *AQC*), p. 63) que ce modèle est très utilisé pour implémenter des algorithmes tentant d'approcher l'optimum de problèmes complexes.

2. SUPERPOSITION OU DÉCOHÉRENCE

Le second postulat stipule que l'évolution dans le temps d'un système quantique fermé suit l'équation de Schrödinger… s'il est isolé. En effet, un système quantique, par exemple à deux états de base |0> et |1>, est soit **isolé** – c'est un système **fermé** –, soit en interaction avec son environnement ou un instrument de mesure – c'est un système **ouvert**.

Lorsque le système est fermé (par exemple une particule massive non relativiste isolée), l'évolution dans le temps de son vecteur d'état quantique est décrite par l'équation de Schrödinger :

$$i\hbar \frac{d}{dt} |\Psi(t)\rangle = \hat{H} |\Psi(t)\rangle$$

✓ i est l'unité imaginaire ;

✓ $\hbar$ est la constante de Planck réduite (constante de Dirac) : = $h/2\pi$ où h est la constante de Planck ; $h = 6{,}62607015.10^{-34}$ m^2 kg s^{-1} ;

✓ $\hat{H}$ est l'hamiltonien, dépendant du temps en général.

Elle remplit ainsi le même rôle que la relation fondamentale de la dynamique en mécanique classique. Comme l'évolution de la fonction d'onde d'un système fermé reste une fonction d'onde, c'est-à-dire un vecteur dont la somme des composantes complexes au carré vaut toujours 1, l'évolution est dite **unitaire**.

Lorsque le système quantique est en relation avec son environnement E, le premier est dit ouvert et la décohérence a lieu.

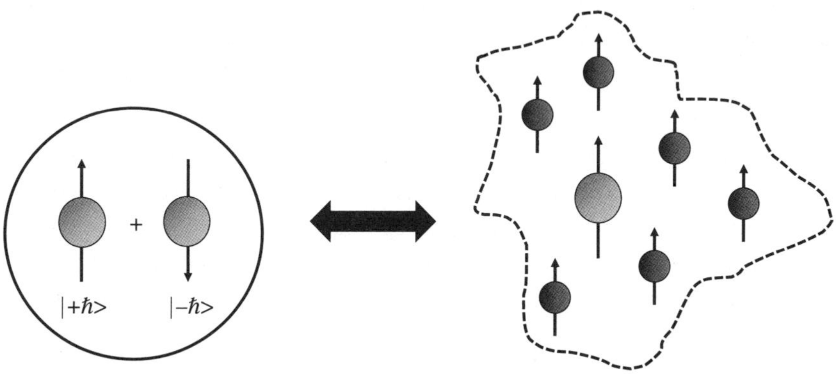

(a) Système fermé :
$|\psi\rangle = \alpha|+\hbar\rangle + \beta|-\hbar\rangle$

(b) Système ouvert :
$|\psi\rangle \to |+\hbar\rangle$

Figure 1.7 – (a) Le système quantique est fermé (superposition cohérente) ; (b) Le système est en interaction avec son environnement (décohérence en un seul état).

La décohérence correspond à la disparition, au niveau macroscopique, des états quantiques superposés. L'idée sous-jacente à la décohérence est de considérer qu'un système quantique ne peut pas être considéré comme isolé, mais en interaction avec un environnement possédant un grand nombre de degrés de liberté. Ce sont ces interactions qui provoquent la disparition rapide des états superposés.

Chaque éventualité d'un état superposé interagit avec son environnement, mais la complexité des interactions est telle que les différentes possibilités adviennent rapidement. On peut démontrer mathématiquement que chaque interaction « déphase » les fonctions d'onde des états les unes par rapport aux autres, jusqu'à devenir orthogonales et de produit scalaire nul. En conséquence, la probabilité d'observer un état superposé tend rapidement vers zéro.

Réussir à développer une science de l'information quantique (*Quantum Information Science* ou QIS) nécessitera de savoir contrôler les risques de décohérence, ce qui sera abordé dans les chapitres suivants.

3. OBSERVABLE ET MESURE

Le troisième postulat stipule qu'une grandeur physique comme l'énergie, la polarisation d'un photon ou l'impulsion d'une particule est considérée comme une observable physique A et associée à un opérateur $\hat{A}$ (un opérateur hermitien[2]). La mesure de cette observable A projette l'état quantique initial sur l'un des états propres de l'opérateur $\hat{A}$, avec une probabilité calculée à partir de l'amplitude de probabilité. Ces valeurs propres de l'opérateur $\hat{A}$ correspondent aux seules valeurs possibles de l'observable. Dit autrement, le résultat de la mesure (ou de l'observation) est l'une des seules valeurs que l'observable spécifique $\hat{A}$ peut prendre.

Par exemple, il est possible d'observer une particule avec une impulsion p de 1 kg m/s si et seulement si l'une des valeurs propres de l'opérateur impulsion $\hat{A} = p$ est de 1 kg m/s. Le vecteur propre correspondant (que les physiciens appellent un état propre) avec sa valeur propre de 1 kg m/s serait un état quantique avec une valeur de quantité de mouvement définie et bien définie de 1 kg m/s, sans incertitude quantique. Un autre exemple est celui du spin d'une particule : il est possible d'observer une particule avec un spin $\pm\frac{1}{2}$ si et seulement si les valeurs propres de l'opérateur $\hat{A} = \check{s}$ sont $\pm\frac{1}{2}$.

Dans une formulation mathématique, les états quantiques propres de l'opérateur mathématique hermitien $\hat{A}$ correspondent à des vecteurs orthogonaux dans un espace de Hilbert, et forment une base. Pour un opérateur $\hat{A}$ à deux états propres, il est d'usage de nommer les deux vecteurs orthogonaux : $|0>$ et $|1>$.

Ainsi l'opérateur de mesure $\hat{A}$ est un projecteur de l'état quantique sur un état ou une valeur propre de l'observable. $\hat{A}_i$ est le projecteur sur le sous-espace (à 1 dimension) associé à la valeur propre $|i>$; $\hat{A}_i$ s'écrit $|i><i|$.

2. En mathématiques et plus précisément en algèbre linéaire, un opérateur hermitien $\hat{A}$ est un endomorphisme autoadjoint : $\hat{A}^{\dagger} = \hat{A}$.

$$\hat{A}_0(a_0|0> + a_1|1>) = |0><0|(a_0|0> + a_1|1>) = a_0$$

$$\hat{A}_1(a_0|0> + a_1|1>) = |1><1|(a_0|0> + a_1|1>) = a_1$$

La valeur moyenne de la mesure correspondant à l'opérateur hermitien $\hat{A}$, sur l'ensemble des valeurs possibles, est :

$$<\hat{A}> = \Sigma_i \alpha_i <\psi_i|\hat{A}|\psi_i> = tr(\hat{A}\rho).$$

Contrairement à l'interprétation classique de la nature et des communications, il n'est pas possible de dire en physique quantique que tel événement s'est produit ou qu'une observable possède telle valeur, avant que l'observateur n'ait interagi avec le système lui-même. Ainsi, la mesure est une interaction avec le système quantique considéré, qui modifie et fait également évoluer le système mécanique quantique lui-même.

Si le système quantique était, avant la mesure, dans l'état **superposé** $\alpha_0|0> + \alpha_1|1>$, après la mesure, il est dans l'état $|0>$ **ou** dans l'état $|1>$.

L'expérience Elitzur-Vaidman

L'expérience de « test de la bombe », proposée par Avshalom Elitzur et Lev Vaidman en 1993, est l'une des expériences les plus fascinantes démontrant la nature étrange de la physique quantique. Considérons un interféromètre composé de deux séparateurs de faisceau 50/50, de deux miroirs et de deux détecteurs de photons uniques. L'interféromètre est parfaitement réglé de telle sorte que si un laser classique parfaitement cohérent le traversait, on aurait une interférence destructrice parfaite à une sortie (aucune lumière ne frappe le détecteur D_1 par exemple et une interférence constructive parfaite à l'autre sortie (lumière maximum sur le détecteur D_2).

La mécanique quantique nous dit maintenant que même si l'on envoie seulement des photons uniques, cela fonctionnera toujours : on n'observera jamais qu'un photon est détecté par le détecteur D_1, mais on observera uniquement les détections de photons sur le détecteur D_2.

Considérons maintenant la situation dans laquelle un caillou (« la bombe ») est placé dans le bras arrière de l'interféromètre. L'expérience de pensée d'Elitzur et Vaidman était que la « bombe » est sensible à la lumière et explose dès qu'un photon la frappe. Lorsque nous envoyons un photon, il y a 50 % de chances qu'il touche le caillou et la partie est terminée. Mais il y a désormais aussi 25 % de chances qu'il soit détecté par le détecteur D_1 : à ce moment-là, nous savons que quelque chose bloque l'un des bras de notre interféromètre, car sinon nous ne verrions jamais aucune détection sur D_1. Mais nous savons aussi que le photon détecté n'aurait pas pu suivre le chemin bloqué par le caillou, car il ne serait alors jamais parvenu au détecteur. Ainsi, un tel événement de détection nous indique sans ambiguïté que le caillou est là alors que notre photon n'aurait jamais pu interagir avec lui. N'est-ce pas bizarre ?

Généralement, dans 50 % des cas, notre machine explose ; dans 25 % des cas, on détecte un photon en D_2, ce qui n'aide pas ; et dans seulement 25 % des cas on détecte un photon en D_1, ce qui donne des informations utiles sur la présence du caillou.

Comment s'effectue une mesure de l'observable physique *A* ? Avec un instrument de mesure calibré pour n'observer que les valeurs propres de $\hat{A}$. L'évolution du {système mesuré + instrument de mesure} ne peut pas être correctement décrite par l'équation de Schrödinger puisque cette dernière ne modélise que des systèmes quantiques fermés, isolés. Lorsqu'une propriété d'un système quantique fermé doit être mesurée, ce système interagit et se couple aux autres systèmes externes, de sorte que le système originel devient ouvert.

Formellement, une mesure implique non seulement un couplage entre un système quantique original $|\phi>$ et un appareil $|A>$ (comme l'a initialement déclaré von Neumann) mais également un couplage avec l'environnement $|E>$ considéré aussi comme un système de physique quantique. Voir le modèle de Zurek [1] et la figure 1.8.

Dans cette perspective, il s'avère que tout système quantique est en réalité un système ouvert, car il n'existe pas de système quantique complètement isolé. Après avoir couplé les états de $|\phi>$, $|A>$ et $|E>$ pour les besoins de la mesure interactive, le système ouvert composite global $|\psi>$ à étudier devient [1] [2] :

$$|\psi> = \Sigma_m c_m |\phi_m>|A_m>|E_m>.$$

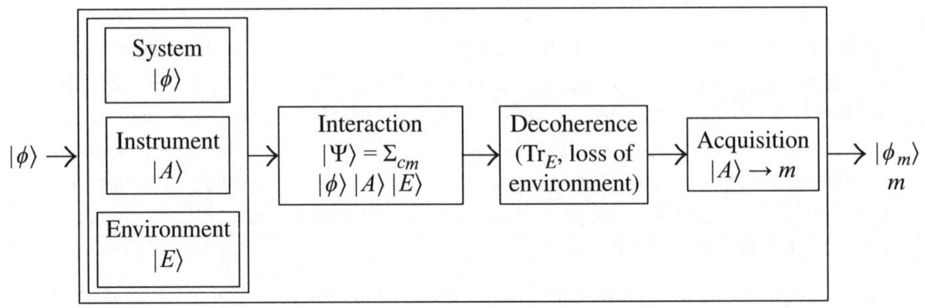

Figure 1.8 – La mesure d'un système fermé $|\phi>$ consiste à le coupler avec l'instrument A, dans l'environnement E [1].

Pour la suite, il peut être pratique de représenter le système composite $|\psi>$ composé du système quantique $|\phi>$, de l'instrument de mesure et de l'environnement via sa matrice de densité ρ_ψ, avec le souvenir que nous voulons la mesure du système quantique d'origine $|\phi>$.

La mesure réduit la cohérence et donc la superposition quantique de $|\phi>$. La cohérence est l'information de superposition du vecteur d'état $|\phi>$ et, plus précisément, l'information de superposition entre le m^e et le n^e terme avec $m \neq n$ étant contenu dans le terme $|\varphi_m>|A_m>|E_m><\varphi_n|<A_n|<E_n|$ et son conjugué hermitien, qui sont les éléments hors diagonale de $|\psi><\psi|$ dans cette base de mesure. Cette perte de cohérence se traduit mathématiquement par ces termes hors diagonale tendant vers zéro. Puisque $\{|A_m>\}$ et $\{|E_m>\}$ sont des bases orthonormées contribuant à $|\psi>$ dans une forme de décomposition de Schmidt, le rôle de l'environnement est en effet de représenter cette décohérence via la trace partielle Tr_E.

Toute cette procédure aboutit à un état mixte, qui est finalement mesuré pour extraire les valeurs m de l'état $|A_m>$ de l'instrument de mesure :

$$\Sigma_m c_m |\phi_m><\phi_m| \otimes |m><m|.$$

Nous obtenons ainsi les valeurs de l'état $|\phi>$ selon l'observable A, avec les probabilités c_m. Si le vecteur d'état initial du système mesuré était $|\phi> = \alpha|0> + \beta|1>$, $|0>$ et $|1>$ étant les valeurs propres de l'opérateur hermitien $\hat{A}$, la mesure donnerait soit le résultat $|0>$ avec la probabilité $p = |\alpha|^2$, soit le résultat $|1>$ avec la probabilité $p = |\beta|^2$.

4. ÉTATS MIXTES OU PURS

Le quatrième et dernier postulat stipule que l'espace de Hilbert $\mathcal{H}$ d'un système composite est représenté par le produit tensoriel des espaces de Hilbert des sous-systèmes $\mathcal{H}_1 \otimes \mathcal{H}_2 \otimes \ldots \otimes \mathcal{H}_m$ Parmi les systèmes quantiques composites, ceux qui nous intéressent tout particulièrement ici seront les systèmes intriqués, à $m = 2$ (voir le chapitre 1, § 4.2. États intriqués d'un système composite à deux éléments, p. 20) ou $m > 2$ sous-systèmes.

4.1 États d'un système composite

Prenons un système composite à $m \geq 2$ éléments. L'état ρ des m sous-systèmes $A_1, A_2, \ldots A_m$ dans l'espace de Hilbert $\mathcal{H} = \mathcal{H}_1 \otimes \mathcal{H}_2 \otimes \ldots \otimes \mathcal{H}_m$ peut s'écrire sous la forme :

$$\rho = \sum_{\substack{1 \leq i1 \leq k1 \\ 1 \leq i2 \leq k2 \\ \ldots \\ 1 \leq im \leq km}} \alpha^{i1,i2,..im} \varrho^{i1}_1 \otimes \varrho^{i2}_2 \otimes \ldots \otimes \varrho^{im}_m.$$

Si $m = 2$, cela donne : $$\rho = \sum_{\substack{1 \leq i1 \leq 2 \\ 1 \leq i2 \leq 2}} \alpha^{i1,i2} \varrho^{i1}_1 \otimes \varrho^{i2}_2.$$

Un système composite peut se trouver dans un état pur ou dans un état mixte (un mélange probabiliste d'états purs). Par exemple :

✓ l'état du système quantique isolé $|\psi> = \frac{1}{\sqrt{2}}(|0> + |1>)$ est pur et cohérent, alors que l'état $\rho = \frac{1}{2}(|0><0| + |1><1|)$ est un état mixte, un mélange d'états $|0>$ et $|1>$. Nous pouvons immédiatement voir que lorsque nous mesurons ces deux états dans la base de Pauli-Z, nous obtenons les mêmes statistiques pour les résultats de mesure :

Tableau 1.1 – Probabilités des résultats avec un état pur ou un état mixte.

État quantique	Probabilité d'obtenir |0>	Probabilité d'obtenir |1>
État pur	1/2	1/2
État mixte	1/2	1/2

✓ l'état du système quantique composite $|\psi\rangle = \frac{1}{\sqrt{2}}(|00\rangle + |11\rangle)$ est pur et intriqué, alors que l'état $\rho = \frac{1}{2}|0\rangle\langle 0| \otimes (|0\rangle\langle 0| + |1\rangle\langle 1|)$ est celui d'un mélange d'états $|00\rangle$ et $|01\rangle$.

Cela signifie que nous ne pouvons pas distinguer un état pur d'un état mixte en effectuant simplement une mesure selon la base de Pauli-Z, c'est-à-dire la base $(|0\rangle, |1\rangle)$.

Ceci pourrait sembler aller à l'encontre de notre intuition selon laquelle les états purs représentent la pleine connaissance. En fait, mesurons à nouveau les deux états (pur et mixte) du premier exemple, non plus selon la base $(|0\rangle, |1\rangle)$ mais cette fois selon la base de Pauli-X : $(|+\rangle, |-\rangle)$. Nous pouvons réécrire les deux états :

$$|\psi\rangle = \frac{1}{\sqrt{2}}(|0\rangle + |1\rangle) = |+\rangle$$

$$\rho = \frac{1}{2}(|0\rangle\langle 0| + |1\rangle\langle 1|) = \frac{1}{2}(|+\rangle\langle +| + |-\rangle\langle -|).$$

Les probabilités des résultats de mesures sont désormais très différentes, comme le montre le tableau ci-dessous.

Tableau 1.2 – Probabilités des résultats avec un état pur ou un état mixte.

État quantique	Probabilité d'obtenir $|+\rangle$	Probabilité d'obtenir $|-\rangle$
État pur	1	0
État mixte	1/2	1/2

Un état quantique pur peut être représenté par un rayon dans un espace de Hilbert projectif sur les nombres complexes, tandis que les états mixtes sont représentés par des matrices de densité, qui sont des opérateurs semi-définis positifs agissant sur les espaces de Hilbert.

Une description des états d'un système composite qui peut être bien utile est la décomposition de Gram-Schmidt.

Décomposition de Gram-Schmidt

Soient $\mathcal{H}_1$ et $\mathcal{H}_2$ deux espaces de Hilbert de dimensions n et m respectivement. Supposons que $n \geq m$. Pour tout vecteur ω appartenant à l'espace produit tensoriel $\mathcal{H}_1 \otimes \mathcal{H}_2$, il existe des ensembles orthonormés $\{u_1, \ldots, u_m\} \subset \mathcal{H}_1$ et $\{v_1, \ldots, v_m\} \subset \mathcal{H}_2$ tel que :

$$\omega = \Sigma_{i=1}^{m} \alpha_i \, u_i \otimes v_i$$

où les scalaires α_i sont réels, non négatifs et uniques.

4.2 États intriqués d'un système composite à deux éléments

La plus surprenante de toutes les propriétés est celle de l'intrication (*entanglement*). Si deux systèmes quantiques A et B établissent entre eux une corrélation (lors de leur génération par exemple), l'état de la paire (A, B) ainsi intriquée, décrit dans l'espace de Hilbert $\mathcal{H}_A \otimes \mathcal{H}_B$, ne peut plus être décomposé en un état du système quantique A séparé de l'état du système quantique B. Une telle paire est parfois aussi appelée :

- ✓ **ebit** pour *entangled bit*, élément d'information intriquée ;
- ✓ **paire EPR** quand A et B sont deux photons ; EPR sont les initiales d'Einstein-Podolski-Rosen, faisant référence au fameux paradoxe EPR [3] et à l'expérience d'Alain Aspect qui l'a levé.

L'expérience d'Alain Aspect

Celle-ci est, historiquement, la première[3] expérience qui a réfuté de manière satisfaisante les inégalités de Bell dans le cadre de la physique quantique, validant ainsi le phénomène d'intrication quantique, et apportant une réponse expérimentale au paradoxe EPR, proposé une cinquantaine d'années plus tôt par Albert Einstein, Boris Podolsky et Nathan Rosen.

Cette expérience a été réalisée par le physicien français Alain Aspect à l'Institut d'optique à Orsay entre 1980 et 1982.

Utilisons maintenant le langage mathématique : si deux systèmes quantiques A et B sont générés de façon intriquée, A et B ne sont plus séparables ; la fonction d'onde $|\psi>_{(A,B)}$ de la paire (A, B) qu'ils constituent ne peut plus être séparée et décrite en produit de deux états de A et B :

$$|\psi>_{(A,B)} \neq |\psi>_A \otimes |\psi>_B$$

$$|\psi>_{(A,B)} \neq (\alpha_{0,A}|0> + \alpha_{1,A}|1>) \otimes (\alpha_{0,B}|0> + \alpha_{1,B}|1>).$$

Une autre façon de le formuler est la suivante : tout système composite à deux éléments peut être décrit par le vecteur d'état :

$$|\psi>_{(A,B)} = \gamma_{00}|0> \otimes |0> + \gamma_{01}|0> \otimes |1> + \gamma_{10}|1> \otimes |0> + \gamma_{11}|1> \otimes |1>$$

ou plus simplement : $|\psi>_{(A,B)} = \gamma_{00}|00> + \gamma_{01}|01> + \gamma_{10}|10> + \gamma_{11}|11>$.

Si le système (A, B) est dans un état intriqué, $|\psi>_{(A,B)}$ ne peut pas s'écrire comme un produit de $|\psi>_A \otimes |\psi>_B$, il n'existe pas de valeurs $\alpha_{i,A}$ et $\alpha_{j,B}$ telles que $\alpha_{i,A}.\alpha_{j,B} = \gamma_{ij}$ pour tout $i, j \in [0,1]$.

Prenons une paire de photons A et B dont les spins sont intriqués. Si le vecteur d'état de chacun est une superposition dans la base $(|\uparrow>, |\downarrow>)$, le vecteur d'état $|\psi>_{(A,B)}$ de la paire peut s'exprimer dans la base orthonormée de $\mathcal{H}_A \otimes \mathcal{H}_B$,

3. John Clauser, sous l'impulsion de David Bohm et Charles Townes, et avec l'aide de Stuart Jay Freedman, réalise une première expérience en 1972 afin de vérifier le théorème de Bell à l'aide de photons polarisés. En 1982 à Orsay, sous le conseil de Bernard d'Espagnat, et reprenant le schéma de John Clauser, Alain Aspect, en collaboration avec Philippe Grangier et Gérard Roger, donne la preuve définitive de la violation de l'inégalité de Bell, donc de l'intrication des particules.

constituée des quatre états orthogonaux $|\uparrow_A\uparrow_B>$, $|\uparrow_A\downarrow_B>$, $|\downarrow_A\uparrow_B>$ et $|\downarrow_A\downarrow_B>$ (pour rappel, ↑ correspond à un spin dans le sens dextrogyre, ↓ à un spin dans le sens lévogyre).

Par simplicité et par convention, les états propres d'une base à deux dimensions sont plus souvent notés $|0>$ et $|1>$, ce qui donne pour les états orthogonaux de l'espace $\mathcal{H}_A \otimes \mathcal{H}_B$: $|0_A0_B>$, $|0_A1_B>$, $|1_A0_B>$ et $|1_A1_B>$). Le vecteur d'état $|\psi>_{(A,B)}$ de la paire s'écrit alors comme une superposition de ces quatre états :

$$|\psi>_{(A,B)} = \alpha_1|\uparrow_A\uparrow_B> + \alpha_2|\uparrow_A\downarrow_B> + \alpha_3|\downarrow_A\uparrow_B> + \alpha_4|\downarrow_A\downarrow_B>$$

ou $$|\psi>_{(A,B)} = \alpha_1|0_A0_B> + \alpha_2|0_A1_B> + \alpha_3|1_A0_B> + \alpha_4|1_A1_B>$$

avec α_i, $i \in [1, 4]$, quatre complexes dont la somme des modules au carré donne 1.

Pour des raisons qui paraîtront claires par la suite, il est souvent plus intéressant de décomposer la fonction d'onde $|\psi>_{(A,B)}$ selon les quatre états dits de Bell (les états d'intrication maximale). Dans le cadre des systèmes à deux qubits, les états de Bell sont notés $|\phi^+>_{(A,B)}$, $|\phi^->_{(A,B)}$, $|\psi^+>_{(A,B)}$ et $|\psi^->_{(A,B)}$, et correspondent aux intrications suivantes :

$$|\phi^+>_{(A,B)} = \frac{1}{\sqrt{2}}(|0_A0_B> + |1_A1_B>)$$

$$|\phi^->_{(A,B)} = \frac{1}{\sqrt{2}}(|0_A0_B> - |1_A1_B>)$$

$$|\psi^+>_{(A,B)} = \frac{1}{\sqrt{2}}(|0_A1_B> + |1_A0_B>)$$

$$|\psi^->_{(A,B)} = \frac{1}{\sqrt{2}}(|0_A1_B> - |1_A0_B>).$$

Nous utiliserons aussi parfois la terminologie $|B_{00}> = |\phi^+>$ et $|B_{ij}> = (1 \otimes \sigma_x^j \sigma_z^i)|B_{00}>$ avec $i \in \{0, 1\}$ correspondant à la phase, et $j \in \{0, 1\}$ au bit amplitude ; $\sigma^i_{x/z}$ est l'opérateur -X ou Pauli-Z sur le qubit (voir le chapitre 2, § 5.3. Le calcul à base de portes quantiques (*Gates*), p. 64).

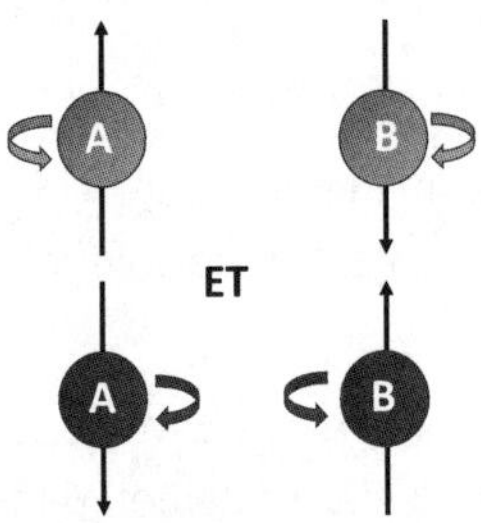

Figure 1.9 – Les états de spin de la paire de photons sont intriqués, ici selon la fonction d'onde $|\psi^+>_{(A,B)}$, superposition de $(-\hbar, +\hbar)$ et de $(+\hbar, -\hbar)$.

Ainsi, l'état de toute paire de photons intriqués A et B peut s'écrire mathématiquement, dans la base computationnelle (base Pauli-Z) :

$$|\psi>_{(A,B)} = \alpha_1|0_A0_B> + \alpha_2|0_A1_B> + \alpha_3|1_A0_B> + \alpha_4|1_A1_B>$$

ou dans la base des quatre états de Bell :

$$|\psi\rangle_{(A,B)} = \beta_1|\phi^+\rangle_{(A,B)} + \beta_2|\phi^-\rangle_{(A,B)} + \beta_3|\psi^+\rangle_{(A,B)} + \beta_4|\psi^-\rangle_{(A,B)}.$$

Dans la base orthonormée computationnelle ($|0_A0_B\rangle$, $|0_A1_B\rangle$, ($|1_A0_B\rangle$, $|1_A1_B\rangle$)), les opérateurs densités $\rho_{\Phi+}$ et $\rho\psi_+$, respectivement associés à ϕ^+ et ψ^+, peuvent s'écrire :

$$\rho_{\Phi+} = |\Phi^+\rangle\langle \Phi^+| = \frac{1}{2}\begin{pmatrix} 1 & 0 & 0 & 1 \\ 0 & 0 & 0 & 0 \\ 0 & 0 & 0 & 0 \\ 1 & 0 & 0 & 1 \end{pmatrix}$$

$$\rho\psi_+ = |\psi^+\rangle\langle\psi^+| = \frac{1}{2}\begin{pmatrix} 0 & 0 & 0 & 0 \\ 0 & 1 & 1 & 0 \\ 0 & 1 & 1 & 0 \\ 0 & 0 & 0 & 0 \end{pmatrix}$$

Avant la mesure ou l'observation, toute l'information à propos de l'ensemble intriqué (A, B) est contenue dans ce qui a été dénommée sa fonction d'onde :

$$|\psi\rangle_{(A,B)} = \alpha_1|0_A0_B\rangle + \alpha_2|0_A1_B\rangle + \alpha_3|1_A0_B\rangle + \alpha_4|1_A1_B\rangle.$$

Lorsque l'on effectue une mesure (nécessairement locale) sur l'un (par exemple A) des deux systèmes quantiques intriqués (A, B), l'on obtiendra une information classique : l'élément A de la paire (A, B) sera dans l'état $|\uparrow_A\rangle$ ou dans l'état $|\downarrow_A\rangle$), et conséquemment, sans aucune mesure nécessaire, l'on en déduira une information sur l'état de B :

- ✓ si la mesure sur A donne $|\uparrow_A\rangle$, le système B est dans l'état $|\uparrow_B\rangle$ avec la probabilité $|\alpha_1|^2$ ou dans l'état $|\downarrow_B\rangle$ avec la probabilité $|\alpha_2|^2$;
- ✓ si la mesure sur A donne $|\downarrow_A\rangle$, le système B est dans l'état $|\uparrow_B\rangle$ avec la probabilité $|\alpha_3|^2$ ou dans l'état $|\downarrow_B\rangle$ avec la probabilité $|\alpha_4|^2$.

Dans tous les cas, une mesure locale faite sur l'un fait perdre à l'ensemble (A, B) l'information globale et non localisée ; l'état de la paire (A, B) s'effondre alors, de façon probabiliste, dans l'un des quatre états $|\uparrow_A\uparrow_B\rangle$, $|\uparrow_A\downarrow_B\rangle$, $|\downarrow_A\uparrow_B\rangle$ ou $|\downarrow_A\downarrow_B\rangle$, et a perdu l'information d'intrication.

4.3 États intriqués d'un système composite à trois éléments ou plus

Prenons cette fois un système composite à $m > 2$ éléments. L'état ϱ de m sous-systèmes A_1, A_2, … A_m dans l'espace de Hilbert $\mathcal{H} = \mathcal{H}_1 \otimes \mathcal{H}_2 \otimes \ldots \otimes \mathcal{H}_m$ est entièrement séparable si et seulement s'il peut s'écrire sous la forme :

$$\rho = \Sigma_{i=1}^{k} pi\,\varrho^i_{A1} \otimes \varrho^i_{A2} \otimes \ldots \otimes \varrho^i_{Am}.$$

Et de manière correspondante, l'état ϱ est complètement intriqué s'il ne peut pas être écrit sous la forme ci-dessus. Pour une intrication à trois sous-systèmes, la classification est bien comprise : il n'existe que deux classes non dégénérées, une qui contient l'état Greenberger-Horne-Zeilinger ou GHZ [4] et une autre qui contient l'état W [5] :

$$|GHZ\rangle = \frac{1}{\sqrt{2}}(|000\rangle + |111\rangle)$$

$$|W\rangle = \frac{1}{\sqrt{3}}(|100\rangle + |010\rangle + |001\rangle).$$

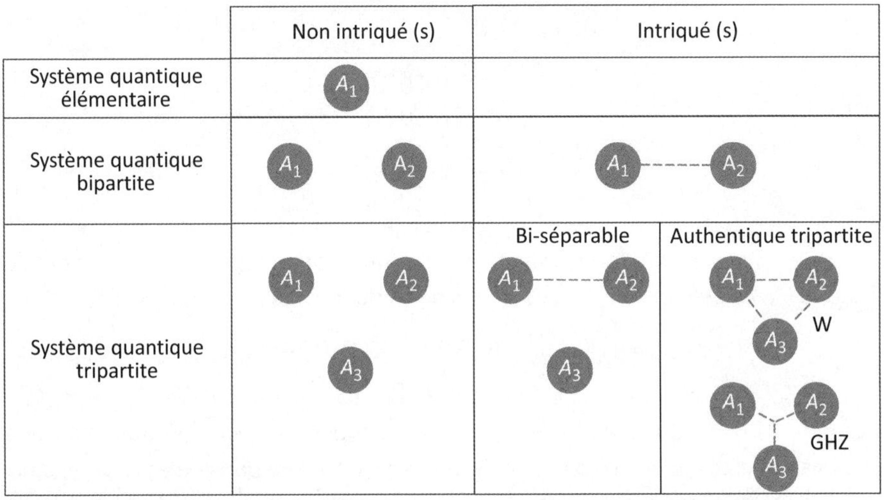

Figure 1.10 – Intrication multipartite ($m = 1$, $m = 2$, $m = 3$).

4.4 Compatibilité avec le théorème de non-communication

Ce qui peut être plus difficile à comprendre avec cette propriété d'intrication est lié au **théorème de non-communication**, c'est-à-dire à l'impossibilité de communiquer une information à une vitesse plus rapide que la lumière. L'intrication quantique est un effet par lequel certains événements largement séparés peuvent être corrélés d'une manière qui, à première vue, suggère la possibilité d'une communication plus rapide que la lumière. Or le théorème de non-communication donne les conditions dans lesquelles un tel transfert d'informations entre deux observateurs est impossible.

Que se passe-t-il alors avec une paire intriquée (A, B) et l'*impression* de communication d'une information de A vers B, lors d'une mesure sur A ?

Le plus difficile est de saisir que l'information locale (ici le résultat de la mesure sur A) n'a pas besoin d'être communiquée à B pour que ce dernier prenne l'état corrélé correspondant. L'information de l'état de l'ensemble intriqué, condensée dans sa fonction d'onde, n'est pas locale mais globale ; **avant la mesure, A et B partagent déjà cette information**.

Comme une onde qui traverse déjà tout l'espace entre A et B sans être localisée sur A ou sur B.

4.5 Degrés d'intrication et intrication maximale

Deux systèmes quantiques (ou plusieurs[4]) peuvent être intriqués à des degrés diverses. Une définition proposée et le calcul associé nous viennent là encore des travaux de Von Neumann et Shannon.

Si l'état de la paire de photons intriqués A et B est décrit par la fonction d'onde :

$$|\psi>_{(A,B)} = \alpha_1|0_A0_B> + \alpha_2|0_A1_B> + \alpha_3|1_A0_B> + \alpha_4|1_A1_B>$$

avec $|\alpha_1|^2 + |\alpha_2|^2 + |\alpha_3|^2 + |\alpha_4|^2 = 1$, son degré d'intrication sera calculé selon la formule qui suit :

$$d_{(A,B)} = |\alpha_1|^2\log|\alpha_1|^2 + |\alpha_2|^2\log|\alpha_2|^2 + |\alpha_3|^2 \log|\alpha_3|^2 + |\alpha_4|^2\log|\alpha_4|^2.$$

Serge Haroche le présente ainsi : « Le degré d'intrication $d_{(A,B)}$ d'un système (A, B) apparaît comme la mesure de l'augmentation de notre ignorance lorsque nous perdons la possibilité de faire des mesures sur le système dans son ensemble et que nous n'avons accès localement qu'à l'un des deux sous-systèmes ».

Il est d'usage de décomposer le vecteur d'état du système intriqué (A, B) selon la décomposition de Schmidt :

$$|\psi>_{(A,B)} = \lambda_1|0>_{AB} + \lambda_2|1>_{AB}$$

avec $\lambda_1^2 + \lambda_2^2 = 1$ et $(|0>_{AB}, |1>_{AB}) = (|0_A0_B>, |1_A1_B>)$ ou $(|0_A1_B>, |1_A0_B>)$.

Ce vecteur d'état peut aussi s'écrire :

$$|\psi>_{(A,B)} = \sqrt{\lambda}|0>_{AB} + \sqrt{1-\lambda}|1>_{AB}.$$

Le degré d'intrication $d_{(A,B)}$ devient alors :

$$d_{(A,B)} = -\lambda\log_2\lambda - (1-\lambda)\log_2(1-\lambda).$$

Il est nul si les deux systèmes sont séparables ; il est maximal et vaut 1 pour $\lambda = \frac{1}{2}$.

4. En 2017, des chercheurs ont battu un record en obtenant des corrélations de Bell avec 500 000 atomes.

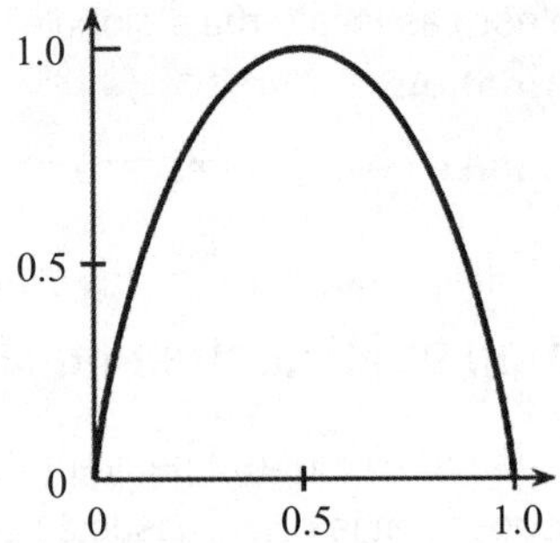

Figure 1.11 – Valeurs du degré d'intrication en fonction de λ.

Dans un état **maximalement intriqué**, il y a corrélation complète de l'état de A avec celui de B, et le degré d'intrication de l'ensemble (A, B) = 1. Il peut être démontré[5] que l'intrication maximale correspond à :

$$|\alpha_1|^2 + |\alpha_4|^2 = |\alpha_2|^2 + |\alpha_3|^2 = \frac{1}{2} \qquad \text{et } \alpha_1\alpha_2 + \alpha_3\alpha_4 = 0.$$

Dans le cas de l'intrication maximale, l'entropie de l'intrication est nulle, toute l'information est contenue dans la fonction d'onde de la paire (A, B). Et l'incertitude sur les états locaux est également répartie : $S(\rho_A) = S(\rho_B)$.

Ainsi, alors que l'on peut prévoir à coup-sûr la valeur des observables non locales dont $|\psi>_{(A,B)}$ est un état propre, on a une ignorance « partielle » de la valeur prise par toutes les observables locales associées à A (ou B seul). Lorsque l'intrication est maximale, cette ignorance devient aussi maximale. On peut voir également le degré d'intrication comme le nombre moyen de bits nécessaires pour transmettre le résultat d'une mesure sur l'un des sous-systèmes intriqués.

4.6 Localité et non-localité

Dans le contexte de la physique et de la relativité d'Albert Einstein, le concept de localité consiste en l'absence d'actions à distance et en la présence de limites strictes sur la vitesse de transmission d'un signal (c'est-à-dire la vitesse de la lumière). Bien que la physique quantique n'empiète pas sur une telle définition de la localité, elle montre certaines corrélations non classiques (l'intrication), qui présentent des caractéristiques non locales selon cette définition classique de la localité.

Au cours du siècle dernier, la physique théorique et expérimentale a prouvé que les prédictions de la physique quantique étaient incompatibles avec celles de toute théorie physique classique satisfaisant une notion naturelle de réalité, tout en satisfaisant le principe de localité imposé par la relativité restreinte. À savoir, aucune variable cachée (*Hidden Variable*) déterministe ne peut modéliser les corrélations

5. Avec $|\phi^+>_{(A,B)}$, $a_1 = \alpha_4 = 1/\sqrt{2}$; $\alpha_2 = \alpha_3 = 0$; les deux équations sont immédiatement vérifiées.

entre systèmes quantiques distants. Dans ce contexte, Einstein, Podolsky et Rosen (EPR) [3] ont proposé une expérience pour montrer que la physique quantique ne peut pas être réelle (dans le sens de décrire la réalité en ayant des observables bien définies à tout moment) et complète en même temps. Refusant d'accepter qu'une théorie physique appropriée n'ait pas besoin de satisfaire un axiome de réalité, ils ont utilisé cela pour affirmer que la physique quantique est incomplète.

Cependant, la bonne solution à leur problème, désormais connu sous le nom de paradoxe EPR, est d'accepter que des observables distantes puissent s'influencer mutuellement sans être bien déterminées et sans violer le principe de localité. Une version simplifiée du paradoxe EPR original peut être décrite à l'aide de qubits. Considérons l'état $|\phi^+>_{(A,B)} = \frac{1}{\sqrt{2}} (|0_A 0_B> + |1_A 1_B>) \in \mathcal{H}_\mathcal{A} \otimes \mathcal{H}_\mathcal{B}$, partagé par Alice et Bob. Si Alice effectue une mesure dans la base {|0>, |1>}, alors l'état après-mesure de la particule B chez Bob devient |0> ou |1>, suivant le résultat de la mesure. Ainsi, Alice peut prédire avec certitude l'observable Z chez Bob. De même, Alice connaît avec certitude la valeur de l'observable X chez Bob si la mesure chez lui se fait selon la base {|+>, |–>}. Les trois auteurs EPR affirmaient que les valeurs Z et X du qubit B étaient bien définies indépendamment de la mesure par un principe de localité, ce qui était en contradiction avec l'affirmation selon laquelle Z et X ne peuvent pas être déterminées en même temps puisque ce sont des observables non commutables. Ainsi, un problème de cohérence ou d'exhaustivité doit exister en physique quantique.

Il existe deux types de localités, unifiées par la théorie de la relativité en tant que localité spatio-temporelle. La localité temporelle est le principe selon lequel les particules physiques réelles, les champs et généralement tous les objets évoluent en fonction uniquement de leur état actuel. Cela se reflète dans l'évolution d'un système physique, décrite par des équations différentielles. Cela signifie que physiquement, les systèmes dotés de mémoire n'existent pas. Les modèles de systèmes avec mémoire modélisent simplement des systèmes cachés. Parallèlement, la localité spatiale signifie qu'il n'y a pas d'action à distance et que toutes les interactions sont locales par rapport à l'espace. Pour la relativité restreinte, la vitesse de la lumière est universelle, c'est-à-dire qu'elle constitue une limite de vitesse fondamentale pour tout ce qui se trouve dans l'univers, qui ne peut être atteinte que par des particules sans masse (ces particules ne se reposent pas et se déplacent toujours à la vitesse de la lumière, même pour les observateurs ayant des vitesses différentes). Rien, même la force, ne se déplace plus vite que les particules sans masse, il ne peut donc y avoir de violation de la localité d'Einstein dictée par la relativité restreinte. Tout champ ou force est intrinsèquement fonction de la position spatio-temporelle et ne peut interagir qu'avec les champs qui se trouvent à cette position.

L'hypothèse du réalisme local prétend qu'il est possible, sans perturber un système, de prédire avec certitude (c'est-à-dire avec une probabilité égale à l'unité) la valeur d'une quantité physique, de sorte qu'il existe un élément de réalité correspondant à cette quantité. D'un autre côté, la physique quantique montre que deux observables non commutatives comme X et Z ne peuvent pas avoir simultanément des valeurs bien définies. Par conséquent, les trois physiciens EPR ont fait valoir que la raison pour laquelle deux observables non commutatives soient bien définies simultanément doit se situer en dehors de la physique quantique.

C'est en 1964 que John Stewart Bell a proposé une expérience qui supposait l'existence de paramètres cachés et qui a conduit à la définition des inégalités dites de Bell [6], lesquelles doivent être satisfaites par toute théorie à la fois réelle et locale. Cette expérience visait à montrer qu'au moins un principe (soit celui de la localité, soit celui du réalisme) était violé, en supposant que la mécanique quantique était correcte.

Une série d'expériences commençant dans les années 1980, dont celle d'Alain Aspect [7], ont montré que, malgré les critiques les plus virulentes, l'inégalité de Bell était violée avec une forte probabilité. De nos jours, de nombreux physiciens s'accordent à dire qu'il faut abandonner le réalisme, tout en gardant la localité comme principe valable.

En résumé

La physique quantique stipule que le vecteur d'état ou la fonction d'onde d'un système quantique est une **superposition** d'états. Le second postulat mentionne que l'évolution dans le temps d'un système quantique fermé suit l'équation de Schrödinger, ce qui implique que l'état quantique connaît une **évolution unitaire**. Troisièmement, une observable physique est associée à un opérateur hermitien ; la **mesure** de cette observable donne l'une de ses valeurs propres possibles, avec la probabilité donnée par l'amplitude du vecteur d'état normalisé. Enfin, le quatrième postulat fait référence à la description des états de systèmes quantiques composites et en particulier à l'**intrication**.

Les quatre expériences fondamentales (Stern et Gerlach, le dispositif de Mach-Zehnder, l'expérience d'Elitzur-Vaidman et les travaux d'Alain Aspect) ont confirmé ces principes (voir la figure 1.12).

Parmi les systèmes composites, celui qui nous intéresse le plus ici est le système composé de deux sous-systèmes intriqués de façon maximale (une paire EPR de photons intriqués ou l'intrication du spin d'un électron et du spin d'un noyau). Avec l'intrication maximale, l'information sur le système composite n'est pas locale à l'un des sous-systèmes.

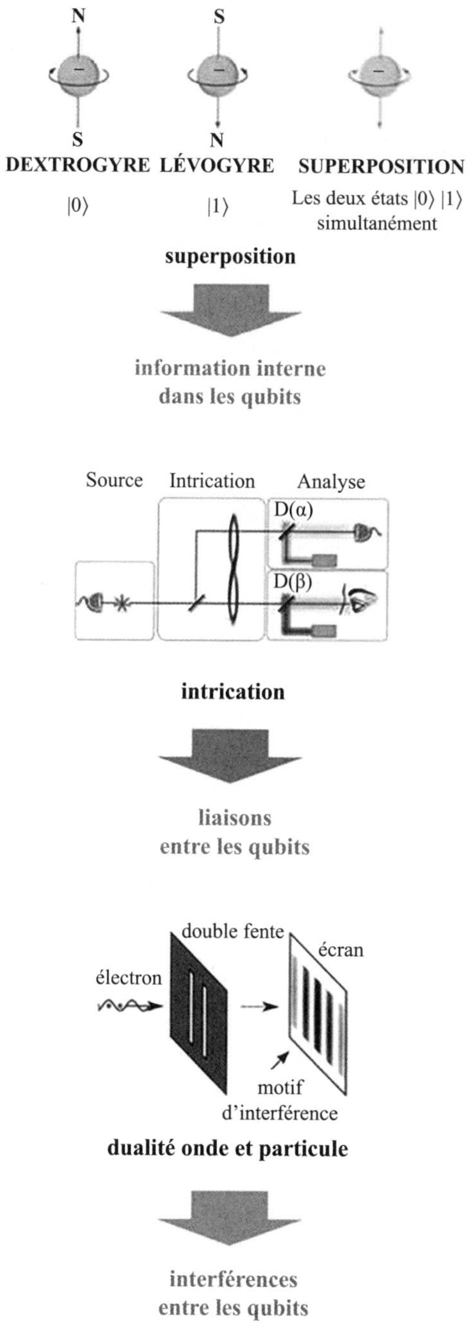

Figure 1.12 – Résumé des notions de physique quantique.

2 Informatique quantique

Objectifs

Au sein de la science de l'information quantique (QIS), l'informatique quantique consiste à coder l'information quantique en éléments (des qubits), sur lesquels s'effectuent des opérations de calcul quantique. Au cœur de l'informatique quantique se trouve par ailleurs l'intrication, c'est-à-dire la corrélation caractéristique entre les parties d'un système quantique composite, qui n'a pas d'analogue classique. Bien exploitée, l'intrication autorise de nouvelles façons de calculer et de communiquer.

Ce sont **la manipulation de particules individuelles** et **l'intrication** qui laissent envisager que la seconde révolution quantique sera probablement aussi marquante que la première.

Dans ce chapitre, nous décrirons ce qu'est un qubit et pourquoi nous ne pouvons pas le dupliquer ; nous développerons la notion d'intrication entre deux qubits ou plus, cette ressource extravagante appelée aussi **ebit**, et nous étudierons les opérations quantiques, linéaires ou non linéaires, que nous pouvons effectuer sur un ou plusieurs qubits : le calcul quantique, la mesure et la téléportation.

1. LES ÉLÉMENTS QUANTIQUES D'INFORMATION OU QUBITS

Éléments d'information ? De quoi s'agit-il ? Selon Vlatko Vedral [1], l'information est un phénomène vivant qui se crée à partir de rien. À l'opposé, la théorie des constructeurs et de l'information, de David Deutsch, repose sur un renversement de perspective par rapport à une pensée plus traditionnelle : elle permet de définir les transformations physiques qui sont possibles et celles qui ne le sont pas. Ainsi, toujours selon David Deutsch, la nature et les propriétés de l'information découlent entièrement des lois de la physique. Alors, l'information comme phénomène vivant ou comme découlant des lois physiques ?

Notre univers est probablement un gigantesque processeur d'informations radicalement quantiques puisque ce dont la matière et le vide sont faits, leur énergie associée et l'information qu'ils portent se résument à des comportements, des phénomènes et des informations quantiques. Dans ce cadre, l'information quantique peut être considérée comme le concept physique qui capture le mieux la nature de l'univers, à savoir ses changements, les traitements qui y ont lieu, voire sa création.

L'information quantique est une vision relationnelle des entités, des systèmes, des phénomènes et des événements.

Imaginons un système quantique composé de nombreuses parties : non plus l'univers mais un livre quantique de cent pages. Si le livre était classique, nous pourrions lire dix des pages et apprendre environ 10 % du contenu du livre. Mais pour un livre quantique typique de cent pages, si nous lisons dix pages, nous n'apprenons presque rien sur le contenu du livre ; l'information n'est pas imprimée sur les pages individuelles ; au contraire, presque toute l'information du livre est codée dans les corrélations entre les pages. Les corrélations d'un système quantique de 100 *quantum bits* (qubits) peuvent être très complexes et l'information correspondante ne se trouve pas forcément localisée dans les qubits eux-mêmes.

La science de l'information quantique (QIS) modélise cette information quantique sous forme d'éléments ou de bits d'information quantique : des qubits.

1.1 Définition du qubit

Avoir un bit **classique** d'information (dénoté ***c*** comme classique) sur un système ou un objet, c'est connaître l'état, parmi 0 et 1, dans lequel ce dernier se trouve. La pièce de monnaie est retombée sur *pile* ($c = 1$) **ou** sur *face* ($c = 0$); un chat normal est *vivant* ($c = 1$) **ou** *mort* ($c = 0$).

Avoir un bit **quantique** d'information (dénoté ***q*** comme quantum bit ou qubit) à propos du même objet, c'est accepter le fait que l'objet puisse être dans une infinité d'états, jusqu'à ce que l'on effectue la mesure d'une propriété observable de cet objet. Toute l'information le concernant est contenue dans sa fonction d'onde : $|\psi>_{objet}$. Avant la mesure (par exemple l'observation de la pièce retombée sur une surface place), l'état quantique de la pièce est une superposition complexe des états |pile> = |1> et |face> = |0>. Avant l'ouverture de la boîte imaginée par Schrödinger, son chat est dans une superposition d'états |mort> = |0> et |vivant> = |1>. Il n'y a aucune incertitude sur leur état quantique, il y a seulement une information qui nous est plus ou moins accessible.

Ainsi, un système quantique a deux caractéristiques : 1) son état peut être modélisé mathématiquement comme une superposition d'états et, en conséquence, 2) il peut porter un ou plusieurs éléments (bits) quantiques d'information.

Tout le savoir-faire sous-tendant le développement de l'informatique quantique puis de l'arrivée du futur Internet quantique consistera donc à :

- ✓ mettre les systèmes quantiques utilisés (des photons, des ions piégés, le spin d'un électron) dans l'état quantique souhaité : l'état |0>, l'état |1>, une superposition aléatoire ($|\psi> = \alpha|0> + \beta|1>$) ou une superposition particulière ($|\psi> = \frac{1}{\sqrt{2}}|0> + \frac{1}{\sqrt{2}}|1>$) ;
- ✓ stocker les qubits correspondants, c'est-à-dire concevoir des mémoires quantiques capables de conserver pendant un temps raisonnable l'état du système quantique porteur ;
- ✓ transmettre ces qubits d'un nœud du réseau à un autre, si les capacités de stockage et de traitement sont distantes ;
- ✓ effectuer des opérations logiques sur ces qubits, correspondant à l'application visée.

Il est d'usage de représenter un qubit par un vecteur sur la sphère de Bloch : l'état |0> correspond au vecteur de coordonnées ($x = 0$, $y = 0$, $z = 1$), donc sur l'axe vertical Oz ; l'état |1> correspond à son antipode ($x = 0$, $y = 0$, $z = -1$), toujours sur l'axe Oz.

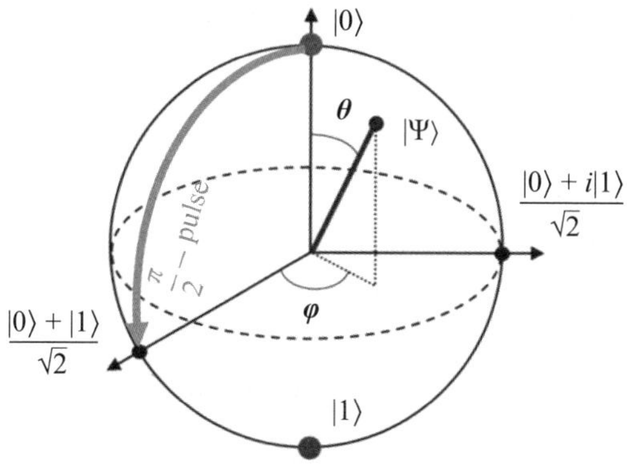

$$|\Psi\rangle = cos\,\frac{\theta}{2}|0\rangle + e^{i\varphi}\,sin\,\frac{\theta}{2}\,|1\rangle$$

Figure 2.1 – Sphère de Bloch.

Une telle représentation, très utilisée, ne signifie pas que l'état |0> est égal à l'opposé de l'état |1>, ils sont orthogonaux. La sphère de Bloch permet ainsi de visualiser un qubit comme : $|\boldsymbol{q}> = \alpha|\mathbf{0}> + \beta|\mathbf{1}>$

et réécrit de la façon suivante : $|\boldsymbol{q}> = \cos(\theta/2)|\mathbf{0}> + e^{i\phi}\sin(\theta/2)|\mathbf{1}>$

avec $e^{i\phi} = \cos(\phi) + i\sin(\phi)$.

Évidemment, $\alpha = \cos(\theta/2) = 1$; $\theta = 0$ pour l'état **|0>**

$\beta = e^{i\phi}\sin(\theta/2) = 1$; $\theta = \pi$ et $\phi = 0$ pour l'état **|1>**.

Le vecteur opposé à $|q\rangle = \cos(\theta/2)$**|0>** + $e^{i\phi}\sin(\theta/2)$**|1>** sur la sphère de Bloch s'écrit : $|q'\rangle = \cos(\pi - \theta)/2)$**|0>** + $e^{i(\phi+\pi)}\sin(\pi - \theta)/2$**|1>**.

Remplacez θ par 0 et ϕ par 0, vous obtenez, pour l'opposé de |0>, l'état :

$|q'\rangle = \cos(\pi/2)$**|0>** + $e^{-i(\pi)}\sin(\pi/2)$**|1>**

c'est-à-dire : $|q'\rangle =$ **|1>**.

La figure 2.2 présente des systèmes quantiques capables de porter un élément d'information quantique : un recuit quantique ou une boucle supraconductrice dont les seuils de passage de courant dans la jonction Josephson permettent d'implémenter les états du qubit, l'optique linéaire basée sur des photons, une cavité piégeant des ions, une cavité dans un diamant, etc.

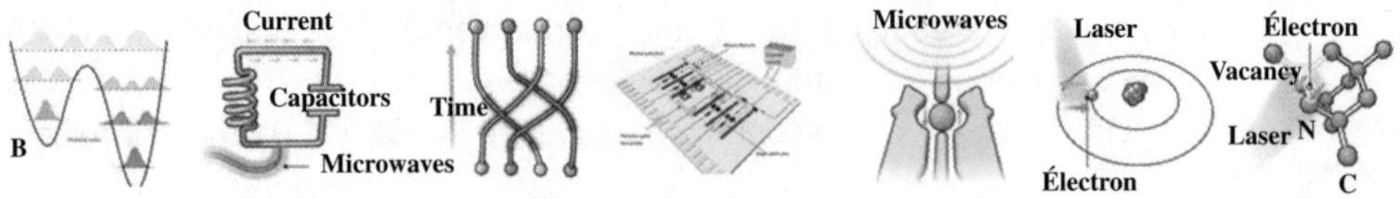

	recuit quantique	boucles supra-conductrices	qubits topologiques	optique linéaire	quantum dots silicium	ions piéges	cavités diamants
qubit	supraconducteus effet josephson	supraconducteus effet josephson	quasi-particules faites de paires d'anyons	photons	spin d'electrons dans semi-conducteur	ions piégés magnétiquement	spin de noyau d'atomes
# qubit	2048 qubits (D-Wave)	50 qubits (IBM) 72 qubits (Google)	N/A	quelques-uns	49 qubits (Intel)	53 qubits (IonQ) 51 qubits (MIT) 20 qubits (IQOQI)	6 qubits (QDTI)
état	sens du courant	phase de résonnance ou sens du courant	sens de l'anyon	phase de photon	spins d'électrons	niveau énergétique de l'ion piégé	niveau d'énergie de la cavité
portes	micro-ondes 5 GHz et effet Josephson	micro-ondes 5 GHz et effet Josephson	inversions 2D d'anyons	filtres polarisants et dichroïques	micro-ondes	laser	laser
mesure	magnétomètre	magnétomètre	fusion d'anyons	détecteurs de photons	consersion spins to charge	fluorescence	fluorescence

Figure 2.2 – Les systèmes quantiques supports d'un bit quantique (source frenchweb.fr).

En d'autres termes et pour bien préciser les choses : si la **physique quantique** consiste à obtenir de l'information sur les états et le comportement de tel ou tel système objet de l'expérimentation, **l'informatique et l'Internet quantiques** consisteront à faire porter de l'information quantique et sa surprenante logique algorithmique sur de tels systèmes physiques. Et dans la majorité des cas, l'Internet quantique s'appuiera sur une physique et une ingénierie radicalement différentes de celles de l'Internet classique.

Combien de photons pour porter un bit *c* et un qubit *q* ?

Si nous codons un bit classique **c** par une impulsion lumineuse, prenons par exemple une impulsion qui dure 300 picosecondes et a une énergie de 200 millijoules ; **1** bit classique **c** serait alors porté par $\mathbf{10^{18}}$ photons.

En informatique quantique, **1** bit quantique ***q*** peut être porté par **1** photon.

1.2 Définition d'un élément d'information intriquée

Nous l'avons vu au chapitre 1, § 4.3. États intriqués d'un système composite à trois éléments ou plus, p. 23, *m* systèmes quantiques peuvent composer un ensemble intriqué, $m = 2$ pour une paire EPR, $m > 2$ pour un ensemble multipartite.

◆ *Intrication de deux parties quantiques (m = 2)*

Un bit d'intrication ou **ebit** correspond à un élément d'information maximalement intriquée. Détenir un ebit, c'est détenir immatériellement un élément d'information intriquée bipartite, et matériellement une paire de bits quantiques intriqués, partagés par exemple entre les nœuds A et B. Ainsi l'ebit porté par l'ensemble des deux systèmes quantiques corrélés et se trouvant en A et B aura pour fonction d'onde l'un des quatre états bipartites ci-dessous (les états de Bell) :

$$|\phi^+>_{(A,B)} = \frac{1}{\sqrt{2}} (|0_A 0_B> + |1_A 1_B>)$$

$$|\phi^->_{(A,B)} = \frac{1}{\sqrt{2}} (|0_A 0_B> - |1_A 1_B>)$$

$$|\psi^+>_{(A,B)} = \frac{1}{\sqrt{2}} (|0_A 1_B> + |1_A 0_B>)$$

$$|\psi^->_{(A,B)} = \frac{1}{\sqrt{2}} (|0_A 1_B> - |1_A 0_B>).$$

L'élément d'information intriquée ebit est une ressource importante en science de l'information quantique (QIS).

◆ *Intrication de plus de deux parties quantiques (m > 2)*

À propos de l'intrication multipartite, nous l'avons vu dans le chapitre 1 : l'état ϱ de *m* sous-systèmes A_1, A_2, … A_m dans l'espace de Hilbert $\mathcal{H} = \mathcal{H}_1 \otimes \mathcal{H}_2 \otimes \ldots \otimes \mathcal{H}_m$ est complètement intriqué s'il ne peut pas être écrit sous la forme :

$$\rho = \sum_{i=1}^{m} pi\varrho^i_{A1} \otimes \varrho^i_{A2} \otimes \ldots \otimes \varrho^i_{Am}.$$

Si la terminologie d'**ebit** ne concerne que l'intrication de deux parties quantiques, certains envisagent la terminologie d'**edit** (*entangled qudit*) pour les systèmes intriqués avec $m > 2$. Dans ce cadre, l'etrit est alors une intrication de trois parties ; l'état intriqué du système physique sous-jacent sera soit un état Greenberger-Horne-Zeilinger [2], soit un état W [3] :

$$|GHZ> = \frac{1}{\sqrt{2}} (|000> + |111>)$$

$$|W> = \frac{1}{\sqrt{3}} (|100> + |010> + |001>).$$

Si la plupart des schémas de communications quantiques sont basés sur une intrication bipartite, avec des paires intriquées générées et distribuées entre les nœuds du réseau, le futur réseau de communications quantiques ne se limitera pas à la génération de paires de Bell, car de nombreuses applications intéressantes nécessitent des états quantiques intriqués multipartites. Par conséquent, le but ultime des réseaux quantiques sera de permettre à leurs clients de partager des états intriqués arbitraires pour effectuer des tâches de calcul quantique distribuées. Une intrication authentique peut associer $m > 2$ sous-systèmes quantiques.

Dans ce cas, la classification des états quantiques intriqués est plus riche que dans le cas bipartite ($m = 2$). En effet, dans l'intrication multipartite, outre les états entièrement séparables et les états totalement intriqués, il existe également la notion d'états partiellement séparables (voir la figure 1.10, p. 24). Un important travail à ce sujet peut être trouvé dans [4].

Détenir un élément d'information intriquée

L'élément d'information intriquée bipartite (**ebit**) comme l'élément multipartite (**edit**) sont deux types de ressources importantes pour un réseau de communications quantiques. La seule différence entre les deux est le nombre de parties qui ont été corrélées et donc le type d'applications (*unicast* ou *broadcast*) qu'ils rendent possibles.

◆ *Cas des états intriqués nommés états-graphes*

Dans les systèmes quantiques multipartites, nous pouvons identifier un sous-groupe dans lequel des constituants interagissent directement les uns avec les autres, alors que les autres interactions jouent un rôle mineur et peuvent être largement négligées. Par exemple, les interactions entre les voisins immédiats d'un système couplé sont souvent de loin dominantes. L'état de tels systèmes quantiques peut être représenté par un graphe ou **état-graphe** (*graphe state*) [5] et sont ce qu'on appelle des états stabilisateurs, c'est-à-dire des états qui sont stabilisés par des éléments du groupe de Pauli.

Ces états-graphes, états intriqués à plusieurs particules ($m > 2$), correspondent donc à des graphes mathématiques, dans lesquels les sommets du graphe jouent le rôle de systèmes de spin quantiques à deux états (correspondant à un qubit) et les arêtes représentent les interactions entre deux sommets adjacents selon le modèle d'Ising (voir le chapitre 1, § 1.4. Cas particulier du spin, p. 12). À chaque sommet $a \in V_s$ du graphe $G_s = (V_s, E_s)$ est attaché un opérateur hermitien :

$$K^{(a)}_G = \sigma_x^{(a)} \prod_{b \in N_a} \sigma_x^{(b)}.$$

Les sommets de V_s correspondent aux qubits intriqués et les arêtes de E_s indiquent des corrélations entre les qubits. Sur la figure 2.3, (a) représente un état-graphe à deux sommets et une arête, donc une paire intriquée ; (b) représente un état-graphe de 3 qubits intriqués (ici dans l'état *W*) ; etc.

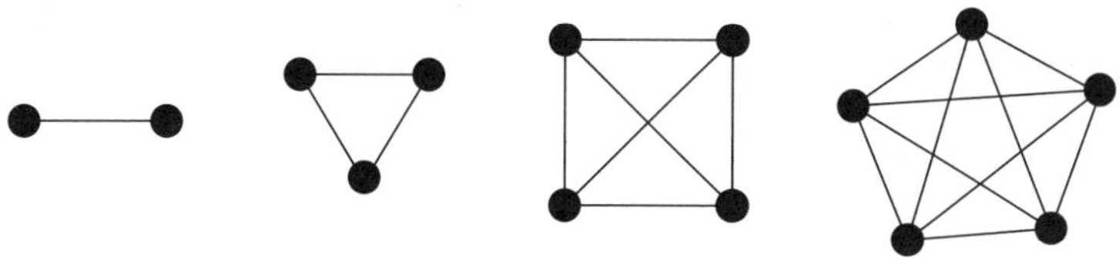

Figure 2.3 – États-graphes de *m* parties sous forme de graphes ; (a) $m = 2$; (b) $m = 3$; (c) $m = 4$; (d) $m = 5$.

Par souci de simplicité et de lisibilité, l'ouvrage traitera principalement de paires intriquées ($m = 2$) et n'utilisera les états-graphes qu'à de rares occasions.

1.3 Bit, qubit et ebit

Ainsi, l'Internet quantique manipulera divers bits d'information que nous pouvons ranger dans les catégories suivantes :

- ✓ Le bit classique ***c*** ou **cbit**, qui ne peut prendre que les valeurs numériques : $c = 0$ ou $c = 1$; une suite de 8 bits par exemple sera notée $(c_i)_{i \in [1, 8]} = (01100101)$; les bits classiques seront toujours utilisés pour les informations de signalisation ou de commande, dans le plan appelé **plan de contrôle** (*control plane*), que la communication dans le **plan des données des utilisateurs** (*date plane*) transmette des bits classiques ou des bits quantiques.
- ✓ Le bit probabiliste ***p*** ou **pbit**, qui peut prendre la valeur 0 avec la probabilité *p* et la valeur 1 avec la probabilité $1 - p$.
- ✓ Le bit quantique ***q*** ou **qubit**[6], correspondant à une superposition des états quantiques |0> et |1> :

$$|q> = \alpha|0> + \beta|1>$$

α et β étant deux complexes qui vérifient uniquement l'équation :

$$|\alpha|^2 + |\beta|^2 = 1 \;;$$

6. Il n'est donc question ici que de quantum bits, des éléments d'information dans un espace à deux dimensions (|0>, |1>); il existe aussi des qutrits à trois dimensions (par exemple |–1>, |0> et |1>), des ququats, et plus généralement des qudits. Pour les qubits, $d = 2$.

les deux états |0> et |1> correspondent par exemple à la polarisation horizontale et verticale d'un photon (voir la figure 1.6) ou aux spins |↑> et |↓> d'un électron ; nous verrons au chapitre 3 le type de données d'utilisateurs qu'il est pertinent de coder en qubits.

✓ Enfin le bit d'intrication **ebit**, prenant la valeur 1 si la paire est maximalement intriquée, 0 sinon.

En résumé (voir la figure 2.2), un bit ***c*** prend la valeur 0 ou 1 ; un bit probabiliste ***p*** prend la valeur 0 avec la probabilité *p* ou la valeur 1 avec la probabilité (1 – *p*) ; un qubit ***q*** est un vecteur sur la sphère de Bloch, de rayon 1, les deux complexes α et β peuvent prendre une infinité de valeurs.

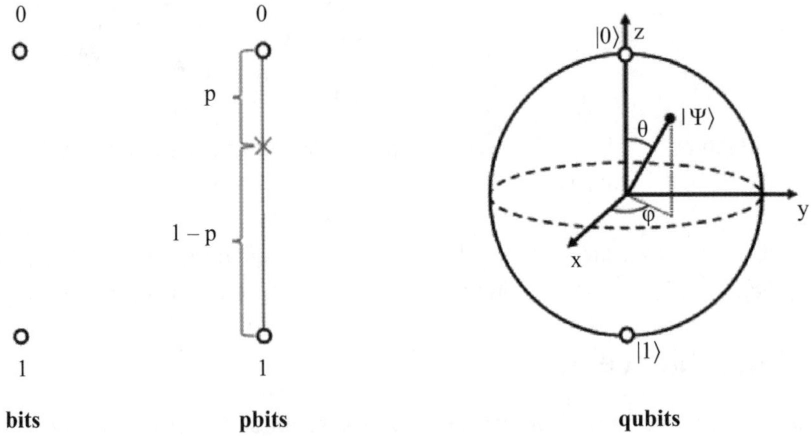

Figure 2.4 – Bits, pbits et qubits.

Tableau 2.1 – Comparaison entre bit, qubit et ebit.

Contraintes	bit	qubit	ebit
Contraintes temporelles	Aucune : un bit reste en mémoire indéfiniment	Oui : il se dégrade irréversiblement avec le temps	Oui : il se dégrade irréversiblement avec le temps
Contraintes de réplication	Aucune	Oui, dues au théorème de non-clonage	Non, les états intriqués sont dans un état connu et peuvent être répliqués
Singleton	Oui, ce sont des entités qui ne contiennent qu'un élément		Non, un seul des qubits intriqués n'a aucune utilité
Envergure/ scope	Locale		Non-locale
Valeur	Locale et prédéterminée		Globale et dynamique

1.4 Théorème de non-clonage

Un élément différentiant important de l'information quantique est le théorème de non-clonage ; il interdit la copie à l'identique de l'état d'un bit quantique et il a comme conséquence qu'il est impossible de copier l'état d'un qubit pour l'exploiter indépendamment de son original. Le théorème d'impossibilité du clonage quantique a été énoncé en 1982 dans un article publié dans par William Wootters, Wojciech Zurek et Dennis Dieks [6].

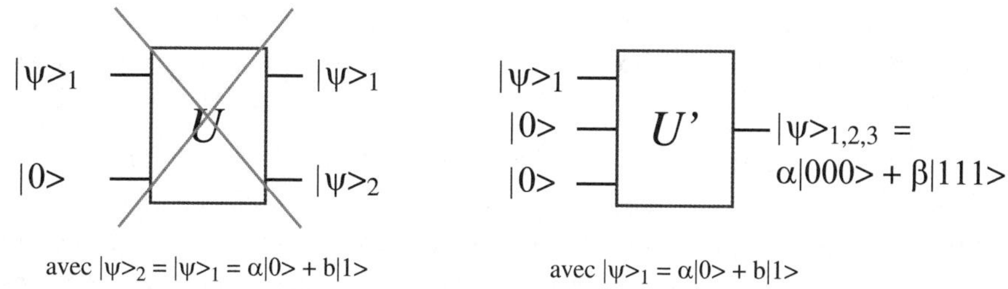

Figure 2.5 – Théorème de non-clonage et techniques de duplication.

Supposons qu'on ait une photocopieuse à état quantique, c'est-à-dire un opérateur *U* qui, à partir d'un état $|\psi>$ à cloner et d'une page blanche $|0>$, soit capable de produire $|\psi>|\psi>$ en sortie. On pourrait alors cloner deux états quelconques $|\psi_1>$ et $|\psi_2>$:

$$U(|\psi_1>|0>) = |\psi_1>|\psi_1>$$

$$U(|\psi_2>|0>) = |\psi_2>|\psi_2>$$

ce qui impliquerait $<\psi_1|\psi_2>= (<\psi_1|\psi_2>)^2$, c'est-à-dire que $|\psi_1>$ et $|\psi_2>$ ne peuvent être quelconque, donc le clonage d'état arbitraire est interdit.

En fait, dans les ordinateurs quantiques, on peut dupliquer un qubit codé en $|\psi>_1 = \alpha|0>_1 + \beta|1>_1$ grâce à deux portes CNOT et trois portes Hadamard. L'ensemble génère une intrication entre $|\psi>$ dans son état initial, et deux qubits ancillaires, initialement dans l'état $|0>$ (voir la figure 2.5) :

$$|\psi>_1 \otimes |0>_2 \otimes |0>_3 \qquad \rightarrow \qquad \alpha|0_1 0_2 0_3> + \beta|1_1 1_2 1_3>.$$

Ainsi l'information initiale n'est plus portée par un qubit mais pas l'intrication résultante ; une erreur sur l'un des trois qubits n'a pas d'impact sur l'information globale $\alpha|0_1 0_2 0_3> + \beta|1_1 1_2 1_3>$ et non localisée. Cette possibilité de dupliquer sous la forme d'un ensemble intriqué sera utilisée par les codes de correction d'erreurs quantiques (voir le chapitre 2, § 3. Codage de l'information quantique, p. 43).

2. INCERTITUDE ET ENTROPIE QUANTIQUE

Le concept d'incertitude est au cœur de la mécanique quantique. En termes simples, l'incertitude signifie qu'il est physiquement impossible de tout savoir sur n'importe quoi. En termes choisis, issus de la théorie de l'information, l'incertitude signifie qu'une part de l'information ne nous sera jamais accessible.

2.1 De l'incertitude de la mesure...

Par exemple l'incertitude signifie qu'il est impossible de connaître des informations spécifiques sur le monde physique avec une précision totale : c'est l'incertitude de la mesure.

Nous parvenons tous à vivre, malgré certaines grandes incertitudes de la société. Reprenant un exemple d'Olivier Ezratty [7], on ne sait pas exactement combien d'euros il y avait dans l'économie française à minuit pile, le 1er janvier 2024. Mais il s'agit d'un type d'incertitude différent de celui auquel nous sommes confrontés en physique quantique. En principe, nous pourrions obtenir les relevés bancaires de chaque entreprise et individu français, faire du porte-à-porte et compter tout l'argent liquide, parcourir chaque hôtel et examiner toute la petite monnaie tombée dans chaque canapé, et toutes ces informations donneraient la taille de la masse monétaire. Pour effectuer cette mesure avec une grande précision, il faudrait disposer d'un moment précis auquel les mesures seraient effectuées et d'une armée d'auditeurs pour les effectuer. Avec suffisamment d'informations, on pourrait être certain de l'état de l'économie. « L'incertitude quantique est différente de l'incertitude économique car elle est généralement décrite en termes de deux quantités antagonistes : plus l'une des quantités est mesurée avec précision, moins l'autre est précise » [7]. Effectuer une mesure même avec précision, c'est accepter de perdre une partie de l'information.

Selon les termes utilisés cette fois par les physiciens de la théorie quantique, la précision de la mesure est limitée par le **principe d'incertitude** ou plus correctement par le **principe d'indétermination**, aussi connu sous le nom de **principe d'incertitude de Heisenberg**. Il désigne l'inégalité mathématique affirmant qu'il existe une limite fondamentale à la précision avec laquelle il est possible de connaître simultanément deux propriétés physiques d'une même particule ; ces deux variables dites complémentaires peuvent être sa position (x) et sa quantité de mouvement (p). Plus précisément il établit que le produit de l'incertitude sur ces deux valeurs est toujours plus grand ou égal à une certaine constante :

$$\Delta x . \Delta p \geq \frac{\hbar}{2}.$$

Concernant la position et la quantité de mouvement d'un système quantique de la taille d'une particule, l'information manquante sera toujours supérieure à $\frac{\hbar}{2}$.

2.2 ... À la mesure de l'incertitude

Si la connaissance de la valeur d'une variable quantique a une limite inférieure, il est possible à l'inverse de mesurer toute information manquante. Mesurer l'information a été rendu nécessaire par recherche d'efficacité dans les systèmes de télécommunications. Avant la Seconde Guerre mondiale, les contributions les plus importantes en la matière sont dues à la collaboration de mathématiciens et d'ingénieurs qui ont été amenés à envisager les propriétés théoriques de tout système de signaux utilisé par les opérateurs, vivants ou techniques, à des fins de communication entre un émetteur et un récepteur, par un canal bruité ou non, dans un contexte donné. À la suite des travaux de Hartley (1928), Claude Shannon en 1948 détermine l'information comme grandeur mesurable, sinon observable – car nul n'a jamais *vu* l'information – et formalise avec elle une théorie de la communication qu'il élabore avec Warren Weaver.

Pour une source d'information X, comportant n symboles, un symbole x_i ayant une probabilité $p_i = P(X = x_i)$ d'apparaître, l'entropie S de la source X (entropie de Shannon) est définie comme :

$$S(X) = -\sum_{i=1}^{n} p_i \log(p_i).$$

L'entropie peut être vue comme une mesure de l'incertitude d'un événement en fonction de la connaissance que nous avons. C'est une mesure de l'information manquante.

En physique classique – nous l'avons vu au chapitre 1, § 1.1. Vecteur d'état ou fonction d'onde, p. 6 – le système étudié prend l'un des états possibles : la pièce de monnaie est retombée sur *pile* **ou** sur *face*, le chat est *mort* **ou** *vivant*. Si par exemple *pile* et *face* sont deux événements équiprobables, $p_i = ½$ et l'entropie vaut :

$$S(X) = -2 \times \frac{1}{2} \times \log\left(\frac{1}{2}\right) = \log(2).$$

2.3 L'entropie de von Neumann

La mesure fondamentale en informatique quantique est l'entropie de von Neumann, ou simplement l'entropie quantique. Il s'agit de la généralisation quantique de l'entropie de Shannon que Von Neumann a étendue, en définissant l'entropie $H(\rho)$ d'un mélange statistique décrit par l'opérateur densité ρ comme étant :

$$H(\rho) = -\mathrm{Tr}\,(\rho \log(\rho)).$$

Supposons que nous ayons un système quantique C composé de deux sous-systèmes A et B, dont l'opérateur densité est ρ_C. L'entropie de Von Neumann du système bipartite ou son entropie quantique est : $H(\rho_C) = -\mathrm{Tr}\{\rho_C \log \rho_C\}$. Si l'opérateur de densité ρ_C a la décomposition spectrale suivante : $\rho_C = \sum_{i=1}^{n} p(i)\,|i><i|$, ($|i>$) étant la base des vecteurs propres de l'observable choisie, alors :

$$H(\rho_C) = -\sum_{i=1}^{n} p(i)\log(p(i)).$$

Nous pouvons facilement montrer que l'entropie quantique $H(\rho_C)$ est la même que l'entropie de Shannon $S(C)$ d'une variable aléatoire C de distribution de probabilité $p(i)$:

$$S(C) = H(\rho_C).$$

L'entropie quantique admet une interprétation intuitive. Supposons qu'Alice génère un état quantique photonique $|\psi_A>$ dans son laboratoire selon une certaine densité de probabilité $p(i)$, correspondant à une variable aléatoire observable A. Supposons en outre que Bob n'a pas encore reçu l'état envoyé par Alice et ne sait pas lequel elle va lui transmettre. L'opérateur de densité, attendu du point de vue de Bob, est alors

$$\sigma = \sum_{y} p(y)|y><y|.$$

L'interprétation de l'entropie H(σ) est alors la suivante. Elle quantifie l'incertitude de Bob concernant l'état envoyé par Alice : son gain d'information attendu est de $H(\sigma)$ qubits lors de la réception puis de la mesure de l'état envoyé par Alice.

Dans le cas particulier d'un système bipartite intriqué maximalement, l'opérateur densité $\rho_C = \sum_{i=1}^{n} p(i)|i><i|$ devient $\rho_C = |\, i<i\,|$, i valant 0, 1, 2 ou 3. Et $\log(\rho_C) = 0$; l'entropie $H(\sigma)$ est nulle. Il n'y a aucune information manquante, aucune incertitude. La fonction d'onde du système C contient toute l'information.

Entropie et unité de mesure informationnelle

L'entropie de Von-Neumann d'un état ρ est $S(\rho) = -(\rho\log(\rho))$; c'est l'unique mesure (normalisée) de l'intrication pure et bipartite.

Le qubit d'information est l'unité de mesure informationnelle fondamentale, déterminant la quantité d'information quantique présente dans, ou porté par le système quantique support physique.

L'entropie quantique donne du sens à la notion de d'**élément d'information quantique**. Cette notion est différente de la description de l'état quantique du support physique de l'information (un électron, un photon, un ion piégé ou un atome dans un ensemble gazeux…).

◆ *Non-négativité*

L'entropie quantique $H(\rho)$ est non négative pour tout opérateur de densité ρ :

$$H(\rho) \geq 0.$$

Cela découle de la non-négativité de l'entropie de Shannon.

◆ *Valeur minimale*

La valeur minimale de l'entropie quantique est nulle et elle se produit lorsque le vecteur d'état est un vecteur propre de l'observable. La valeur minimale se produit lorsque les valeurs propres d'un opérateur de densité sont distribuées avec toute la probabilité de masse sur un vecteur propre et nulle sur les autres, de sorte que l'opérateur de densité est de rang un et correspond à un état pur.

$H(\rho) = -\operatorname{Tr}\{\rho \log \rho\}$ Si $\rho = |i\rangle\langle i|$, $\log \rho = 0$. $S(\rho) = 0$

◆ *Entropie d'un système composite*

Une autre façon de décrire la corrélation ou non de ces deux systèmes quantiques A et B est de mesurer leur degré d'intrication, en utilisant l'entropie H de Von Neumann. Si l'entropie de l'ensemble $H(\rho_{AB})$ est égale à la somme de l'entropie $H(\rho_A)$ de A et celle $H(\rho_B)$ de B,

$$H(\rho_{AB}) = H(\rho_A) + H(\rho_B)$$

les deux systèmes sont séparables et non intriqués ; il n'y a pas moins d'information manquante à propos de l'état de l'ensemble (A, B) que l'exacte somme des informations manquantes concernant A et B.

Si $H(\rho_{AB})$ est inférieure à $H(\rho_A) + H(\rho_B)$,

$$H(\rho_{AB}) < H(\rho_A) + H(\rho_B).$$

A et B ont un degré d'intrication non nulle ; il y a moins d'information manquante concernant l'ensemble intriqué (A, B) que d'incertitude sur A additionnée à celle sur B parce que :

- ✓ toute l'information concernant (A, B) est disponible et se trouve dans sa fonction d'onde $|\psi_{AB}\rangle$;
- ✓ cette information globale n'est pas toute disponible localement, en A ou en B.

La section suivante aborde la façon d'encoder une unité d'information quantique (qubit) sur un support physique.

3. CODAGE DE L'INFORMATION QUANTIQUE

Comme en informatique classique où nous ne manipulons pas directement les bits qui encodent l'information à traiter, à communiquer ou à mémoriser, l'information quantique – celle portée par la pièce de monnaie qui affiche à la fois *pile* **et** *face*, ou par le chat de Schrödinger *mort* **et** *vivant* - doit être encodée pour être traitée ou communiquée.

Nous pouvons introduire trois types de codage quantique :

- ✓ celui consistant à coder **un** élément d'information quantique $\boldsymbol{q}$ dans l'état quantique $|\psi_q>$ d'un système physique à variable discrète (DV)[7], dit numérique, ou d'un système quantique à variable continue (CV), dit analogique :

$$\mathbf{1} \text{ élément d'information quantique } \boldsymbol{q} \rightarrow \text{ un état quantique } |\psi_q> ;$$

- ✓ le codage de **chaque** bit classique $\boldsymbol{c}$ d'une séquence en **un** vecteur d'état $|\psi_q>$ (e.g. les bits d'un clé cryptographique[8]) :

$$1 \text{ bit classique } \boldsymbol{c} \rightarrow 1|\psi_q> ;$$

- ✓ celui consistant à coder **un** élément d'information quantique logique $\boldsymbol{q}_{log}$ dans $\boldsymbol{k}$ états de $|\psi_q>$ systèmes quantiques :

$$1\ \boldsymbol{q}_{\mathbf{log}} \rightarrow k|\psi_q>.$$

3.1 Encodage d'un qubit *q* dans un état quantique physique $|\psi_q>$

Le premier niveau d'encodage est l'encodage quantique (*Quantum Encoding*). Il est effectué au moment de la modélisation du problème par le concepteur humain.

Si nous souhaitons encoder l'élément d'information quantique q comparable à la pièce de monnaie affichant à la fois pile et face selon des amplitudes de probabilité aléatoire, il est probable que nous choisissions le photon comme système support, et son spin ou sa polarisation comme observable des états de $|\psi_q>$.

Ainsi, **1** qubit peut être porté par **1** photon.

Un autre encodage relevant de ce premier type consiste à encoder le vecteur d'état initial $|\psi_q>_1$ en l'état quantique $|\psi_q>_2$ d'un autre système physique ; celui-ci fera surtout l'objet du chapitre 4, § 3. Mémoire Quantique (MQ), p. 135.

Cette opération $$|\psi_q>_1 \otimes |0>_{\text{physique}} \quad \rightarrow \quad |0> \otimes\ |\psi_q>_2$$

qui n'est ni clonage, ni une copie, est compliquée, surtout si l'état quantique d'origine $|\psi_q>$ est une superposition d'états.

3.2 Encodage d'un bit classique en un état quantique $|\psi_q>$

Il existe deux manières fondamentales pour encoder une information classique (un ou plusieurs bits $\boldsymbol{c}$) dans l'état quantique $|\psi_q>$ d'un système physique : le **codage en amplitude** et le **codage binaire**. Dans le codage d'amplitude, on stocke l'information dans l'amplitude du signal quantique ; on peut ainsi encoder

7. Par exemple dans le spin d'un électron ou dans la polarisation d'un photon.
8. Voir le chapitre 3 à propos de la cryptographie quantique.

des entiers, ou mieux une approximation d'un nombre réel, en utilisant des qubits. Dans le codage binaire (ou numérique), on stocke le bit 0 ou 1 dans l'état |0> ou |1> de $|\psi_q>$.

Chaque encodage permet de traiter les informations de différentes manières, ouvrant ainsi différentes possibilités.

3.3 Encodage d'un même qubit logique dans plusieurs qubits

◆ *Encodage du qubit dans des systèmes quantiques numériques ou analogiques ?*

De la transmission de données sur Internet à l'analyse des données, les informations classiques sont généralement codées sous forme numérique en raison de l'existence de systèmes numériques robustes de correction d'erreurs. Par conséquent, lorsqu'il s'agit d'informations quantiques, il est naturel de considérer des systèmes **numériques** à variables discrètes (DV), tels que les systèmes à deux états appelés bits quantiques (qubits) et très souvent utilisés dans cet ouvrage. Cependant, la correction des erreurs reste un défi et nécessite en fin de compte qu'un seul qubit logique (un qubit pouvant être utilisé pour le calcul quantique par exemple) soit correctement codé en de nombreux qubits physiques (implémentations réelles de qubits). En d'autres termes, il faut agrandir la dimension de l'espace, et le choix des systèmes à variables discrètes s'avère alors moins évident…

D'un autre côté, il existe des caractéristiques quantiques qui ont une infinité d'états distinctifs, comme la position d'un oscillateur harmonique quantique – la version quantique d'une masse suspendue à un ressort. Ces fonctionnalités sont connues sous le nom de variables continues (CV) et sont intrinsèquement **analogiques.**

◆ *Différents types d'erreur*

Il n'est nul besoin de rappeler qu'en informatique classique, les bits sont soit dans l'état « 0 », soit dans l'état « 1 ». Par conséquent, le seul type d'erreur à prendre en compte en informatique classique est le *bit-flip* qui transforme un $0 \rightarrow 1$ et vice-versa. L'erreur est dite **numérique**, puisqu'elle transforme une valeur discrète en une autre valeur discrète.

En revanche, l'état général du qubit défini dans l'équation $|\psi_q> = \alpha|\mathbf{0}> + \beta|\mathbf{1}>$ laisse supposer un continuum (**analogique**) de valeurs entre ses deux états de base. Du point de vue du développement de codes correcteurs d'erreurs, cette propriété est problématique car elle signifie que le qubit est sujet à un nombre infini d'erreurs. Pour illustrer cela plus clairement, il est utile de réécrire l'état général du qubit en termes d'une représentation géométrique donnée par :

$$|\psi_q> = \cos(\theta/2)|\mathbf{0}> + e^{i\phi}\sin(\theta/2)|\mathbf{1}>.$$

Sous cette forme, l'état du qubit correspond à un point, spécifié par les angles θ et ϕ, à la surface d'une sphère de Bloch. Les erreurs sur un qubit peuvent survenir à la suite de divers processus physiques. Le cas le plus simple à examiner est celui des erreurs qui provoquent une rotation cohérente du qubit d'un point de la sphère de Bloch à un autre. De telles erreurs de qubits pourraient, par exemple, provenir de défauts de contrôle systématiques dans le matériel avec lequel les qubits sont réalisés. Mathématiquement, les erreurs cohérentes sont décrites par une opération unitaire $U(\delta\theta, \delta\phi)$.

Si l'on ne considère que les erreurs dites numériques qui transforment un état pur $|0>$ ou $|1>$ en un autre état pur, il existe deux types d'erreurs quantiques qui doivent être prises en compte par les codes quantiques :

- ✓ Les erreurs de type Pauli-X peuvent être considérées comme des retournements de bits quantiques : $X|0> = |1>$ et $X|1> = |0>$. L'action d'une erreur X sur l'état général du qubit est donc :

$$X|\psi> = \alpha X|0> + \beta X|1> = \alpha|1> + \beta|0>.$$

- ✓ Le deuxième type d'erreur quantique, l'erreur Z, est souvent appelé l'inversion de phase et n'a pas d'analogue classique. Les inversions de phase correspondent à $Z|0> = |0>$ et $Z|1> = -|1\rangle$, et ont donc l'action suivante sur l'état général du qubit $Z|\psi> = \alpha Z|0> + \beta Z|1> = \alpha|0> - \beta|1>$.

La numérisation des erreurs quantiques permet de réutiliser certaines techniques de la théorie classique : le codage de correction des erreurs quantiques (QECC). Cependant, il reste un certain nombre de complications qui empêchent la traduction simple des codes classiques en codes quantiques :

- ✓ la première complication est le théorème de non-clonage des états quantiques. Pour le codage quantique, il est donc nécessaire de trouver des moyens alternatifs pour ajouter de la redondance au système ;
- ✓ la deuxième complication du codage quantique vient du fait que les qubits sont sensibles à la fois aux inversions de bits (erreurs X) et aux inversions de phase (erreurs Z). Les codes de correction d'erreurs quantiques doivent donc être conçus avec la capacité de détecter simultanément les deux types d'erreurs ;
- ✓ la dernière complication spécifique à la correction d'erreurs quantiques est le problème de l'effondrement de la fonction d'onde. Dans un système classique, il est possible de mesurer des propriétés arbitraires du registre de bits sans risquer de compromettre les informations codées. Pour les codes quantiques, toutes les mesures des qubits effectuées dans le cadre de la procédure de correction d'erreur doivent être soigneusement choisies afin de ne pas provoquer l'effondrement de la fonction d'onde et l'effacement des informations codées.

La meilleure solution est en fait de diffuser les informations d'un qubit (logique) sur un état hautement intriqué de *k* systèmes quantiques physiques.

◆ Codes de Shor et de Steane

C'est Peter Shor qui a découvert pour la première fois cette méthode de formulation d'un code de correction d'erreurs quantiques en stockant les informations d'un qubit sur un état hautement intriqué de neuf qubits. Ainsi pour pallier les erreurs de transmission, la communication d'éléments d'information quantique peut être sécurisée en codant plus généralement n qubits logiques en k qubits physiques ($k > n$).

L'idée d'un tel codage redondant, empruntée donc au codage classique, vient néanmoins avec une exigence supplémentaire : préserver les états de superposition arbitraires des k qubits physiques.

Dans le cas le plus simple où un seul qubit logique est codé en k qubits physiques ($k = 9$ dans le **code de Shor**), nous définissons des qubits logiques $|0_L>$, $|1_L\rangle$ comme les deux états orthogonaux $|\psi_0\rangle = |0_L>$, $|\psi_1> = |1_L> \in C^{2k}$. Tout qubit quelconque dans un état $\alpha|0\rangle + \beta|1>$ est ainsi codé via une opération de codage unitaire aboutissant à l'état codé :

$$(\alpha|0> + \beta|1>) \otimes |0>^{\otimes\, k-1} \quad -> \quad \alpha|0_L> + \beta|1_L>.$$

Le **code de Steane**, nommé d'après le physicien Andrew Steane, est un code de correction d'erreurs quantiques spécifique qui code 1 qubit logique en 7 qubits physiques et est capable de corriger toute erreur d'un seul qubit, qu'il s'agisse d'un bit-flip ou d'une erreur de phase-flip.

Faisant partie de la classe des codes CSS (Calderbank-Shor-Steane), le code peut déterminer si une erreur d'inversion de bit ou d'inversion de phase s'est produite et sur quel qubit, permettant ainsi une correction d'erreur ciblée. La correction d'erreur dans le code de Steane est effectuée à l'aide de qubits auxiliaires et d'une série d'opérations contrôlées. Le processus implique à la fois la détection des erreurs d'inversion de bit et d'inversion de phase, suivie d'opérations correctives si nécessaire. La beauté du code de Steane est que la correction d'erreur peut être effectuée sans jamais mesurer directement le qubit logique, préservant ainsi l'information quantique.

Le code de Steane a été implémenté dans divers systèmes quantiques physiques, notamment les ions piégés et les qubits supraconducteurs.

◆ Plus généralement, les codes Calderbank-Shor-Steane

Considérons un état purifié $|\psi>_A$ sur le nœud n_A, constitué non pas de **1** mais de ***n*** qubits contenus dans les registres d'une mémoire quantique. Son encodage se fait en ajoutant k qubits auxiliaires du système S : $|0^k>_S$; l'état du système global AS est de la forme :

$$|\psi>_{AS} = \Sigma_{0 \leq j \leq 2n-1}\, \alpha_j |j>_A |\varphi_j> |0^k>_S.$$

Ensuite, l'hôte applique un encodeur unitaire *U* sur l'état de l'ensemble $|\psi>_{AS}$. À la réception de $|\psi>_{AS}$, le récepteur applique simplement une opération de décodage afin que l'état devienne celui de $|\psi>_{A}$.

Les fondateurs de ces premiers codes QECC, Calderbank et Shor [8], expliquent : « un code de correction d'erreurs quantiques est défini comme étant une mise en correspondance unitaire de *n* qubits (systèmes quantiques à deux états) dans un sous-espace de l'espace d'états quantiques de $n + k$ qubits de telle sorte que si l'un des *t* des qubits subit une modification arbitraire, décohérence, pas nécessairement indépendamment, les $n + k$ qubits résultants peuvent être utilisés pour reconstruire fidèlement l'état quantique d'origine des *n* qubits codés. Il est démontré que les codes de correction d'erreurs quantiques existent avec un taux asymptotique :

$$n/(n + k) = 1 - 2H_2(2t/n + k)$$

où $H_2(p)$ est la fonction d'entropie binaire $- p\log_2 p - (1 - p)\log_2(1 - p)$. »

Néanmoins :

- ✓ Toutes ces procédures de correction d'erreurs quantiques ont la caractéristique, commune à de nombreux codes correcteurs d'erreurs classiques, que le taux de transmission de l'information quantique tend vers zéro lorsque la fiabilité de la transmission tend vers un.
- ✓ Par ailleurs, même un simple schéma QECC conçu pour corriger des erreurs uniques, tel que le code Steane, nécessite des dizaines de systèmes à deux niveaux (les *k* qubits auxiliaires) et de nombreux éléments de mesure. Construire des dispositifs physiques contenant ces nombreux éléments interconnectés peut constituer un défi d'ingénierie important... Ici, les états intriqués de systèmes multipartites pourraient jouer un rôle important.

Ainsi, pour ces schémas d'encodage de qubits logiques en plusieurs qubits physiques, il est techniquement difficile de réaliser des opérations de QECC. Par conséquent, diverses méthodes ont été proposées pour coder un qubit logique dans l'espace de dimension infinie offert par un seul système à variable continue, plutôt que par de nombreux systèmes à variables discrètes. L'une d'entre elle porte le nom de GKP.

◆ Codes de Gottesman-Kitaev-Preskill (GKP)

Un code à variable continue est le schéma Gottesman-Kitaev-Preskill (GKP), proposé en 2001. Une caractéristique cruciale de ce schéma est que la plupart des opérations codées (manipulations de qubits logiques) appartiennent à un ensemble d'opérations qui, dans en général, peut être facilement mis en œuvre. Cependant, une méthode précise permettant de générer des qubits codés en GKP est longtemps restée insaisissable et nécessitait un effort. « Flühmann et ses collègues ont réussi cet effort en préparant un oscillateur harmonique quantique dans un état qui ressemble à un qubit codé par GKP. Ils ont utilisé une architecture constituée d'un oscillateur sous la forme d'un ion atomique libre d'osciller le long d'un axe d'un piège électromagnétique. » [9]

Nous pouvons trouver dans [10] un état de l'art bien détaillé des différents codes quantiques conçus depuis 1995 pour corriger les erreurs de calcul quantique, dans lequel l'on retrouve le code de Shor à 9 qubits, celui de Steane à 7 qubits et les codes GKP (codes toriques, codes surfaciques).

Tableau 2.2 – Codes correcteurs d'erreurs quantiques ou QECC [10].

Code	Année	#Qubits	Description	Avantages / inconvénients
Code de Shor	1995	9	Premier code correcteur, corrigeant une erreur arbitraire	Très bien pour comprendre les concepts basiques/ Requérant 9 qubits il n'est donc pas très efficient
Code de Steane	1996	7	Il corrige une seule erreur, en exploitant les codes correcteurs classiques	Un peu plus efficient en termes de ressources mais ne corrigeant qu'une erreur à la fois
Codes toriques	1997	Nombre variant	Ce sont des codes topologiques définis sur des treillis 2D ; robustes pour les erreurs locales.	Un seuil élevé d'erreurs corrigeables / requérant des algorithmes de décodage complexes
Codes surfaciques	2002	Nombre variant	Ce sont des codes topologiques les plus étudiés.	Beaucoup de décodeurs efficients/ Requérant un *overhead* large en qubits
Autres			Voir [10]	

3.4 Encodage mettant la décohérence sous contrôle

Nous l'avons vu aussi au chapitre 1, § 2. Superposition ou décohérence, p. 14 : tout l'art, le savoir-faire et l'ingénierie requises pour cette seconde révolution quantique consisteront à pouvoir mettre sous contrôle les causes de décohérence d'un système quantique donné dans un environnement ouvert.

Julien Bobroff le décrit très bien dans *Bienvenue dans la nouvelle révolution quantique* : « l'atome est un animal pour le moins furtif. Il ne mesure qu'un à deux dixièmes de nanomètres. Et quand bien même vous disposeriez d'une loupe magique qui grossirait un milliard de fois, ce serait peine perdue, car l'atome se déplace trop vite. » Par ailleurs, l'atome, l'électron, le photon et tout système quantique $|\psi_q\rangle$ de cette échelle ne peuvent pas être considérés comme des systèmes isolés ; ils interagissent sans cesse avec leur environnement et perdent ainsi leur cohérence au fil du temps.

Comment contrôler ce risque ? Comment limiter la décohérence ? Pour y réussir, les deux leviers majeurs sont :

- ✓ l'amélioration de la qualité des mémoires quantiques ;
- ✓ la conception de codes correcteurs d'erreur avec un seuil de plus en plus bas.

Chaque éventualité d'un état superposé interagit toujours avec son environnement, mais avec une meilleure qualité de la mémoire et les techniques QECC, la probabilité de pouvoir observer un état superposé tend moins rapidement vers zéro.

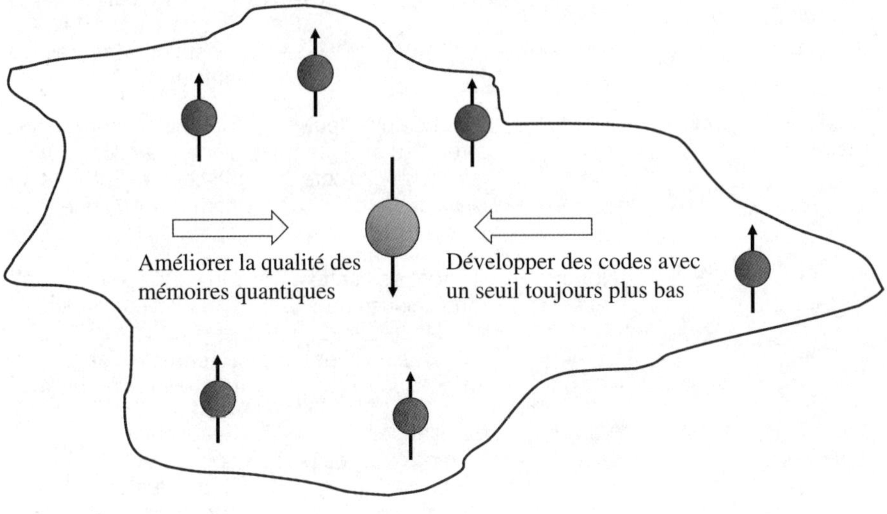

Figure 2.6 – Opérations pour maintenir la cohérence d'un qubit « isolé » *q* dans un environnement contrôlé.

4. MESURE QUANTIQUE

Pour extraire l'information $|q\rangle = \alpha|0\rangle + \beta|1\rangle$ de l'état quantique $|\psi_q\rangle$, ou pour extraire d'un système composite bipartite $A \otimes B$ l'information sur l'état de Bell obtenu (parmi les quatre états possibles $\{|\phi^{\pm}\rangle ; |\psi^{\pm}\rangle\}$), il faut effectuer :

- ✓ une mesure selon l'observable associée aux états $|0\rangle$ et $|1\rangle$ (mesure Pauli-Z) dans le premier cas ;
- ✓ une mesure de l'état de Bell (*Bell State Measurement* ou BSM) sur la paire $A \otimes B$ dans le second.

Le résultat de la mesure de l'état quantique du signal reçu, éventuellement perturbé par la transmission, dépend de l'instrument de mesure, qui peut être soit totalement probabiliste (un détecteur optique), soit déterministe (une porte quantique).

Le panel des opérations de mesure varie du traitement du signal quantique à la mesure des états de Bell (*Bell State Measurement*), en passant par la mesure valorisée par opérateur positif (*POVM*).

4.1 Traitement du signal quantique

Depuis le début de cet ouvrage, il est question de signaux quantiques. Que ce soit un flux de photons aux polarisations horizontales ou verticales, une paire supraconductrice caractérisée par l'absence de résistance électrique et l'expulsion du champ *magnétique*, ou un cristal dont les atomes ont uniquement les niveaux d'énergie autorisés, le signal dont il est question est quantique à partir du moment où il peut être décrit par le biais d'un vecteur d'état quantique ou une fonction d'onde $|\psi>$, ou $|\psi(t)>$ pour son évolution avec le temps t.

Le traitement du signal quantique (*Quantum Signal Processing ou QSP*)[9] est plus général que la mesure quantique. « Le cadre du traitement du signal quantique (QSP) est plus large et moins restrictif que celui de la mesure quantique puisque, lors de la conception d'algorithmes, nous ne sommes pas contraints par les limitations physiques de la physique quantique. En physique quantique, les systèmes sont traités en effectuant des mesures sur eux ; dans le traitement du signal, les signaux sont traités en les soumettant à un algorithme. » [11]

Le traitement QSP correspond à l'application, sur le signal quantique, d'un algorithme quantique permettant d'implémenter des polynômes matriciels exacts. Il repose sur l'idée d'entrelacer deux types de rotations d'un seul qubit :

- ✓ un opérateur W de rotation du signal ;
- ✓ et un opérateur S de rotation de traitement du signal.

Ces opérations de rotation concernent différents axes à travers la sphère de Bloch ; généralement W est une rotation du signal autour de l'axe Ox, tandis que S est une rotation autour d'Oz. De plus, la rotation du signal W tourne toujours du même angle θ, tandis que la rotation du traitement du signal S tourne d'un angle variable selon une séquence prédéterminée. Par exemple, l'opérateur de rotation du signal W peut prendre la forme :

$$W(a) = \begin{bmatrix} a & i\sqrt{1-a^2} \\ i\sqrt{1-a^2} & a \end{bmatrix}$$

9. Lin Lin (UC Berkeley) : https://www.youtube.com/watch?v=zwqMGsuV1VA.

qui est une rotation selon Ox d'angle $\theta = -2\cos(a)^{-1}$ et l'opérateur de rotation de traitement du signal : $S(\varphi) = e^{i\varphi Z}$, qui est une rotation selon Oz d'angle -2φ. Pour une séquence de phases $\varphi = (\varphi_0, \varphi_1, \ldots \varphi_d) \in R^{d+1}$ et en utilisant les conventions proposées dans [12], la séquence d'opérations de traitement du signal U_φ est définie comme :

$$U_\varphi = e^{i\varphi_0 Z} \prod_{k=1} W(a) e^{i\varphi_k Z}.$$

Ainsi la transformation polynomiale aux valeurs singulières φ_k est obtenue en appliquant une séquence spécifique de rotations[10] SU(2) où chaque rotation est paramétrée par un angle $\varphi_k \in R$. L'algorithme est paramétrique dans le sens où la transformation polynomiale est complètement caractérisée par le choix des angles de phase $\varphi = \{\varphi_k\}$, $k \in [0, d]$.

Le traitement du signal quantique (QSP) gagne en notoriété et intérêt scientifiques depuis qu'il a été démontré[11] qu'ainsi, avec jouant avec les paramètres a et $\varphi = \{\varphi_k\}$ ($k \in [0, d]$), il est possible d'approcher la fonction $f(x)$ correspondant à un calcul quantique (polynomial et unitaire) donné.

Mieux encore ! Avec une méthode proposée dans [12], nous pouvons obtenir de la technique du traitement du signal quantique (QSP) une transformation quantique (QSVP) aux propriétés incroyables (ce sera l'objet du § 5.11. Vers une grande unification des algortihmes quantiques, p. 75).

4.2 Mesure quantique projective

Si traiter un signal quantique consiste à lui appliquer un algorithme ou une transformation polynomiale, effectuer une mesure du signal quantique, c'est projeter son état sur un des vecteurs de la mesure ou de l'observable. Transformation ni unitaire, ni linéaire.

Tant en traitement du signal qu'en physique quantique, le cadre que nous considérons est un espace de Hilbert arbitraire $\mathcal{H}$. Les éléments de $\mathcal{H}$. sont appelés des vecteurs ou des signaux de manière interchangeable. Un système quantique à l'état pur est caractérisé par un vecteur normalisé dans $\mathcal{H}$. Les informations sur un système quantique sont extraites en soumettant le système à une mesure quantique.

« Une **mesure quantique** est une cartographie non linéaire (probabiliste) qui, dans le cas le plus simple, peut être décrite en termes d'un ensemble de vecteurs de mesure $\{\mu_i, i \in L\}$ qui couvrent des sous-espaces de mesure $\{S_i \subseteq \mathcal{H}., i \in L\}$ où L désigne un ensemble d'index. Les lois de la mécanique quantique imposent la

10. Le groupe spécial unitaire de degré n, $SU(n)$, possède une importance particulière en physique des particules. Si le groupe unitaire $U(1)$ est le groupe de jauge de l'électromagnétisme, $SU(2)$ est le groupe associé à l'interaction faible ainsi qu'au spin et à l'isospin, et $SU(3)$ celui de l'interaction forte (chromodynamique quantique).

11. Voir la video youtube https://www.youtube.com/watch?v=a4R-UycVrLI de Lin Lin.

contrainte que les vecteurs μ_i doivent être orthonormés. Dans le cas plus général, la mesure quantique est décrite en termes d'un ensemble d'opérateurs de projection $\{P_i, i \in \mathcal{L})$ sur des sous-espaces $\{S_i \subseteq \mathcal{H}, i \in \mathcal{L}\}$. En mécanique quantique, le résultat d'une mesure est intrinsèquement probabiliste, les probabilités des résultats de toute mesure imaginable étant déterminées par le vecteur d'état. La mesure réduit ou projette l'état de l'état quantique sur un état compatible avec le résultat de la mesure, de sorte que l'état final du système est en général différent de l'état d'origine. » [11]

La cohérence des mesures est un postulat fondamental de la physique quantique : des mesures répétées sur un système doivent donner les mêmes résultats, sinon nous ne serions pas en mesure de confirmer le résultat d'une mesure. L'état du système après une mesure doit donc être tel que si l'on mesure à nouveau le système dans cet état, alors l'état final après cette deuxième mesure sera identique à l'état après la première mesure. Concrètement, l'exigence de cohérence conduit à une classe d'états appelés états déterminés de la mesure. Il s'agit d'états du système quantique pour lesquels la mesure donne un résultat connu avec une probabilité 1, et ce sont les états qui se situent entièrement dans l'un des sous-espaces de mesure.

Par exemple, pour $|\psi_q> = \alpha|0> + \beta|1>$, les états déterminés de la mesure correspondant à l'observable $\mathcal{A}$ (et l'opérateur hermitien $\hat{A}$) sont $|0>$ et $|1>$, et toute mesure qui suivra la première donnera à nouveau la même valeur.

Dans le cas de l'utilisation d'états quantiques pour les communications (quantiques !), les contraintes imposées par la physique sur toute **mesure quantique** conduisent avant tout au problème de la **détection quantique** et suggèrent des applications troublantes de traitement du signal quantique (*Quantum Signal Processing*). Lors d'une communication quantique, un émetteur (Alice) transmet l'information q à un récepteur (Bob) sous la forme du vecteur d'état $|\psi_{q>} = \alpha|0> + \beta|1>$ et en utilisant un canal de transmission ; Alice présente les messages en préparant le canal quantique dans un état pur tiré d'une collection d'états connus $|\psi_i>$. Le récepteur (Bob) **détecte** l'information en soumettant le canal à une **mesure** quantique selon des vecteurs de mesure μ_i que la physique contraint à être orthogonaux. Si les états ne sont pas orthogonaux, aucune mesure ne peut les distinguer parfaitement. Par conséquent, un problème fondamental en communications quantiques est de construire des mesures optimisées pour faire une distinction parmi un ensemble d'états purs non orthogonaux.

Comme Yonina Chana Eldar [11], nous pouvons formuler ce problème comme étant un problème de **détection quantique**, de sorte que les vecteurs de mesure soient choisis pour minimiser la probabilité d'erreur de détection.

Ainsi, la **différence entre détection et mesure quantiques** nous apparaît clairement. Bien que de nombreux groupes de recherche, de nombreuses conférences incluent simplement à la fois la détection quantique et la métrologie quantique dans la même terminologie (probablement pour attirer les personnes recherchant l'une ou l'autre), bien qu'il soit difficile de séparer la fonction d'un interféromètre par exemple entre celle de détection ou celle de mesure, et comme nous ne souhaitons pas tout regrouper ni appeler l'ensemble un protocole d'estimation, de détection ou de métrologie quantique, nous resterons sur la proposition plus haut, à savoir :

« Dans le contexte de la mesure quantique, les contraintes de la physique conduisent au problème intéressant du choix d'un ensemble optimal de vecteurs orthogonaux. En empruntant à la détection quantique, une idée centrale dans les applications QSP est d'imposer des contraintes d'orthogonalité ou, plus généralement, des contraintes de produit interne sur les algorithmes de QSP, puis d'utiliser la mesure des moindres carrés - Least-Squares Measurement [12] - et les résultats dérivés dans le contexte de la détection quantique pour concevoir des algorithmes optimaux soumis à ces contraintes. »

Et ainsi nous minimiserons la probabilité d'erreur de détection selon les vecteurs orthogonaux retenus et la mesure sera significativement distinctive.

4.3 Mesure projective de l'état de Bell (*Bell State Measurement*)

Cas particulier de la mesure projective, la mesure des états de Bell est un concept important en informatique quantique : il s'agit d'une mesure conjointe sur deux qubits, permettant de déterminer l'état de Bell parmi $|\phi^+\rangle$, $|\phi^-\rangle$, $|\psi^+\rangle$ et $|\psi^-\rangle$, dans lequel se trouvait éventuellement la paire de qubits mesurés.

Imaginons que le système constitué des deux qubits $|q_A\rangle$ et $|q_B\rangle$ soit dans l'état $|\psi_{AB}\rangle$:

$|\psi_{AB}\rangle = \alpha|00\rangle + \beta|01\rangle + \gamma|10\rangle + \delta|11\rangle$, dans la base canonique ou la base de calcul.

L'état $|\psi_{AB}\rangle$ s'écrit alors, dans la base des quatre états de Bell :

$$|\psi_{AB}\rangle = \frac{1}{\sqrt{2}}[(\alpha+\beta)\,|\phi^+\rangle + (\alpha-\beta)|\phi^-\rangle + (\gamma+\delta)|\psi^+\rangle + (\gamma-\delta)|\psi^-\rangle].$$

La mesure des états de Bell sur la paire $(q_{A,}\ q_B)$ est effectuée soit par un instrument optique, soit par des portes quantiques. Dans ce dernier cas, une porte CNOT est appliquée aux deux qubits $|q_A\rangle$ et $|q_B\rangle$ de la paire (la porte CNOT effectue l'acte de démêler les deux qubits s'ils étaient précédemment intriqués). S'ensuit l'application d'une porte Hadamard sur le qubit $|q_A\rangle$. Puis la mesure, constituée en fait d'une mesure de chacun des deux qubits selon l'observable Z (ou Pauli Z), permet de projeter l'état $|\psi_{AB}\rangle$ sur l'un des quatre états de Bell : $|\phi^+\rangle$, $|\phi^-\rangle$, $|\psi^+\rangle$ ou

|ψ>. Résultat : une mesure BSM convertit une information quantique (un élément d'information intriquée) en une information classique : 00, 01, 10 ou 11 (voir la figure 2.7).

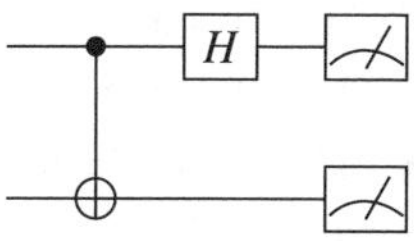

Résultat de la mesure	Etat de Bell
00	$\lvert\Phi^{+}\rangle$
01	$\lvert\Psi^{+}\rangle$
10	$\lvert\Phi^{-}\rangle$
11	$\lvert\Psi^{-}\rangle$

Figure 2.7 – Mesure des états de Bell (BSM) selon les observables *Z*.

Au niveau d'un nœud de réseau quantique, une mesure de l'état de Bell (BSM) à deux qubits, également connue sous le nom d'échange de l'intrication (*swapping*), est le module de mesure conceptuellement le plus simple. Plusieurs ont été démontrés expérimentalement dans de nombreux systèmes physiques.

Au niveau d'un nœud répéteur du réseau quantique, une mesure BSM permet de regrouper deux liaisons d'intrication qui se terminent sur ce nœud, en une liaison intriquée de plus longue distance, comme l'illustre la figue 2.8 ci-dessous.

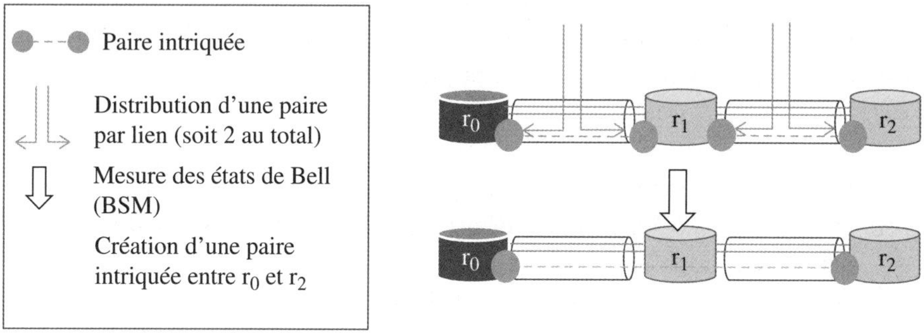

Figure 2.8 – Une mesure des états de Bell transforme deux paires intriquées en une seule, de portée plus grande.

À court terme, la mesure des états de Bell que chaque nœud répéteur du réseau quantique devra effectuer sera probablement limitée à une mesure optique probabiliste, en raison des pertes dans la fibre optique et des limitations inhérentes des portes quantiques (voir le chapitre 6, § 2. Protocoles Simple Liaison, Simple Chemin (I), p. 199).

4.4 Cas de la mesure de *m* > 2 sous-systèmes intriqués

L'opération permettant de créer des intrications de $m > 2$ sous-systèmes à partir de paires intriquées ($m = 2$) s'appelle une fusion [13].

Quant à la mesure de ces états-graphes à plus de deux particules, malgré des efforts de recherche considérables, il n'existe aucune mesure d'intrication calculable connue qui saisisse tous les aspects de l'intrication multi-particulaire de manière appropriée (s'il existe un moyen de donner un sens à une telle expression). Plusieurs mesures d'intrication pour les systèmes multi-particules ont déjà été suggérées et leurs propriétés étudiées. Pour leurs besoins, les auteurs de [5] utilisent une mesure d'intrication adaptée, caractérisant le degré d'intrication présent dans les états-graphes : il s'agit de la mesure de Schmidt.

4.5 Mesure généralisée

Comme les critères de la mesure projective décrite au § 4.2. Mesure quantique projective, p. 52, sont restrictifs, effectuer une mesure généralisée, qui donne une information plus ou moins partielle sur l'état du système quantique peut correspondre à des situations plus proches des expériences réelles.

« Parfois, une mesure généralisée constitue un moyen plus efficace d'obtenir des informations sur l'état d'un système quantique qu'une mesure standard. Une mesure généralisée consiste en un ensemble $\{Q_i\}$ d'opérateurs, pas nécessairement hermitiques[12], qui satisfont $\sum_i Q_i^\dagger Q_i = \boldsymbol{I}$.» [12]

Une mesure généralisée associée à cet ensemble d'opérateurs, effectuée sur un état $|\Psi>$, donne le résultat i avec la probabilité :

$$p_i = <\Psi|Q_i^\dagger Q_i|\Psi>.$$

Un cas particulier important de mesure généralisée est défini par un ensemble d'opérateurs hermitiques positifs formant un POVM (*Positive Operator-Valued Measure*) et appliqués sur un système quantique pur ou mixte (son opérateur densité étant ρ). Si E_i est l'élément $Q_i^\dagger Q_i$, la probabilité p_i de mesurer E_i pour le système devient :

$$p_i = \mathrm{Tr}\{\rho E_i\}.$$

« Un tel ensemble d'opérateurs est appelé une mesure positive POVM. Si la mesure est de premier rang de sorte que $E_i = Q_i^\dagger Q_i$, alors les vecteurs de mesure E_i doivent satisfaire $\sum_i Q_i^\dagger Q_i = \boldsymbol{I}$. » [12]. Une mesure POVM est plus générale qu'une mesure standard dans la mesure où les vecteurs de mesure Q_i ne sont pas nécessairement normalisés ou orthogonaux.

Le lien entre mesure généralisée, mesure positive POVM et mesure projective est par exemple bien étudié dans le cours[13] de Serge Haroche au Collège de France.

12. Un opérateur Q_i est hermitique s'il est égal à son conjugué $Q_i^\dagger$.
13. https://www.college-de-france.fr/sites/default/files/documents/serge-haroche/UPL50473_SHaroche_21012008_1.pdf

5. CALCUL QUANTIQUE (*QUANTUM COMPUTING*)

Comme sa grande sœur classique, non seulement l'**information quantique** se transmet, se mesure et se mémorise mais aussi ... elle **se calcule.**

Et pourquoi le calcul quantique devient-il un sujet important ? Olivier Ezratty [7] répond : « d'abord, parce qu'il commence à faire parler de lui, au travers de la communication de grands acteurs du numérique comme IBM, Google, Intel ou Microsoft [...]. Mais surtout, parce qu'il pourrait impacter sérieusement de nombreux champs scientifiques puis certains usages du numérique. Le calcul quantique permettra théoriquement de résoudre des problèmes appartenant à des classes de complexité que les ordinateurs traditionnels, même les plus grands supercalculateurs géants, ne pourront a priori jamais traiter ».

Comment définit-on un calcul en informatique ? Il consiste à prendre un bit (classique ou quantique) initial et à lui appliquer des opérations logiques modifiant l'état de ce bit jusqu'à ce qu'il prenne sa valeur finale en fin du calcul.

En d'autres termes, un calcul est l'évolution contrôlée d'un ou plusieurs bits.

Et l'utilisation d'un ensemble d'opérations de calcul, suivant des règles précises, constitue un algorithme, une façon de résoudre un problème donné. L'informatique classique utilise des composants de circuits booléens comme blocs de base, à partir desquels des opérations arithmétiques standards – ou fonctions booléennes – peuvent être composées. Le calcul quantique utilise un ensemble différent de blocs de base, généralement des opérations unitaires sur un ou plusieurs systèmes à deux états (qubits), pour réaliser des circuits quantiques.

Ainsi, les ordinateurs quantiques sont étonnamment différents des ordinateurs classiques, et des milliards de dollars sont aujourd'hui dépensés pour leur développement sans aucun autre gain (actuel) que celui des articles publiés dans des revues scientifiques prestigieuses. À ce jour, ces programmes de recherche agressifs visent à réaliser trois applications spécifiques pour les ordinateurs quantiques :

- ✓ la simulation de la physique et de la chimie ;
- ✓ la factorisation des nombres ;
- ✓ et la recherche de solutions optimales pour des types spécifiques de calculs mathématiques (problèmes d'optimisation).

Nous sommes en 1981, le physicien américain Richard Feynman (1918-1988) propose que les types de problèmes mathématiques que les physiciens quantiques avaient à résoudre pourraient être traités plus efficacement en utilisant un ordinateur basé sur la mécanique quantique plutôt qu'un ordinateur basé sur la physique classique. Feynman s'exprimait alors lors d'une conférence explorant la physique du calcul coparrainée par le MIT et IBM, et qui réunissait une collection éclectique d'environ 50 physiciens et informaticiens renommés. Feynman fut en quelque sorte le concepteur de l'informatique quantique, et sa proposition fit de cette conférence le véritable berceau du futur « bébé ».

Bien entendu, tous les ordinateurs actuels sont déjà basés sur la mécanique quantique : ils utilisent des flux d'électrons, et les électrons sont la quantification de la charge électronique. Mais les ingénieurs informaticiens (les professionnels qui conçoivent le matériel informatique) font tout leur possible pour que les électrons se comportent comme s'ils étaient des objets classiques – comme s'il s'agissait de petites boules voyageant le long de fils, comme l'eau dans un tuyau. En effet, dans les années 1970, alors que la taille des caractéristiques de la lithographie des semi-conducteurs devenait de plus en plus petite, certains scientifiques craignaient que les parois entre ces tuyaux ne deviennent si minces que les électrons pourraient s'infiltrer d'un tuyau à l'autre, provoquant une erreur. Plus précisément, la crainte était que l'effet tunnel quantique, conséquence du principe d'incertitude de Heisenberg, puisse ralentir, voire arrêter la marche incessante de la loi de Moore. L'idée de Feynman selon laquelle les ingénieurs informaticiens pourraient vouloir accepter l'incertitude, le non-déterminisme et le caractère aléatoire inhérent aux phénomènes quantiques était donc une proposition radicale...

Radicale et féconde puisque en 1981, le physicien Paul Benioff américain tente de démontrer la possibilité théorique des ordinateurs quantiques en décrivant le premier modèle de mécanique quantique adaptée à un ordinateur. Il y détaillait une machine de Turing fonctionnant selon les principes de la mécanique quantique ; en 1982, le physicien américain Richard Feynman théorise ce que l'on appelle aujourd'hui les « simulateurs quantiques » : une sous-classe d'ordinateur quantique qui sert à contrôler les interactions entre des bits quantiques. Leur but est de simuler certains problèmes quantiques difficiles à étudier en laboratoire et impossibles à modéliser avec un supercalculateur classique.

5.1 Calcul quantique, une transformation unitaire

En premier lieu, citons Serge Haroche, toujours dans son cours au Collège de France :

« Un **calcul quantique** est un dispositif idéal qui permet de réaliser des opérations unitaires U_f dans l'espace $\mathcal{H}(\mathbb{N})$, agissant sur les qubits suivant les lois quantiques. L'unitarité des opérations assure leur réversibilité. »

Effectuer un calcul quantique sur des qubits signifie appliquer une succession d'opérations fidèles aux lois quantiques. N'oublions pas, c'est pour cette raison que l'informatique quantique a été conçue : être capable de simuler les opérateurs hamiltoniens de la physique quantique. Effectuer un calcul quantique, c'est donc appliquer, sur la fonction d'onde $|\psi\rangle$ sous-tendant un ou n qubits appartenant à l'espace vectoriel $(\mathbb{C}^2)^n$, une série d'opérations d'algèbre linéaire f devant respecter les règles de transformation linéaire suivantes :

$$f(\lambda q) = \lambda f(q), \qquad \forall \lambda \in \mathbb{C}, \forall q \in \mathbb{C}^2$$

$$f(q_1 + q_2) = f(q_1) + f(q_2), \qquad \forall q_1, q_2 \in \mathbb{C}^2.$$

Par ailleurs ces transformations ou opérations sur les qubits sont **unitaires** (f devient U_f); les matrices correspondantes sont unitaires, à savoir leur carré $U_f^\dagger \times U_f = U_f \times U_f^\dagger$ donne la matrice identité $= \mathbb{I}$. Si l'on applique une transformation linéaire U_f sur un premier qubit puis la transformation inverse $U_f^\dagger$, on retrouve le qubit initial. Pour bien comprendre, considérons en premier lieu une fonction f classique qui prend n bits en entrée et produit m bits en sortie :

$$f: \{0, 1\}^n \rightarrow \{0, 1\}^m.$$

Lorsque $m = 1$, la fonction f est dite booléenne. L'extension au calcul quantique consiste à considérer f comme une opération sur $|x\rangle$, produit tensoriel de n qubits $|x_i\rangle$, $x_i \in \{0, 1\}$, $|x_i\rangle \in \mathbb{C}^2$ pour $i \in [0, n-1]$

$$|x\rangle = |x_0\rangle \otimes |x_1\rangle \otimes \ldots \otimes |x_{n-1}\rangle$$

$$|x\rangle = |x_0 x_1 \ldots x_{n-1}\rangle, \qquad \text{avec } x \in \{0, 1\}^n, |x\rangle \in (\mathbb{C}^2)^n$$

En informatique classique, le calcul de $f(x)$ serait représenté comme sur la figure 2.9(a) : x est l'élément d'entrée de la boîte noire f, l'élément $f(x)$ en est la sortie. Mais en informatique quantique, comme nous l'avons rappelé plus haut, les opérations doivent être réversibles ; il doit être possible d'effectuer une opération transformant l'élément de sortie en élément d'entrée.

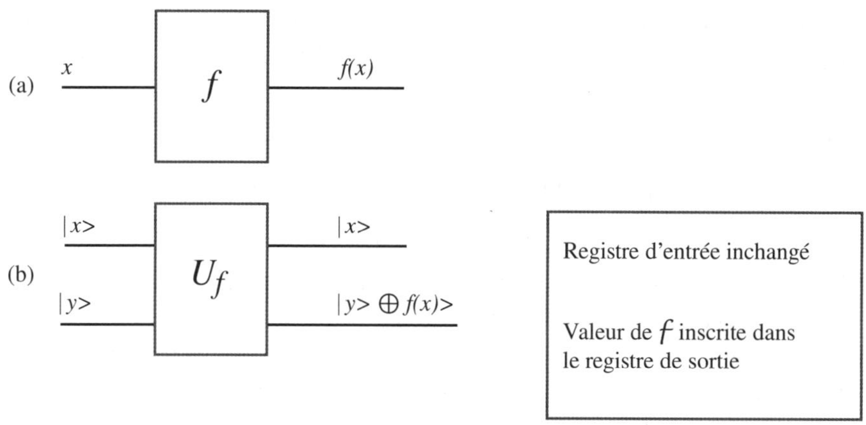

Figure 2.9 – (a) Représentation du calcul classique $f(x)$;
(b) Représentation du calcul quantique réversible incluant $f(x)$.

Prenons l'exemple de la fonction f= AND, illustrée sur la figure 2.10 ci-dessous. Dans le cas (a), il n'y a pas de bijection entre les couples (x, y) en entrée et les résultats f(x, y) en sortie ; trois entrées (0, 0), (0, 1) et (1, 0) mènent au résultat 0, cette seule information ne permettant pas de remonter à chacune des trois entrées. À l'inverse dans le cas (b), n'importe quelle entrée (x, y, a) conduit à une transformation en sortie qui permet d'obtenir f(x, y) en appliquant l'inverse de XOR sur la troisième ligne $|a> \oplus$ f(x, y) ; et n'importe quelle sortie (x, y, $|a> \oplus$ f(x, y)) conduit à un et un seul triplet (x, y, a).

(a) AND non réversible

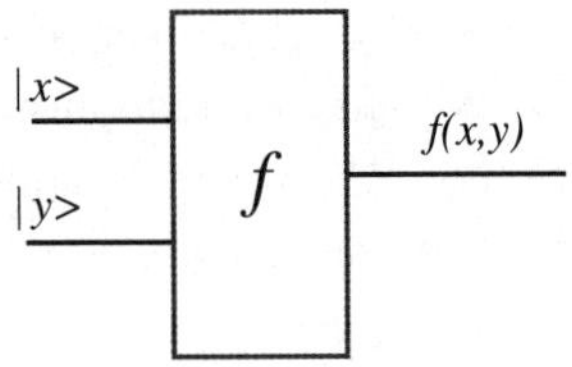

x	y	f(x,y)
0	0	0
0	1	0
1	0	0
1	1	1

(b) AND réversible

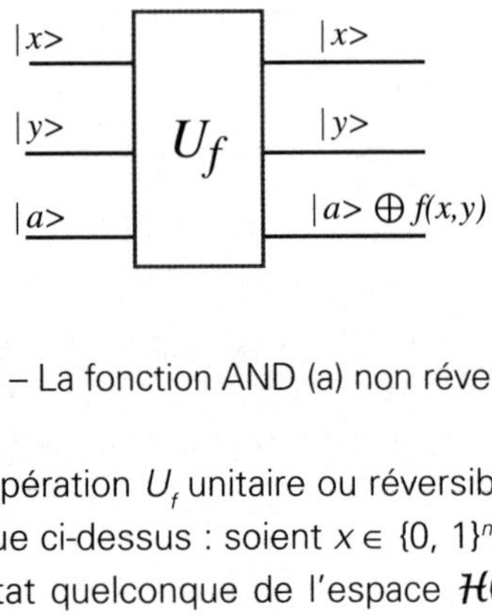

x	y	a	f(x,y)
0	0	0	0
0	0	1	1
0	1	0	0
0	1	1	1
1	0	0	0
1	0	1	1
1	1	0	1
1	1	1	0

Figure 2.10 – La fonction AND (a) non réversible, (b) réversible.

Pour obtenir une opération U_f unitaire ou réversible, il nous faut donc procéder de la même façon que ci-dessus : soient $x \in \{0, 1\}^n$, $y \in \{0, 1\}^n$, $|\psi>_{init} = |x> \oplus |\psi>$ correspond[14] à un état quelconque de l'espace $\mathcal{H}(\mathbb{N})$, et l'état quantique transformé $|\psi>_{final}$ vaut : $|\psi>_{final} = |x, y \oplus f(x)>$.

Ainsi on a :

$$|\psi>_{final} = U_f|\psi>_{init} \qquad \leftrightarrow \qquad |\psi>_{init} = U_f^{\dagger}|\psi>_{final}$$

$$|\psi>_{final} = |x, y \oplus f(x)>.$$

Ce qui semble alors pourvoir différencier le calcul quantique du calcul classique est la possibilité d'effectuer un parallélisme massif au sein d'un seul élément matériel : soit f notre fonction calculable ; si l'on doit la calculer sur deux entrées différentes x et y, avec un ordinateur classique, on doit probablement calculer $f(x)$ puis recommencer et calculer $f(y)$, ce qui nécessitera environ deux fois plus de temps que si l'on n'avait eu besoin que d'une seule de ces entrées ; l'ordinateur

14. ⊕ correspond à XOR le « ou » exclusif, alors que ⊕ est le produit tensoriel.

quantique nous permet de préparer une entrée *z* qui code à la fois *x* et *y* en superposition quantique.

Si on exécute le programme qui calcule *f* sur une telle entrée *z* (par le biais de l'opération unitaire U_f), et si l'ordinateur peut conserver la cohérence quantique de *z*, on obtient alors la superposition quantique de *f*(x) et *f*(y) dans le temps nécessaire pour **calculer la fonction une seule fois**.

Une autre façon de représenter un calcul quantique *f* ou U_f est matricielle ; si $|x\rangle = \alpha|0\rangle + \beta|1\rangle$ est représenté par le vecteur : $\begin{pmatrix} \alpha \\ \beta \end{pmatrix}$

U_f est représentée par la matrice : $\begin{pmatrix} U_{11} & U_{12} \\ U_{21} & U_{22} \end{pmatrix}$

et $U_f(x)$ vaut : $\begin{pmatrix} U_{11} & U_{12} \\ U_{21} & U_{22} \end{pmatrix} \begin{pmatrix} \alpha \\ \beta \end{pmatrix} = \begin{pmatrix} U_{11}\alpha + U_{12}\beta \\ U_{21}\alpha + U_{22}\beta \end{pmatrix}$.

En calcul quantique, une **promesse** est une restriction sur les ensembles d'entrées qui doivent être calculées correctement. En dehors de ces entrées, le comportement de la fonction n'est pas défini et un algorithme l'implémentant peut générer n'importe quoi. Cela assouplit les exigences relatives aux algorithmes et peut réellement réduire la complexité d'un problème.

Différents cas se présentent pour la fonction f: $|x\rangle \to f(|x\rangle)$, $x \in \{0,1\}^n$:

- ✓ soit *f* correspond à une opération logique sur les qubits et sera alors implémentée par des **portes quantiques** ;
- ✓ soit *f* ne peut être définie que par ses entrées/sorties ; ce sera alors un **oracle**. Un oracle est un moyen d'estimer une fonction finie *f*, sans exposer sa logique. Par exemple, considérons l'oracle *O*, une opération non exposée, définie à l'aide de la fonction classique *f* qui prend *n* bits en entrée et produit *m* bits en sortie, f:$\{0, 1\}^n \to \{0, 1\}^m$. Il s'agit alors de définir l'effet de l'oracle sur tous les états quantiques de la base de calcul :

  pour tout $x \in \{0, 1\}^n$, tout $y \in \{0, 1\}^n$, $O(|x\rangle \otimes |\psi\rangle) = |x\rangle \otimes |\psi \otimes f(x)\rangle$.

  Les oracles quantiques, largement utilisés dans les algorithmes quantiques, sont comme des boîtes noires permettant l'estimation de fonctions quantiques *f* non exposées.

Ainsi, le calcul quantique est ce « dispositif idéal qui permet de réaliser des **opérations unitaires U_f** dans l'espace $\mathcal{H}(\mathbb{N})$, agissant sur les qubits ».

Par ailleurs, ces qubits subissent des **transformations non unitaires** lors de deux situations : lorsque leur état est mesuré via une matrice projective sur un état de base, et lorsqu'ils subissent le phénomène de la décohérence. Le caractère non unitaire d'une mesure la rend donc irréversible.

Certains textes sur le calcul quantique peuvent parfois présenter des concepts clés de manière inexacte. Avec [14], nous les clarifions à nouveau ici.

- ✓ **Les ordinateurs quantiques sont des machines parallèles**, mais ils ne résolvent pas de problèmes difficiles en essayant toutes les solutions possibles à la fois. Les ordinateurs quantiques fonctionnent en parallèle, dans la mesure où une machine dotée de 50 qubits utilise les 50 à la fois. Si nous construisons un système quantique avec 10 millions de qubits, tous ces qubits seront calculés en parallèle. Alors qu'une certaine accélération quantique est permise grâce à ce parallélisme, nous pensons que bien davantage encore vient de la capacité des ordinateurs quantiques à effectuer des calculs sur des fonctions d'ondes quantiques.
- ✓ **Les qubits sont une superposition de deux possibilités**, mais cela ne veut pas dire que deux qubits ont simultanément quatre valeurs (00, 01, 10 et 11). Les qubits n'ont pas simultanément deux valeurs, pas plus que le chat de Schrödinger n'est à la fois vivant et mort. Un qubit a un état quantique unique et défini lorsqu'il est mesuré : cet état est soit un 0, soit un 1, et la probabilité qu'il se trouve dans un état ou dans l'autre dépend du calcul quantique.
- ✓ **Les ordinateurs quantiques ne peuvent pas stocker une quantité exponentielle d'informations**. Google a construit un ordinateur quantique avec 53 qubits, mais il ne peut pas stocker 2^{53} bits (112 589 991 téraoctets) d'informations. L'ordinateur quantique de Google n'a aucun stockage au sens conventionnel du terme. Chaque fois que l'ordinateur résout un problème, il sélectionne un seul résultat de 53 bits parmi les 2^{53} réponses possibles. Les ordinateurs quantiques utilisent la superposition et l'intrication, mais ils ne prennent pas simultanément en compte toutes les variantes possibles d'énigmes complexes. Cela nécessiterait de faire des allers-retours répétés, en effectuant des calculs supplémentaires à chaque cycle. Réutiliser l'espace et le temps de cette manière serait puissant, mais ce n'est pas ainsi que fonctionnent les ordinateurs quantiques, et ce n'est probablement pas possible dans notre univers.

Être capable d'effectuer des transformations linéaires unitaires et des mesures non unitaires fournit déjà deux critères de ce qui est attendu d'un calcul quantique. En 2000, DiVincenzo [15] est plus complet et définit les cinq critères qui *doivent* être remplis pour qu'un système physique puisse fonctionner comme calculateur de bits quantiques :

- ✓ le système doit être bien décrit et évolutif, c'est-à-dire que vous devez pouvoir ajouter autant de bits quantiques que vous le souhaitez ;
- ✓ le système doit pouvoir être initialisé dans un état donné ;
- ✓ le système doit avoir un temps de cohérence suffisamment long pour que de nombreuses opérations quantiques puissent être effectuées pendant ce temps de cohérence ;

✓ un ensemble universel d'opérations quantiques doit pouvoir être mis en œuvre sur les qubits ;

✓ il doit permettre des mécanismes de mesure, spécifiques aux qubits.

Depuis, il est apparu que le calcul quantique de l'information se décline en deux grands types (au moins) : le **calcul quantique adiabatique** ou calcul analogique, et le calcul quantique à base de **portes quantiques** ou calcul digital. DiVincenzo s'adressait en fait au second.

5.2 Le calcul quantique adiabatique (*Adiabatic Quantum Computation* ou *AQC*)

C'est une méthode de calcul quantique reposant sur le théorème adiabatique. Sa forme originelle, énoncée en 1928 par Max Born et Vladimir Fock, peut être énoncée de la manière suivante : un système physique est maintenu dans son état propre instantané et n'échange pas d'énergie avec l'extérieur (il est dit adiabatique), si une perturbation donnée agit sur lui suffisamment lentement et s'il y a un intervalle significatif entre la valeur propre et le reste du spectre de l'hamiltonien. Le calcul adiabatique peut être vu comme une sous-classe des méthodes de recuit simulé quantique [16].

Or, en 1998, il est montré que le recuit quantique (*quantum annealing*) converge plus rapidement vers l'optimal que le recuit simulé. Dès l'année suivante, la société canadienne D-Wave entreprend l'élaboration d'une machine exécutant ce mécanisme.

Pour ce type d'algorithmes (voir aussi § 5.9. Algorithmes d'optimisation adiabatique, p. 73), on détermine d'abord un hamiltonien complexe $\mathcal{H}$ dont l'état fondamental décrit une solution du problème étudié. Par exemple :

$$H = \sum_i h_i Z_i + \sum_{i<j} J^{ij} Z_i Z_j + \sum_{i<j} K^{ij} X_i X_j .$$

On prépare ensuite un système possédant un hamiltonien plus simple, que l'on initialise dans son état fondamental. On fait alors évoluer adiabatiquement cet hamiltonien vers l'hamiltonien complexe qu'on a déterminé ; d'après le théorème adiabatique, le système reste dans l'état fondamental, et son état final décrit une solution du problème envisagé.

Le système étant dans l'état fondamental, les interférences avec le monde extérieur ne peuvent faire descendre son énergie davantage ; d'autre part, si l'énergie extérieure (la « température du bain ») est maintenue plus basse que l'écart entre l'état fondamental et le premier état excité, le système a une probabilité faible (proportionnelle à cette énergie) de changer d'état. Le système peut ainsi rester dans un seul état propre aussi longtemps que nécessaire. Grossièrement simplifié, avec le recuit quantique (*quantum annealing*), vous construisez un système qui s'optimise presque naturellement pour l'état d'énergie le plus bas, lequel représente alors la solution à votre problème.

Prenons un exemple : si vous prenez le problème du voyageur de commerce – où un voyageur de commerce doit atteindre chacune des *N* villes une seule fois et emprunter le chemin le plus court – chaque fois que vous ajoutez une nouvelle ville ($N + 1$), la forme du problème peut changer radicalement. Vous finissez donc par faire des calculs qui peuvent évoluer de manière super-polynomiale. Autrement dit, il est toujours possible que vous ayez besoin de plus que des calculs N^c, quelle que soit la grandeur de *c*. Le pire des cas ici est une complexité exponentielle, du type 2^N. Avec le calcul adiabatique, si vous identifiez un hamiltonien plus simple qui approche localement l'hamiltonien correspondant au problème du voyageur du commerce, le système quantique adiabatique convergera vers une solution.

Les machines D-Wave

Les recuits quantiques ont une fonction limitée. Bien que les machines de D-Wave possèdent littéralement des milliers de qubits, ces chiffres ne peuvent pas être comparés à ceux d'autres types d'ordinateurs quantiques, car les qubits de D-Wave ne sont pas universels : ils ne peuvent être utilisés que pour résoudre un nombre limité de problèmes quantiques, ceux formulés sous forme de calculs d'optimisation binaire quadratique sans contrainte (QUBO). En ce qui concerne les problèmes QUBO, D-Wave peut résoudre des problèmes bien plus importants que presque toutes les entreprises privées du domaine. D-Wave espère également que sa capacité à résoudre des problèmes d'optimisation rendra le système aujourd'hui commercialement attrayant pour les entreprises qui ne sont pas intéressées par l'informatique quantique, mais qui souhaitent réellement utiliser l'informatique quantique pour résoudre d'autres problèmes. « À ce stade, cependant, il n'existe aucune preuve claire que les systèmes de D-Wave soient plus rentables en termes d'optimisation que les optimiseurs commerciaux existants tels que CPLEX et Gurobi, exécutés sur des ordinateurs électroniques traditionnels » [14].

Si le calcul par recuit simulé quantique relève plutôt du calcul **analogique**, le calcul qui suit, à base de portes quantiques (comme les ordinateurs développés par Microsoft, IBM ou Rigetti), relève du calcul **numérique** ou digital, c'est-à-dire manipulant des bits quantiques.

5.3 Le calcul à base de portes quantiques *(Gates)*

Nous l'avons vu plus haut : un calcul sur un ensemble de bits classiques consiste à appliquer des opérations logiques, aussi appelées portes logiques, comme NOR et NAND[15], qui forment un ensemble universel (ou complet) pour le calcul classique.

15. NAND = NON-ET ; (a NAND b) = NON(a) ou NON(b).

Tableau 2.3.

Valeur de x	Valeur de y	x NOR y	X NAND y
0	0	1	1
0	1	0	1
1	0	0	1
1	1	0	0

Pour le calcul à base de portes quantiques, l'hamiltonien $\mathcal{H}$ à simuler correspond à des opérations logiques réversibles ; il doit être possible de reconstruire l'état initial à partir de l'état final. Les portes logiques NOR et NAND qui ne donnent qu'un bit de sortie pour deux bits d'entrée ne permettent pas de reconstruire l'état initial à partir du résultat ; elles ne sont pas réversibles, ni donc des opérations logiques quantiques valides. À l'inverse, l'opération quantique NOT est réversible et valide.

Les opérations quantiques universelles sur un qubit sont :

✓ la porte Pauli-X (correspondant à NOT) : $X = \frac{1}{\sqrt{2}} \begin{pmatrix} 0 & 1 \\ 1 & 0 \end{pmatrix}$

$$f_X(|x>) = |1 - x>$$

✓ la porte Pauli-Y (rotation autour de l'axe Oy de π radians) : $Y = \frac{1}{\sqrt{2}} \begin{pmatrix} 0 & -i \\ i & 0 \end{pmatrix}$

$$f_Y(|x>) = e^{ipx}|x>$$

✓ la porte Pauli-Z (rotation autour de Oz de π) : $Z = \frac{1}{\sqrt{2}} \begin{pmatrix} 1 & 0 \\ 0 & -1 \end{pmatrix}$

$$f_Z(|x>) = (-1)^x|x>$$

✓ la porte Hadamard (H) : $H = \frac{1}{\sqrt{2}} \begin{pmatrix} 1 & 1 \\ 1 & -1 \end{pmatrix}$

$$f_H(|x>) = \frac{1}{\sqrt{2}}(|0> + (-1)^x|1>)$$

5.4 Le modèle du circuit quantique

Le modèle du circuit quantique fournit une représentation graphique des algorithmes quantiques. Dans sa version stricte, seules les opérations unitaires agissant sur les états purs sont représentées, avec une mesure facultative à la fin.

Les qubits sont organisés en lignes simples parallèles, où chaque ligne représente l'évolution dans le temps d'un seul qubit. Les portes peuvent agir sur un ou plusieurs qubits. Les figures 2.11 et 2.12 illustrent les circuits correspondant aux portes les plus importantes à connaître : Hadamard, Pauli-X, Pauli-Y, Pauli-Z, C-NOT... Ces figures montrent aussi comment produire des états intriqués, à partir de qubits initialisés à $|0>$: prenons deux qubits $|\psi>_1$ et $|\psi>_2$ initialisés à $|0>_1$ et $|0>_2$; appliquons une porte Hadamard sur le premier : $H|0>_1 = \frac{1}{\sqrt{2}}(|0>_1 + |1>_1)$; puis appliquons une porte CNOT sur les deux qubits $|\psi>_1$ et $|\psi>_2$:

$$\begin{aligned}
&CNOT_{1,2}\left(\frac{1}{\sqrt{2}}(|0>_1 + |1>_1) \otimes |0>_2\right)\\
&= \frac{1}{\sqrt{2}}CNOT_{1,2}(|0>_1 \otimes |0>_2) + \frac{1}{\sqrt{2}}CNOT_{1,2}(|1>_1 \otimes |0>_2)\\
&= \frac{1}{\sqrt{2}}(|0>_1 \otimes |0>_2 + |1>_1 \otimes |1>_2)\\
&= |\phi^+>_{1,2}.
\end{aligned}$$

L'état de l'ensemble $|\psi>_1$ et $|\psi>_2$ est devenu l'état de Bell ϕ^+.

Pour ce qui est de la mesure (comme la mesure Pauli-Z sur la figure 2.11), cette opération n'est pas unitaire ou réversible. Cependant, elles sont autorisées comme dernières opérations sur un qubit. Des lignes doubles représentent des valeurs classiques (c'est-à-dire ici le résultat des mesures) qui peuvent être utilisées pour conditionner d'autres opérations sur d'autres qubits. Après une mesure, qui inclut le traçage ou la suppression, un qubit est considéré comme « détruit » (en pratique, le qubit physique sera prêt pour une réinitialisation et une utilisation ultérieure, seul le contenu informationnel est détruit).

Facultativement, tous les qubits peuvent devoir être initialisés à $|0>$, auquel cas certains calculs (comme le codage dans un état quantique) sont masqués du schéma du circuit mais contenus dans l'état quantique d'entrée.

Des qubits supplémentaires peuvent être utilisés pour faciliter ou simplifier le circuit correspondant à une opération donnée ; c'est ce qu'on appelle les qubits auxiliaires (*Ancillary Qubit*). Cependant, comme leur suppression peut affecter le calcul en raison de leur intrication, contrairement aux bits classiques, une attention particulière est nécessaire avant de les remettre dans un état qui permet ensuite leur suppression. Par exemple, sur la figure 2.12, la porte Toffoli peut être utilisée pour implémenter une opération CNOT, en utilisant $|a>$ comme un qubit auxiliaire et en le définissant à $|1>$. Après l'application de la porte, $|a>$ peut être supprimé ou réinitialisé en toute sécurité à $|0>$.

Qubit gate	Circuit	Matrix
Hadamard	H	$H = \frac{1}{\sqrt{2}}\begin{bmatrix} 1 & 1 \\ 1 & -1 \end{bmatrix}$ $\|a\rangle \rightarrow \frac{1}{\sqrt{2}}(\|0\rangle + (-1)^a\|1\rangle)$
Pauli X (Bit flip, NOT)	X	$X = \begin{bmatrix} 0 & 1 \\ 1 & 0 \end{bmatrix}$ $\|a\rangle \rightarrow \|a\rangle \oplus 1\rangle$
Pauli Y (Bit&Phase flip)	Y	$Y = \begin{bmatrix} 0 & -i \\ 1 & 0 \end{bmatrix}$ $\|a\rangle \rightarrow i(-1)^a\|a \oplus 1\rangle$
Pauli Z (Phase flip)	Z	$Z = \begin{bmatrix} 1 & 0 \\ 0 & -1 \end{bmatrix}$ $\|a\rangle \rightarrow (-1)^a\|a\rangle$
Pauli gate (*S* or *P* gate)	S	$S = \begin{bmatrix} 1 & 0 \\ 0 & i \end{bmatrix}$ $\|a\rangle \rightarrow (-1)^a\|a\rangle$
Phase shift/rotation	$R(\alpha)$	$R(\alpha) = \begin{bmatrix} 1 & 0 \\ 0 & e^{i\alpha} \end{bmatrix}$ $\|a\rangle \quad e^{ia\alpha}\|a\rangle$
Z Measurement	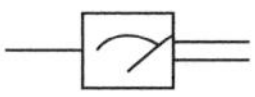	Not a matrix $C \otimes \|a\rangle \rightarrow CC^{\dagger} \otimes \|a\rangle\langle a\|$
Serial gates	A_1 — A_2	A_2A_1

Figure 2.11 – Portes quantiques opérant sur 1 qubit.

Multiqubit gate	Circuit	Matrix
CU (Controlled U)	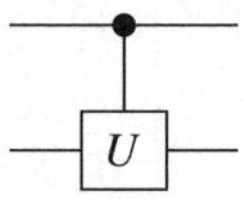	$\begin{bmatrix} 1 & 0 & 0 & 0 \\ 0 & 1 & 0 & 0 \\ 0 & 0 & \multicolumn{2}{c}{\multirow{2}{*}{U}} \\ 0 & 0 & & \end{bmatrix}$ $\lvert a, b\rangle \rightarrow \lvert a\rangle \otimes U^a \lvert b\rangle$
CNOT (Controlled X)	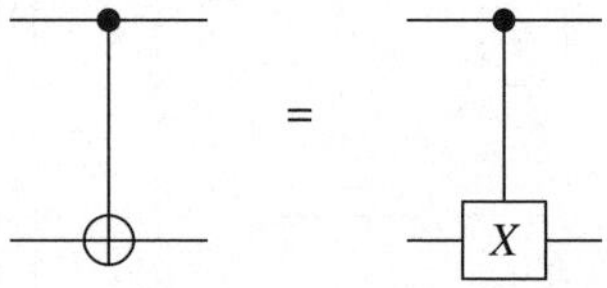	$\begin{bmatrix} 1 & 0 & 0 & 0 \\ 0 & 1 & 0 & 0 \\ 0 & 0 & 0 & 1 \\ 0 & 0 & 1 & 0 \end{bmatrix}$ $\lvert a, b\rangle \rightarrow \lvert a, a \oplus b\rangle$
Z (Controlled Z)	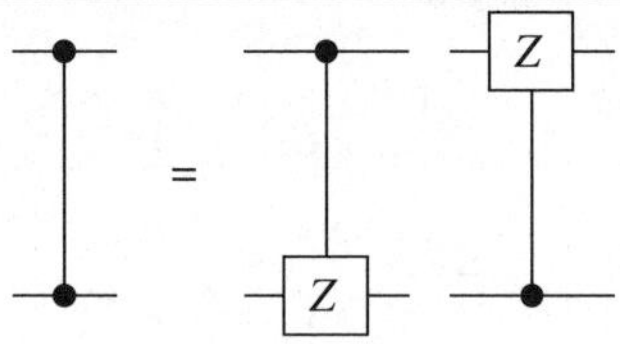	$\begin{bmatrix} 1 & 0 & 0 & 0 \\ 0 & 1 & 0 & 0 \\ 0 & 0 & 1 & 0 \\ 0 & 0 & 0 & -1 \end{bmatrix}$ $\lvert a, b\rangle \rightarrow (-1)^{a, b} \lvert a, b\rangle$
SWAP	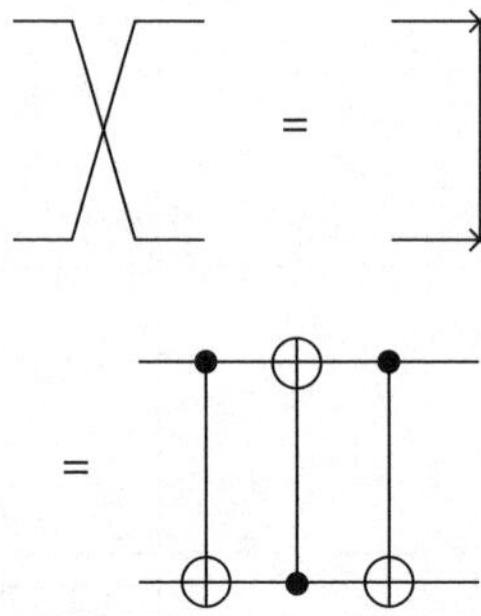	$\begin{bmatrix} 1 & 0 & 0 & 0 \\ 0 & 0 & 1 & 0 \\ 0 & 1 & 0 & 0 \\ 0 & 0 & 0 & 1 \end{bmatrix}$ $\lvert a, b\rangle \rightarrow \lvert b, a\rangle$
Toffoli	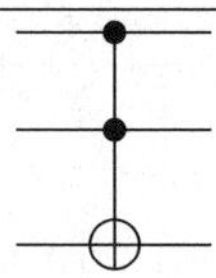	$\begin{bmatrix} 1 & 0 & 0 & 0 & 0 & 0 & 0 & 0 \\ 0 & 1 & 0 & 0 & 0 & 0 & 0 & 0 \\ 0 & 0 & 1 & 0 & 0 & 0 & 0 & 0 \\ 0 & 0 & 0 & 1 & 0 & 0 & 0 & 0 \\ 0 & 0 & 0 & 0 & 1 & 0 & 0 & 0 \\ 0 & 0 & 0 & 0 & 0 & 1 & 0 & 0 \\ 0 & 0 & 0 & 0 & 0 & 0 & 0 & 1 \\ 0 & 0 & 0 & 0 & 0 & 0 & 1 & 0 \end{bmatrix}$ $\lvert a, b, c\rangle \rightarrow \lvert a, b, ab \oplus c\rangle$

Figure 2.12 – Portes quantiques opérant sur 2-3 qubits.

5.5 La complexité du calcul quantique

De fait, les suites finies et non ambiguës de telles opérations quantiques, appelées des **algorithmes quantiques**, ne permettent pas de résoudre les mêmes classes de problèmes que les algorithmes de l'informatique classique. En informatique théorique, pour classer la complexité des problèmes, on fait appel à la **théorie de la complexité**, qui étudie formellement le temps de calcul, l'espace mémoire requis par un algorithme pour résoudre un problème algorithmique. Il s'agit d'étudier la difficulté intrinsèque des problèmes, de les organiser par classes de complexité et d'étudier les relations entre les classes de complexité.

Par définition, un problème de décision est dans **P** s'il est décidé par une machine de Turing déterministe, en un temps polynomial par rapport à la taille de l'entrée. Un exemple de problème polynomial est celui de la connexité dans un graphe : étant donné un graphe à n sommets (on considère que la taille de la donnée, donc du graphe, est son nombre de sommets), il s'agit de savoir si toutes les paires de sommets sont reliées par un chemin.

Un problème qui ne peut pas être décidé en un temps polynomial déterministe est dit **NP** (*Nondeterministic Polynomial time*).

Un problème **NP-complet** (c'est-à-dire un problème complet pour la classe NP) est un problème de décision vérifiant les propriétés suivantes :

- ✓ il est possible de vérifier une solution efficacement (en temps polynomial) ; la classe des problèmes vérifiant cette propriété est notée NP ;
- ✓ tous les problèmes de la classe NP se ramènent à celui-ci via une réduction polynomiale ; cela signifie que le problème est au moins aussi difficile que tous les autres problèmes de la classe NP.

Par exemple, le problème de la factorisation d'un entier de longueur n, qui prend en entrée l'entier x (de longueur binaire n) et qui donne en sortie sa factorisation en nombres premiers, nécessite de tester les $2^{n/2}$ facteurs jusqu'à $\sqrt{x}$; ce n'est pas un algorithme polynomial.

En plus des problèmes NP-complets, il existe une autre classe de complexité appelée **NP-difficile**. Les problèmes NP-difficiles sont des problèmes au moins aussi difficiles que les problèmes NP-complets, mais peut-être plus difficiles... Une façon d'appréhender ces problèmes consiste à considérer l'ensemble des problèmes pour lesquels il n'est pas évident de savoir comment créer un certificat[16]. Ces problèmes peuvent être fondamentalement plus difficiles que les problèmes NP-complets, ou peut-être existe-t-il un moyen de créer efficacement un certificat, mais il n'a tout simplement pas (encore) été découvert.

---

16. En informatique théorique, plus précisément en théorie de la complexité des algorithmes, un **certificat** est, de façon simplifiée, une information permettant de certifier que l'entrée est correcte.

Prenons le jeu d'échecs. En supposant que c'est au tour des blancs de jouer, n'importe quelle position donnée sur le plateau peut être une position gagnante pour les blancs, ce qui signifie qu'il existe une séquence spécifique de mouvements et de contre-mouvements que les blancs peuvent jouer pour laquelle chaque réponse possible des noirs mène toujours à une victoire pour les blancs ou un match nul. De même, n'importe quelle position donnée sur l'échiquier peut être perdante pour les blancs, ce qui signifie que peu importe ce que font les blancs, les noirs peuvent toujours soit gagner, soit obtenir un match nul. On ne sait pas exactement à quoi ressemblerait un certificat (un témoin certifiant que la réponse est correcte) pour les échecs. Le certificat le plus simple serait une liste de tous les mouvements possibles des blancs, suivie de toutes les réponses possibles des noirs, et ainsi de suite. Mais un tel certificat connaîtrait une croissance exponentielle par rapport au nombre de pièces sur l'échiquier, et sa vérification prendrait donc un temps exponentiel. En fait, la seule façon de vérifier un tel certificat serait de le régénérer et de le prouver par vous-même, et donc cette liste de tous les certificats de mouvements possibles n'atteint pas réellement son objectif d'être un certificat – c'est-à-dire que cela ne vous fait pas gagner du temps lorsque vous allez le vérifier.

On dit que le jeu des échecs appartient à la classe de complexité PSPACE, ce qui signifie qu'ils nécessitent un espace polynomial pour être résolus – dans ce cas, cet espace contient tous les jeux d'échecs possibles. En fait, les échecs sont dits PSPACE-complets, ce qui signifie que tous les problèmes PSPACE peuvent être réduits au problème de trouver une partie d'échecs gagnante (en supposant que vous disposiez d'un nombre infini de pièces d'échecs et d'un échiquier arbitrairement grand dans lequel exprimer votre problème). Il existe peut-être une représentation considérablement plus efficace de tous les mouvements possibles pour une instance spécifique du jeu ; peut-être le découvrirez-vous.

En théorie de la complexité des algorithmes quantiques (à gauche sur la figure 2.13), **BQP** (*Bounded Error Quantum Polynomial Time*) est la classe des problèmes de décision qui peuvent être résolus par un calculateur quantique en un temps polynomial, avec une probabilité d'erreur d'au plus 1/3 dans tous les cas. Elle est le pendant quantique de la classe classique de complexité BPP.

Sur un ordinateur quantique, l'algorithme de Shor qui factorise un entier x de longueur binaire n s'exécute en temps polynomial, ce qui signifie que le temps pris est polynomial en $n = \log x$.

Olivier Ezratty résume dans [7] les correspondances et similitudes ; voir la figure 2.13.

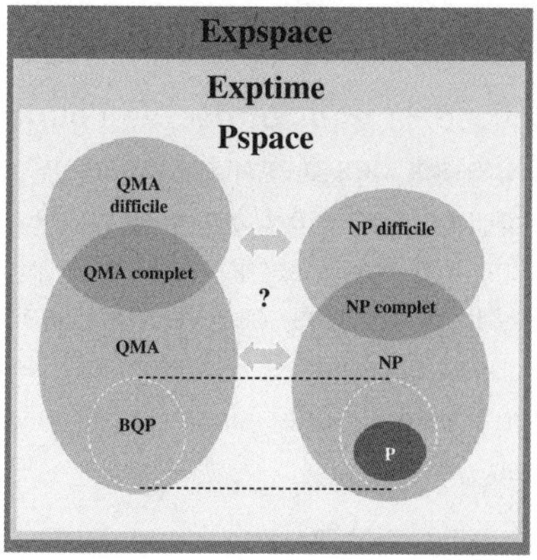

Légende

Expspace : problèmes solubles avec une machine de Turing avec un espace exponentiel. *Déterminer si une expression rationnelle avec exponentiation génère l'ensemble des mots de l'alphabet sur lequel elle est définie.*

Exptime : problèmes solubles avec une machine de Turing en temps exponentiel. *Jeux généralisés.*

Pspace : problèmes solubles avec une machine de Turing d'espace polynomial. *Go, Échecs.*

P : *Polynomial,* problèmes faciles à résoudre en temps polynomial sur une machine de Turing déterministe. *Une matrice a-t-elle une* eigenvalue *de 1.2 ? Tester si un nombre est premier, tri de listes, parcours dans un labyrinthe.*

NP : *Non-deterministic Polynomial,* problèmes de décision complexes résolus en temps polynomial sur machine de Turing non déterministe vérifiables en temps polynomial sur machine de Turing déterministe. *Un entier a-t-il un diviseur premier qui se termine par 3 ?*

NP-complet : les plus difficiles des problèmes NP. *Trouver un sous-ensemble d'un ensemble de nombres entiers dont la somme est zéro, repliement de protéines.*

NP-Difficile : problèmes au moins aussi difficiles à résoudre que les NP. *Chemin optimum dans un réseau, coloriage de cartes, démonstrations de théorèmes.*

BQP : problèmes polynomiaux pour ordinateurs quantiques. *Factorisation de nombres entiers.*

QMA difficile / QMA complet / QMA : difficiles à résoudre pour des ordinateurs quantiques.

Figure 2.13 – Les classes de problèmes complexes (quantiques et classiques) ; extraite de [7].

Les sections suivantes décrivent quelques-uns des algorithmes quantiques majeurs voire célèbres. Un aperçu est aussi donné dans des articles comme [17], et surtout dans le zoo des algorithmes quantiques [18].

5.6 Transformée de Fourier quantique

En informatique quantique, la **transformée de Fourier quantique (QFT)** est une transformation linéaire sur des bits quantiques, et est l'analogie quantique de la transformée de Fourier discrète (*Discrete Fourier Transform* ou DFT). La première agit sur un vecteur d'état quantique, tandis que la seconde agit sur un vecteur (classique). Dans les deux cas, ces vecteurs peuvent être écrits sous la forme de listes de nombres complexes. En résumé, la transformée de Fourier quantique est la transformée de Fourier classique appliquée au vecteur d'amplitudes d'un état quantique.

Pour un vecteur d'état quantique de dimension d, $|x> = \sum_{i=0}^{d-1} x_i \, |i>$, la transformée de Fourier donne pour résultat un vecteur $|\psi> = \sum_{k=0}^{d-1} y_k \, |k>$, avec :

$$y_k = \frac{1}{\sqrt{d}} \sum_{n=0}^{d-1} x_n \omega^{nk} \qquad \text{avec } \omega = e^{i\frac{2\pi}{d}}.$$

La transformée de Fourier quantique est l'un des nombreux algorithmes quantiques, qui incluent notamment l'algorithme de Shor qui permet de factoriser (voir ci-après § 5.7. Algorithme de Shor), l'algorithme d'estimation de phase quantique, donnant les valeurs propres d'un opérateur unitaire, et les algorithmes traitant du problème de sous-groupe caché.

5.7 Algorithme de Shor

L'algorithme conçu par Peter Shor en 1994 [19] factorise un entier naturel $x = 2^n$ en un temps proportionnel à $O((\log x)^3)$ et en espace mémoire $O(\log x)$.

L'algorithme est composé de deux parties :

- ✓ la première partie transforme le problème de factorisation en un problème de recherche de période d'une fonction et peut être implémentée de façon classique ;
- ✓ la seconde partie trouve la période en utilisant la transformée de Fourier quantique et est responsable de l'accélération quantique.

5.8 Algorithme de Grover

L'algorithme de Grover [20], consistant à trouver une solution marquée par un Oracle parmi N états ; il permet une recherche complète et son temps de calcul est proportionnel à $\sqrt{N}$.

Un ensemble de n qbits dans un état superposé forme globalement une superposition de $N = 2^n$ états :

$$c_1 \, |000\ldots00> + c_2 \, |000\ldots 01> + c_3 \, |000\ldots 10> + c_2 n \, |111 \ldots 11>.$$

Ce vecteur est normé, de sorte que $\sum_{i=1}^{2^n} |c_i|^2 = 1$. Les lois de la mécanique quantique interdisent d'avoir une information complète sur un état quantique, et donc de déterminer toutes les valeurs de c_i, c_1, c_2... En fait, lors d'une mesure de cet état intriqué, l'état va être projeté **aléatoirement** sur un et un seul état, vecteur propre de l'instrument de mesure caractérisé par son Observable |000...00>, |000...00>, |000...01>, |000...10>, ..., |111...11>, |000... 01>, ... avec une probabilité respective de $|c_1|^2$, $|c_2|^2$, ... $|c_N|^2$.

Le calcul quantique va calculer simultanément $N = 2^n$ résultats, et ceci de manière parfaitement déterministe car l'équation de Schrödinger, et donc l'évolution du vecteur d'état, est déterministe. Mais on ne peut avoir directement accès à tous les résultats : l'observation ne donne accès qu'à une seule configuration, prise au hasard parmi toutes les configurations, en détruisant le reste de l'état quantique.

L'algorithme de Grover consiste à réaliser le calcul de manière à donner à l'état correspondant à la solution une probabilité proche de 1 et le reste une probabilité négligeable, et mesurer ainsi avec certitude le résultat recherché. C'est exactement ce que fait la phase d'amplification, qui cherche à rendre déterministe le résultat recherché.

Pour ce faire, l'algorithme de Grover incorpore deux éléments principaux :

- ✓ une boîte noire, ou Oracle, qui détermine si un des états de la superposition donné en entrée correspond à un certain critère. C'est l'état « cible » de la boite noire. Cette boîte noire permet de particulariser l'algorithme à un problème donné ;
- ✓ l'algorithme d'amplification d'amplitude, qui permet de rendre exploitable et mesurable l'information donnée par la boîte noire. Cet algorithme est indépendant de la boîte noire, et c'est cette procédure qui nécessite $O(\sqrt{(2^n)})$ itérations.

5.9 Algorithmes d'optimisation adiabatique

Le recuit quantique et l'optimisation adiabatique sont basés sur l'utilisation de la descente spontanée (ou simulée) de l'énergie d'un système observable, simplifiant ainsi un problème d'optimisation en un problème de recherche d'hamiltonien.

L'idée est de partir d'un système initial facile à préparer et de le faire varier lentement pour obtenir un état fondamental qui code la solution du problème. Ce modèle de calcul quantique a été proposé pour la première fois par **Farhi** *et al.* [21] comme méthode pour résoudre les problèmes d'optimisation combinatoire de la classe NP (*Non-déterministique Polynomial time*). Les algorithmes quantiques adiabatiques pour les problèmes d'optimisations utilisent généralement des systèmes stochastiques dépendant du temps et sont appelés recuit quantique.

Le temps d'exécution asymptotique de ces algorithmes d'optimisation sont difficiles à déterminer et le consensus général sur leurs utilisations n'est pas encore clairement établi. Dans [22], les auteurs ont montré que les ordinateurs quantiques adiabatiques peuvent exécuter un processus analogue à l'algorithme de Grover en temps $O(\sqrt{N})$. Les algorithmes quantiques adiabatiques permettant d'obtenir une accélération quadratique pour une classe plus générale de problèmes de processus quantiques [23] sont développés en adaptant des techniques de chaîne de Markov.

5.10 Algorithmes d'optimisation par approximation quantique (QAOA)

Les formes variationnelles approximatives (*Quantum Approximation Optimization Algorithm* ou QAOA) [24], permettent aussi de présenter un problème sous la forme d'un hamiltonien, mais en simplifiant la descente adiabatique par une approche variationnelle.

Bien que les ordinateurs quantiques tolérants aux pannes soient encore loin d'être disponibles dans des années, des progrès significatifs ont été réalisés dans le développement des machines quantiques bruyantes à échelle intermédiaire (*Noisy Intermediate-Scale Quantum* ou NISQ), et il existe un intérêt croissant pour la recherche d'algorithmes utiles, destinés à être exécutés sur ces ordinateurs à court terme.

En tant que tels, des algorithmes quantiques variationnels (VQA) ont été proposés pour tirer parti des systèmes quantiques actuels grâce à une routine d'optimisation hybride quantique classique. La boucle hybride d'un VQA implique un circuit quantique paramétré devant être exécuté sur un ordinateur quantique et un optimiseur capable de mettre à jour les paramètres sur une machine classique en minimisant la fonction de coût construite sur la base des sorties du circuit quantique.

De cette manière, les VQA ont souvent l'avantage d'avoir des circuits quantiques peu profonds, ce qui les rend moins sensibles au bruit dans les appareils NISQ. À ce jour, les VQA ont trouvé des cas d'utilisation dans divers domaines, notamment les simulations de chimie quantique, l'apprentissage automatique et l'optimisation. En particulier, l'algorithme d'optimisation quantique approximative (QAOA) [24] est l'un des VQA les plus prometteurs qui a suscité un grand intérêt ces dernières années.

QAOA est conçu pour trouver des solutions approximatives à des problèmes d'optimisation combinatoire difficiles sur les ordinateurs quantiques : il code l'hamiltonien lié au problème dans un circuit quantique et exploite l'évolution temporelle adiabatique et la superposition pour optimiser les paramètres variationnels du circuit, de telle sorte que la solution approximative à problème peut être construit en mesurant le circuit QAOA avec l'ensemble optimal de paramètres. L'élément fondamental, une couche unique du circuit QAOA, se compose d'une couche de coûts associée au problème hamiltonien et d'une couche mélangeur dont l'hamiltonien correspondant ne commute pas avec l'hamiltonien du problème. Les performances de QAOA sont généralement mesurées par le rapport d'approximation CQAOA/Cmax, c'est-à-dire le rapport entre le coût associé à la solution produite par QAOA et celui de la véritable solution optimale. Théoriquement, un tel rapport d'approximation augmente avec l'augmentation des couches p, à mesure que QAOA récupère l'évolution adiabatique dans la limite $p \to \infty$.

QAOA convient pour trouver de bonnes solutions approximatives à plusieurs problèmes d'optimisation, tels que Maximum Cut (MaxCut), Maximum Independent Set [25] [26], Binary Paint Shop Problem [27], les moindres carrés linéaires binaires [28] et, plus généralement, les problèmes d'optimisation binaire quadratique sans contrainte (QUBO).

5.11 Vers une grande unification des algorithmes quantiques

À première vue, les algorithmes quantiques pour le problème de recherche (Grover) la factorisation (c'est-à-dire l'estimation de phase, selon Shor) et la simulation hamiltonienne ne semblent partager aucune structure commune, en raison de leurs accélérations quantiques provenant de sources différentes, et pourtant ils peuvent tous être dérivés d'une seule primitive algorithmique, et obtenus par un simple changement de paramètres [12].

Ces trois algorithmes quantiques majeurs peuvent être considérés comme des instances d'un algorithme de transformation quantique aux valeurs singulières (*Quantum Singular Value Transform* ou QSVT). En ajustant simplement les paramètres de l'algorithme QSVT, les auteurs [12] démontrent qu'ils peuvent construire presque tous les algorithmes quantiques connus. C'est en ce sens que QSVT propose une grande unification des algorithmes quantiques.

5.12 Suprématie quantique ?

Une question persiste néanmoins, une grande question qu'un groupe d'experts a étudiée à Solvay en 2011, avec John Preskill comme rapporteur de leurs travaux [29] : **pouvons-nous contrôler des systèmes quantiques complexes et, si oui, comment ? Pour quoi faire ?**

« La science de l'information quantique explore, non pas la frontière des courtes distances comme en physique des particules, ou des longues distances comme en cosmologie, mais plutôt la frontière des états quantiques hautement complexes, **la frontière de l'intrication**. » [29]

La question est de savoir si nous pouvons explorer en profondeur cette frontière et ce que nous pourrions découvrir ou accomplir en le faisant. Cette grande question n'englobe pas tout ce qui intéresse la science de l'information quantique mais il va au cœur de ce qui rend ce domaine si… passionnant.

Le physicien théoricien américain et professeur au California Institute of Technology (Caltech) John Preskill fait le constat suivant [29] :

« Les informationnistes quantiques se rebellent contre le dualisme fondamental que nous avons appris à l'école : le monde macroscopique est classique ; le monde microscopique est quantique. Nous souhaitons ardemment disposer de systèmes quantiques contrôlés, de grande taille mais présentant un comportement profondément quantique. La raison pour laquelle nous trouvons cette quête irrésistible peut être énoncée succinctement : **les systèmes classiques ne peuvent en général pas simuler efficacement les systèmes quantiques**. »

Personne n'a encore pu prouver cette affirmation, que ce soit mathématiquement ou expérimentalement, mais nous avons des raisons de croire qu'elle est vraie ; on peut même dire qu'il s'agit de l'une des distinctions les plus intéressantes jamais faites entre la physique quantique et la physique dite classique (relativité, physique des matériaux, thermodynamique). Cela signifie que de grands systèmes quantiques bien contrôlés peuvent « dépasser l'entendement », se comportant d'une manière que nous trouverons surprenante et délicieuse.

Le rapporteur de la conférence de Solvay [29] poursuit : « nous espérons donc hâter le début de l'ère de la suprématie quantique, lorsque nous serons en mesure d'effectuer des tâches avec des systèmes quantiques contrôlés allant au-delà de ce que ce qui peut être réalisé avec des ordinateurs numériques ordinaires. Pour réaliser ce rêve, nous devons vaincre le formidable ennemi qu'est la décohérence, qui fait que les grands systèmes quantiques typiques se comportent de manière classique. Une autre question se pose donc sur le sujet : **le contrôle des systèmes quantiques à grande échelle est-il tout simplement vraiment, vraiment difficile, ou bien est-ce ridiculement difficile ? »**.

Nous avons évoqué ce dilemme au chapitre 1, § 2. Superposition et décohérence, p. 14 : la superposition ou la cohérence quantique est maintenue pour un système isolé, qui évolue selon l'équation de Schrödinger ; à l'inverse, contrôler un système quantique nécessite de l'ouvrir à la fonction de contrôle et donc aux risques de décohérence…

Le contrôle de systèmes quantiques à grande échelle est-il ridiculement difficile ? Auquel cas, nous pourrions réussir à construire des ordinateurs quantiques à grande échelle après quelques décennies de travail acharné. Si ce contrôle est vraiment, vraiment difficile, nous pourrions ne pas y parvenir avant des siècles, voire jamais. Cette question relève en partie de l'ingénierie, mais aussi de la physique (la frontière entre les deux n'est d'ailleurs pas clairement définie). « Si la suprématie quantique s'avère inatteignable, cela peut être dû à des lois physiques qui restent à découvrir. Quoi qu'il en soit, la quête de l'informatique quantique à grande échelle poussera la physique dans un nouveau régime jamais exploré auparavant. Qui sait ce que nous trouverons ? » [29]

Le problème est subtil... Oui, l'espace de Hilbert d'un grand système quantique est vaste, et la description classique d'un état quantique pur typique serait extrêmement longue. Les seuls états quantiques qui sont physiquement pertinents sont ceux qui peuvent être préparés avec des ressources (quantiques) raisonnables, qui sont observables et confinés à une portion exponentiellement petite de l'espace de Hilbert complet (voir la figure 2.14). Seuls ces états seront à la portée des ingénieurs quantiques au fur et à mesure des progrès technologiques...

Imaginons que nous ayons *n* qubits (systèmes quantiques à deux niveaux) qui sont initialement dans un état non corrélé. Ensuite, nous réalisons un circuit quantique, une séquence d'opérations unitaires (« portes quantiques ») agissant sur des paires de qubits, et dont le nombre total de portes quantiques est « raisonnable », c'est-à-dire qu'il ne croît pas plus vite qu'une fonction polynomiale de *n*. De manière équivalente, nous pouvons dire qu'un état est réalisable s'il peut être construit à partir d'un état initial, qui évolue avec un hamiltonien local pendant un temps « raisonnable ». Enfin, nous dirons qu'une mesure est réalisable si elle peut être construite sous la forme d'un circuit quantique de taille polynomiale en *n*, suivi de mesures à un seul qubit. Ces états et mesures quantiquement réalisables sont plausiblement autorisés par la nature. Bien que loin d'être « typiques », ils peuvent néanmoins être difficiles à simuler de manière classique. C'est pourquoi l'informatique quantique est passionnante et potentiellement puissante.

Le groupe d'experts de Solvay [29] conclut : « la meilleure preuve de l'existence d'une telle séparation entre la complexité quantique et la complexité classique provient des algorithmes quantiques qui accomplissent des tâches allant au-delà de ce que nous savons faire avec des ordinateurs numériques classiques (voir la figure 2.14). Les exemples les plus célèbres sont les algorithmes de Shor permettant de trouver les facteurs premiers des entiers et évaluer les logarithmes discrets, qui sont basés sur l'utilisation d'une transformation de Fourier quantique rapide pour sonder la période d'une fonction. »

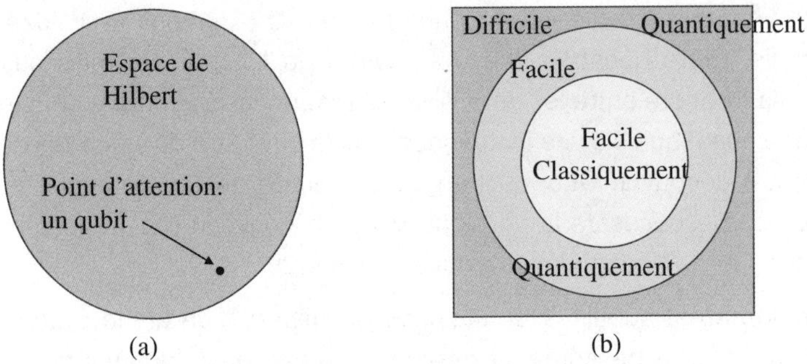

Figure 2.14 – (a) Le vaste espace de Hilbert ;
(b) Les cas difficiles même pour des ordinateurs quantiques.

Comme le montre la figure 2.14, (a) l'espace de Hilbert est vaste, mais les états quantiques qui peuvent être préparés avec des ressources raisonnables n'en occupent qu'une très, très petite partie. (b) Nous pensons que les ordinateurs quantiques peuvent résoudre certains problèmes qui sont difficiles pour les ordinateurs classiques, mais même les ordinateurs quantiques ont des limites.

« Un jour, nous espérons pouvoir sonder la physique quantique dans un régime encore inexploré en exécutant des algorithmes quantiques rapides sur des ordinateurs quantiques. À cette fin, il est pratique que les problèmes présentant des accélérations super-polynomiales comprennent certains problèmes (comme la factorisation) de la classe NP, dont la solution peut être vérifiée de manière efficace avec un ordinateur classique. En exécutant l'algorithme de factorisation, et en le vérifiant classiquement, nous pourrons tester si la Nature admet des processus quantiques allant au-delà de ce qui peut être simulé classiquement. » [29]

Si les algorithmes quantiques atteignant des vitesses super-polynomiales par rapport aux algorithmes classiques sont (actuellement du moins) relativement rares, ceux qui atteignent des vitesses polynomiales moins spectaculaires sont plus courants. Par exemple, un ordinateur quantique peut effectuer une recherche exhaustive de la solution d'un problème de satisfaction de contraintes en un temps égal à la racine carrée du temps classique, essentiellement parce qu'en théorie quantique, une probabilité est le carré d'une amplitude. En simulant des « marches quantiques dans un graphe » (*Quantum Walks on Graph*s [30]), un ordinateur quantique peut également accélérer l'évaluation d'une formule booléenne et, par conséquent, déterminer, par exemple, si un jeu à deux joueurs a une stratégie gagnante. Mais là encore, l'accélération n'est que polynomiale.

Il semble que des accélérations super-polynomiales ne soient possibles que pour des problèmes ayant une structure spéciale bien adaptée à la puissance d'un ordinateur quantique. Nous ne nous attendons pas à des accélérations super-polynomiales pour les pires instances de problèmes de la classe NP, tels que 3-SAT ou le problème du voyageur de commerce. Pour ces problèmes sans structure évidente, nous ne pourrons peut-être pas faire mieux qu'une accélération quadratique de la recherche exhaustive d'une solution.

Mais les problèmes en dehors de la classe NP sont aussi potentiellement intéressants. En effet, l'application « naturelle » d'un ordinateur quantique est la simulation d'une évolution régie par un hamiltonien local, précédée par la préparation d'un état raisonnable et suivie par la mesure d'une observable raisonnable. Dans de tels cas, les résultats de l'ordinateur quantique pourraient ne pas être faciles à vérifier avec un ordinateur classique ; au lieu de cela, un ordinateur quantique pourrait être vérifié par un autre, ou en faisant une expérience (ce qui est presque la même chose).

Pour conclure à propos d'une éventuelle suprématie, citons à nouveau [29] : « alors que nous nous efforçons d'atteindre l'objectif de la suprématie quantique, il sera utile d'approfondir deux questions :

1. Quelles tâches quantiques sont réalisables ?

2. Quelles tâches quantiques sont difficiles à simuler de manière classique ?

Il est possible que les ressources exponentielles extravagantes apparemment requises pour la description et la simulation classiques d'états quantiques génériques soient illusoires ; peut-être que les états quantiques réalisés dans la nature admettent réellement des descriptions classiques succinctes, soit parce que les lois de la physique qui régissent les systèmes quantiques complexes sont différentes de ce que nous pensons actuellement, soit parce qu'il existe des systèmes quantiques complexes différents de ce que nous pensons actuellement, soit parce qu'il existe des moyens intelligents de simuler d'une manière classique qui nous ont échappé jusqu'à présent. »

L'objectif de **suprématie quantique** (comportement super-classique des systèmes quantiques contrôlables) comme force motrice de la quête d'un ordinateur quantique sera réalisable. N'avons-nous pas déjà des preuves convaincantes que la nature accomplit des tâches qui vont au-delà de ce qui peut être simulé efficacement par les ordinateurs classiques ? Par exemple, il existe de nombreuses questions mathématiques auxquelles nous ne pouvons pas répondre concernant les matériaux fortement corrélés et les molécules complexes, et pourtant la nature fournit des réponses. « Avons-nous échoué parce que ces problèmes sont intrinsèquement difficiles à résoudre de manière classique ou parce que nous n'avons pas réussi à les résoudre classiquement, ou en raison de notre manque d'ingéniosité jusqu'à présent ? » [29]

Pour le lecteur intéressé, nous l'invitons à s'abonner aux rapports des experts réunis annuellement au congrès de Solvay, celui-là même qui vit naître la théorie du rayonnement et des quanta, les 2 et 3 novembre 1911.

Pour clore cette section, notons qu'à l'heure actuelle la conception d'un ordinateur quantique universel (capable d'effectuer tout type de traitement algorithmique) reste un Graal pour l'instant inaccessible, dont personne ne peut encore prédire la réussite avec certitude. En revanche, nous sommes sur le point de disposer de machines quantiques plus petites, appelées « simulateurs quantiques », qui seront utiles pour résoudre des problèmes spécifiques en physique, en ingénierie, en chimie ou encore en pharmaceutique.

Il y a donc fort à parier que le calcul quantique sera distribué, réparti sur de tels simulateurs spécialisés. Et pour ce faire, nous aurons besoin de communications quantiques, besoin de transmettre des qubits entre ces nœuds du réseau.

6. COMMUNICATIONS QUANTIQUES

Les éléments d'information quantique ou qubits se codent sur un support physique pour ne pas rester des notions abstraites et pour être au contraire manipulés, traités, mesurés, transmis. La communication quantique concerne leur transmission, que le qubit à transmettre soit un élément d'une paire intriquée, le qubit applicatif de l'expéditeur ou un des qubits physiques encodant le qubit applicatif.

6.1 Définition de la transmission quantique

Pour transmettre un qubit $|q\rangle$, un élément de la couche physique l'encode en un vecteur d'état du système quantique porteur (la variable physique choisie peut être discrète ou continue), obtenant le signal $|\psi_q\rangle = C(|q\rangle)$ qui sera envoyé via le canal quantique bruyant $\mathcal{N}$.

À l'arrivée, le signal quantique $|\psi'_q\rangle$ plus ou moins bruité permet de reconstituer l'information $|q\rangle$.

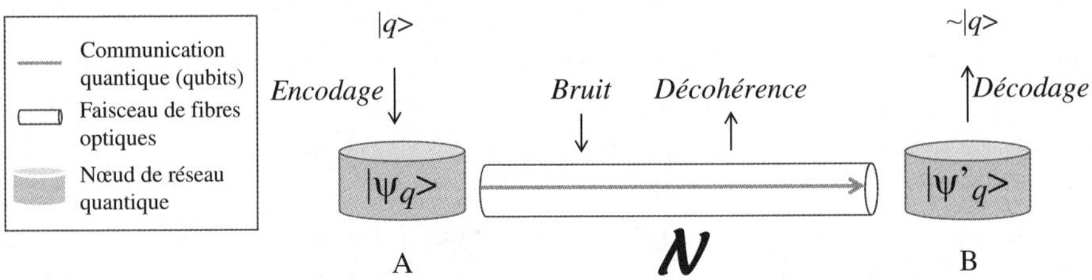

Figure 2.15 – Transmission d'un qubit $|q\rangle$ encodé en un vecteur d'état physique $|\psi_q\rangle$.

La transmission du signal $|\psi_q\rangle$ d'un point A à un point B cherchera à répondre de façon satisfaisante à trois critères :

- ✓ la probabilité (1 – p) d'absorption ou de perte du système quantique utilisé (ex. : le vecteur d'état |ψ> correspondant à la polarisation d'un photon) et conséquemment la **probabilité *p*** de détection et de réception par B ;
- ✓ la **fidélité *F*** du qubit reçu par rapport au qubit envoyé ;
- ✓ la **capacité *C*** de transmission d'informations quantiques.

6.2 Probabilité *p* d'une bonne transmission

Trois mécanismes peuvent entrer en jeu et conduire à la perte du signal : l'absorption, la diffusion et la perte due à la courbure (*Bending Loss*).

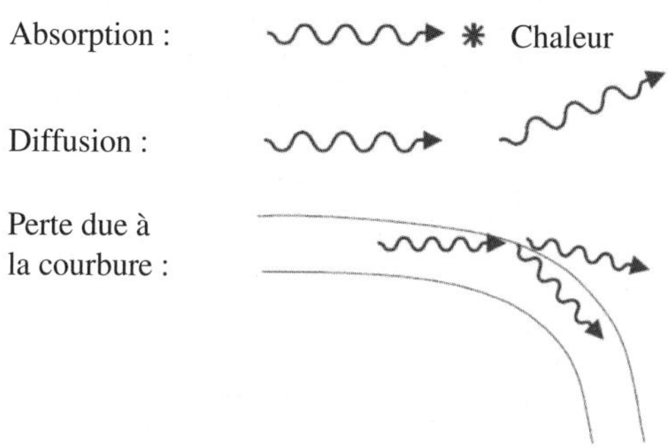

Figure 2.16 – Pertes dues à l'absorption, la diffusion ou la courbure.

Dans le contexte optique, l'amortissement de l'amplitude – l'absorption des photons transmis – est une source dominante de décohérence. Rappelons que la puissance lumineuse d'un signal transmis par une fibre optique décroît avec la distance qu'il parcourt. Le **coefficient d'atténuation linéique** α caractérise cette décroissance. Il est défini par la relation :

$$\alpha = \frac{10}{L}\log(\frac{Ie}{Is}).$$

α est exprimé en décibel par unité de longueur (dB/m), L est la longueur de la fibre en mètre, I_e *et* I_s sont respectivement les **intensités en entrée et en sortie du signal.** Le coefficient d'atténuation α dépend du matériau et de la longueur d'onde λ électromagnétique utilisée.

L'absorption du photon peut être modélisée de manière appropriée en faisant interagir le signal $|\psi_q>$ avec un mode vide et en introduisant le paramètre de transmissivité :

$$\mathcal{H} \approx e^{\alpha.L}.$$

L'amortissement de l'amplitude apparaît donc comme une erreur gaussienne. Et bon an mal an, la probabilité de bonne transmission du signal est proportionnelle à la transmissivité du canal $\mathcal{N}$: $\eta_{\mathcal{N}} \approx e^{-\alpha.L}$,

L étant la longueur du canal en kilomètres et α le coefficient d'atténuation linéique, valant autour de 0,15 par kilomètre pour les meilleures fibres optiques.

Tableau 2.4 – Transmissivité η en fonction de la longueur L (km) pour un $\alpha = 0,15$.

L (km)	Transmissivité η
10	0,72443596
11	0,701455298
12	0,679203633
13	0,657657837
14	0,636795521
15	0,616595002
16	0,597035287
17	0,578096047
18	0,559757601
19	0,54200089
20	0,52480746
21	0,508159443

6.3 Fidélité de la transmission

Si le signal $|\psi'_q>$ reçu après transmission n'est pas trop absorbé, la théorie de l'information quantique requiert qu'il soit exploitable du point de vue quantique. Autant la réception d'un bit classique doit simplement permettre de décoder un 0 ou un 1, autant l'infinité de valeurs possibles portées par le signal quantique initial $|\psi_{q>}$ conduit à vérifier la fidélité du signal reçu $|\psi'_q>$.

La fidélité F de l'état quantique transmis $|\psi'_q>$ vis-à-vis de l'état quantique d'origine $|\psi_q>$ se mesure grâce à l'opération mathématique suivante, dite d'enchevêtrement :

$$F = <\psi_q \mid \rho'_q \mid \psi_q>.$$

Si l'état final reste le même état pur,

$$\rho'_q = |\psi_q><\psi_q| \quad ; F = <\psi_q|\psi_q><\psi_q|\psi_q> = 1.$$

Dans ce cas, la fidélité de l'état transmis est égale à 1. Si l'état final est devenu un état mixte, la fidélité F de la transmission devient : $F < 1$.

Tableau 2.5 – Connaissance et fidélité des états après transmission.

État quantique	État pur	État mixte
Notation	$\|\psi'_q>$	ρ'_q
Normalisation	$<\psi'_q\|\psi'_q> = 1$	$Tr(\rho'_q) = 1$
Connaissance de l'état	Parfaite	Imparfaite
Fidélité	1	< 1

Par exemple, si l'état quantique initial était celui $|\psi_{qAqB}>$ d'une paire intriquée

$$|\psi_{qAqB}> = |\phi^+>_{(A,B)} = \frac{1}{\sqrt{2}}(|0_A 0_B> + |1_A 1_B>),$$

après transmission d'un des éléments de la paire ou des deux via le canal $\mathcal{N}$, le système composite n'est probablement plus un état pur intriqué, et doit être décrit par sa matrice densité $\rho'_{(A,B)}$. La fidélité mesure alors l'écart entre l'intrication initiale (maximale) et le degré d'intrication obtenue finalement :

$$F = <\phi^+_{(A,B)}|\rho'_{(A,B)}|\phi^+>_{(A,B)}.$$

R. F. Werner [31] a suggéré que l'état final d'une paire intriquée, après transmission, s'écrive comme l'état mixte (donc non pur) suivant :

$$\rho'_{(A,B)} = W|\Phi^+>< \Phi^+| + (1 - W)/4I_4.$$

$$\rho'_{(A,B)} = \begin{pmatrix} W + \frac{1-W}{4} & 0 & 0 & 0 \\ 0 & \frac{1-W}{4} & 0 & 0 \\ 0 & 0 & \frac{1-W}{4} & 0 \\ 0 & 0 & 0 & \frac{1-W}{4} \end{pmatrix}$$

Dans ce cas, la fidélité entre $|\phi^+>$ et l'état appelé Werner de $\rho'_{(A,B)}$ se calcule comme suit :

$$\begin{aligned} F &= <\phi^+_{(A,B)}|\rho'_{(A,B)}|\phi^+>_{(A,B)} \\ &= W<\phi^+||\phi^+>< \phi^+||\phi^+> + \frac{(1 - W)}{4} <\phi^+|I_4|\phi^+> \\ &= W + \frac{(1 - W)}{4} \end{aligned}$$

$$F = \frac{(1 + 3W)}{4}\ ; \qquad W = \frac{(4F - 1)}{3}$$

En transmettant à B le deuxième qubit de la paire intriquée

$$|\phi^+>_{(A,B)} = \frac{1}{\sqrt{2}}(|0_A 0_B> + |1_A 1_B>) :$$

✓ si $W = 1$, l'état transmis correspond encore un état pur ;

✓ si $1 > W \geq 1/3$, la fidélité de l'état mixte vaut : $F > 2/4 = 1/2$, l'état décrit par $\rho'_{(A,B)}$ correspond encore à un état intriqué ;

✓ si $W < 1/3$, l'état transmis est séparable et donc inutilisable pour un protocole de téléportation (présenté plus loin).

Lors de la transmission d'un élément de la paire intriquée initiale $|\phi^+>_{(A,B)}$, une erreur de déphasage peut par exemple se produire avec une probabilité $1 - p$, alors l'état mixte résultant est donné par : $\rho'_{(A,B)} = p|\phi^+><\phi^+| + (1-p)|\phi^-><\phi^-|$

$$\rho'_{(A,B)} = \begin{pmatrix} p+(1-p) & 0 & 0 & p-(1-p) \\ 0 & & 0 & 0 \\ 0 & 0 & 0 & 0 \\ p-(1-p) & 0 & 0 & p+(1-p) \end{pmatrix}$$

La fidélité F vaut : $F = p$.

La technique pour améliorer la fidélité des paires intriquées distribuées consiste en une distillation ou purification. Il s'agit par exemple de prendre deux paires distribuées sur un même lien, l'une étant la cible qui sera conservée, l'autre servant à la purifier, et à agir sur l'ensemble pour que la distillation ait lieu. Ce sera abordé dans le chapitre 5, § 1.6. Fidélité et distillation, p. 169.

6.4 Capacités C et Q de transmission d'un canal quantique

En théorie de l'information classique, le théorème de Shannon-Hartley énonce la capacité d'un canal bruyant C, c'est-à-dire la limite supérieure théorique du débit de bits qui peuvent être communiquées à un taux d'erreur arbitrairement bas en utilisant une puissance moyenne du signal reçu S par un canal de communication analogique soumis à un bruit additif blanc gaussien de puissance N :

$$C = B\log_2\left(1+\frac{S}{N}\right)$$

où :

✓ C est la capacité du canal en bits par seconde, une limite supérieure théorique du débit binaire net, hors codes de correction d'erreurs ;

✓ $\mathcal{B}$ est la largeur de bande du canal en hertz ;

✓ S est la puissance moyenne du signal reçu sur la largeur de bande, mesurée en watts.

Comment définir la capacité du canal quantique avec bruit ? Pour cet exercice de calcul, les auteurs de [32] proposent de distinguer :

- ✓ la capacité classique C de transmission de bits sur les canaux quantiques,
- ✓ la capacité quantique Q de transmission de qubits sur les canaux quantiques.

Ils distinguent même les capacités ponctuelles X et Ic et les capacités (régularisées) C et Q. Plus précisément, la capacité ponctuelle restreint l'encodeur à générer des états séparables sur plusieurs utilisations du canal, tandis que la capacité (régularisée) est obtenue en relâchant cette contrainte et en permettant ainsi au codeur de générer des états intriqués.

Il en résulte que : $X(N) \leq C(N)$ et $I_c(N) \leq Q(N)$ pour un canal quantique N avec bruit.

La capacité *C(N)* d'un canal quantique *N*

La limite supérieure du nombre de bits ordinaires (cbits ou *c*) qui, convenablement codés sous forme d'états quantiques, peuvent être transmises sur un canal quantique tel qu'une fibre optique, est donnée par le théorème d'Alexander Holevo :

Soit $\{\rho_1, \rho_2, \ldots, \rho_n\}$ un ensemble d'états mixtes et soit ρ_X l'un de ces états, obtenu selon la distribution de probabilité $P = \{p_1, p_2, \ldots, p_n\}$. Alors pour toute mesure effectuée sur $\rho = \sum p_X \rho_X$, la quantité d'informations accessibles par la variable X connaissant le résultat Y de la mesure est délimitée par le haut comme suit :

$$I(X : Y) = S(\rho) - \sum p_i \, S(\rho_i).$$

En substance, la limite Holevo prouve que, étant donné n qubits, bien qu'ils puissent « transporter » une plus grande quantité d'informations (classiques) grâce à la superposition quantique, la quantité d'informations classiques qui peut être récupérée, c'est-à-dire accessible, ne peut être qu'inférieure ou égale à n bits classiques (non codés quantiquement). Ceci est surprenant, pour deux raisons :

- ✓ l'informatique quantique est si souvent dite plus puissante que l'informatique classique, que des résultats qui montrent qu'elle est aussi bonne, voire inférieure aux techniques conventionnelles sont inhabituels ;
- ✓ parce qu'elle nécessite $2n$ nombres complexes pour coder les qubits représentant les n bits.

Même s'il est toujours possible d'utiliser un qubit pour envoyer un bit classique (cbit ou *c*), les ressources nécessaires en qubits sont plus élevées que les ressources traditionnelles en bits.

$$[q \rightarrow q] \geq [c \rightarrow c]$$

Le théorème d'Alexander Holevo stipule qu'il est impossible de coder plus d'un bit d'information classique ***c*** dans un seul qubit isolé ***q***, puis de le récupérer de manière fiable.

◆ *La capacité $\mathcal{Q}(\mathcal{N})$ d'un canal quantique $\mathcal{N}$*

Quant à la capacité de transmission de bits quantiques, Seth Lloyd [33] fixe « les limites fondamentales à la quantité d'informations quantiques qui peut être transmise de manière fiable le long d'un canal de communication bruyant tel qu'une fibre optique. Des théorèmes y sont présentés qui limitent le débit avec lequel des superpositions arbitraires de qubits peuvent être envoyées sur un canal avec des caractéristiques de bruit données, et des schémas de codage sont présentés pour atteindre cette limite. »

La capacité quantique $\mathcal{Q}(\mathcal{N})$ est le débit maximum réalisable, pour lequel la fidélité de l'état transmis est arbitrairement grande, i) sur de nombreuses utilisations asymptotiques du canal $\mathcal{N}$, et ii) avec le codeur autorisé à générer des mots de code intriqués. De la même manière que la capacité classique, lorsqu'une stratégie de codage par blocs est utilisée, la capacité quantique peut être exprimée comme suit :

$$Q(N) = \lim_{n\to\infty}\frac{1}{n} I_c(N^{\otimes n}).$$

Après une longue série d'études qui ont débuté en 2009 avec l'introduction de l'information cohérente inverse d'un canal bosonique, il a finalement été démontré que :

> le débit maximum avec lequel deux parties distantes A et B peuvent distribuer des bits quantiques (qubits), des bits d'intrication (ebits) ou des bits secrets sur un canal avec perte $\mathcal{N}$ est égal à :
>
> $$\mathcal{Q}(\mathcal{N}) = 1 - \log_2(1 - \eta)$$

où η est la transmissivité du canal. Cette limite correspond à la limite dite Pirandola-Laurenza-Ottaviani-Banchi ou PLOB, et ne peut pas être dépassée, même par les stratégies les plus puissantes qui exploitent des opérations locales (LO) arbitraires assistées par des communications classiques bidirectionnelle (CC), sauf à ajouter des artifices (par exemple des répéteurs).

Pour un canal quantique d'une longueur L_N d'une dizaine de kilomètres et plus, la transmissivité prend en première approximation la valeur : $\eta \approx e^{\alpha LN}$. Et comme $\eta << 1$, la capacité $\mathcal{Q}(\mathcal{N})$ est estimée à $\mathcal{Q}(\mathcal{N}) \approx 1.44\eta$ ebits par mode de communication.

6.5 Types de transmission par un canal quantique $\mathcal{N}$

Il existe principalement deux approches pour construire un réseau de communications quantiques QCN : « d'une part, il peut **transmettre directement** les informations quantiques, qui doivent toutefois être protégées contre le bruit et la décohérence à l'aide de codes de correction d'erreurs quantiques, et actualisées à plusieurs reprises dans les stations intermédiaires où la correction d'erreurs est effectuée. D'autre part, il peut utiliser une propriété accessible uniquement en physique quantique, à savoir l'**intrication**. La construction de réseaux quantiques en utilisant l'intrication présente un avantage significatif par rapport aux approches de transmission directe : la topologie d'intrication d'un réseau, qui détermine dans ce cas également les limites et finalement la structure d'un réseau, est totalement indépendante de la configuration physique sous-jacente du canal. En particulier, en caractérisant les réseaux quantiques de manière abstraite en termes d'états quantiques intriqués, cela permet plusieurs fonctionnalités intéressantes qui ne sont pas explicitement disponibles dans une approche directe, par exemple créer des raccourcis dans un réseau à la demande (en introduisant un état intriqué entre les parties). » [34]

◆ *Transmission directe du vecteur d'état* $|\psi_q>$

Transmettre un qubit $|q>$ consiste à l'encoder en un vecteur d'état physique $|\psi_q>$ et envoyer le système porteur (généralement un photon) directement de l'émetteur A au destinataire B. Par la suite, nous utiliserons de façon interchangeable $|\psi_q>$ (l'état du système physique portant l'information) et q (l'élément d'information) pour des raisons de simplicité.

Nous l'avons vu plus haut : la notation $[c_A \rightarrow c_B]$ signifie la transmission du bit classique ***c*** du nœud A vers le nœud B ; $[q_A \rightarrow q_B]$ signifie la transmission du qubit ***q*** du nœud A vers le nœud B, l'équation des ressources s'écrit :

$$[q_A \rightarrow q_B] \geq [c_A \rightarrow c_B].$$

La transmission d'un qubit par Alice à Bob est parfois suivie d'un retour de Bob à Alice, via le plan de contrôle, informant l'expéditrice de la bonne réception ou non du qubit. Cette communication en retour s'effectue sous la forme d'un ou plusieurs bits ordinaires c_1, c_2...

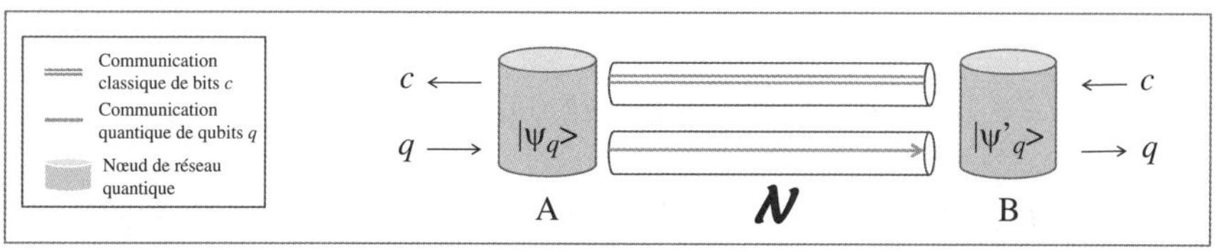

Figure 2.17 – Transmission d'un qubit $|q>$ via le canal quantique $\mathcal{N}$ et signalisation en retour de la réception (bit c).

Ce retour d'information permet de mettre en place non plus une transmission probabiliste du qubit mais une transmission déterministe et annoncée (*heralded*) : l'émetteur A réitère la génération de $|\psi_q>$ et son envoi jusqu'à ce qu'il reçoive un bit c de retour annonçant que la réception est bien ok.

◆ Transmission directe des qubits physiques encodant le qubit logique |q>

Reprenant l'un des codes du chapitre 2, § 3. Codage de l'information quantique, p. 43, le qubit logique est encodé dans par exemple *n* qubits physiques intriqués (*n* = 9 dans le codage de Shor). Ce schéma de transmission consiste alors à transmettre directement les *n* qubits physiques, puis à les décoder pour retrouver le qubit logique initial : $|q> = \alpha|0> + \beta|1>$.

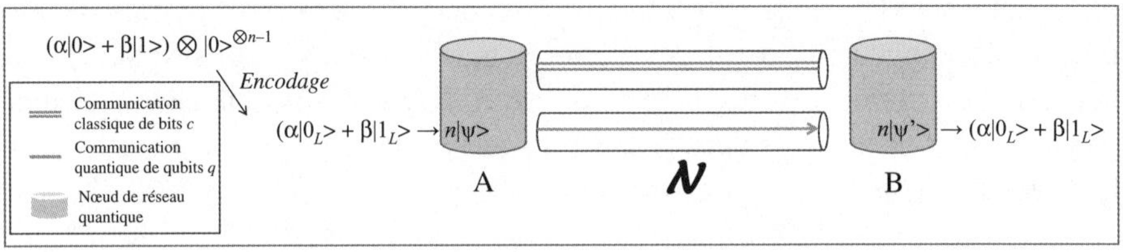

Figure 2.18 – Encodage d'un qubit logique et transmission de *n* qubits physiques.

◆ Transmission directe d'un ensemble intriqué puis opération de téléportation

Dans ce schéma de transmission, un nœud (par exemple Alice) génère une paire intriquée (q_A, q_B) dont une partie q_A est envoyée à (ou stockée chez) Alice, la seconde partie q_B transmise à Bob (voir la figure 2.19). Si Alice, Bob et le générateur de paires intriquées mettent en place un protocole de génération déterministe et annoncé (*Heralded Entanglement Generation*), la bonne réception de la paire est communiquée via des bits classiques {*c*} dans le plan de contrôle (=).

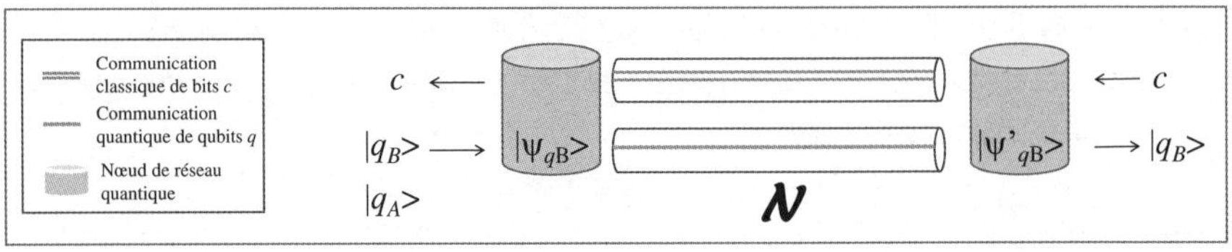

Figure 2.19 – Transmission d'un seul qubit de la paire (q_A, q_B) : $|q_B>$.

$E = (q_A, q_B)$ signifie qu'une unité d'intrication maximale, l'un des quatre états singuliers de Bell, a été distribuée entre les nœuds A et B du réseau.

Alice peut alors effectuer les opérations quantiques sur le qubit applicatif $|q>$ et la moitié de la paire intriquée en sa possession $|q_A>$, commençant ainsi le protocole de téléportation quantique :

- ✓ l'opération unitaire associée à la porte CNOT ;
- ✓ suivie d'une porte Hadamard ;
- ✓ suivie d'une mesure partielle dans la base des états de Bell.

L'ensemble fonctionne comme une machine à intrication de $|q>$ et $|q_A>$, et donc de $|q>$, $|q_A>$ et $|q_B>$. Ce faisant, l'information de superposition correspondant à $|q>$, locale, a été transférée sur l'ensemble intriqué et donc indirectement sur $|q_B>$.

Il suffit alors à Alice d'effectuer une mesure dans la base des états de Bell pour obtenir l'effondrement du système de trois qubits dans l'un des quatre états possibles. En communiquant à Bob le résultat de sa mesure, elle lui indique lequel des quatre états possibles il a en sa possession, téléporté sur $|q_B>$. Une opération quantique d'ajustement lui permettra d'obtenir exactement sur $|q_B>$ la superposition $\alpha|0> + \beta|1>$ qui correspondait à $|q>$.

Ce fonctionnement si surprenant peut se résumer ainsi :

- ✓ si l'on réussit à générer et distribuer une paire intriquée, alors un troisième qubit (ici le qubit applicatif $|q>$) peut s'intriquer avec les deux autres, en n'ayant qu'une seule moitié de la paire en main ;
- ✓ Alice n'a besoin d'aucune information sur $|q>$ pour le téléporter ;
- ✓ sans les deux bits classiques conventionnellement transférés d'Alice, Bob n'est pas capable de reproduire $|q>$. Ainsi, aucune communication plus rapide que la lumière n'est possible de cette manière, ce qui est en totale harmonie avec la théorie de la relativité.

« Une étape délicate d'un canal quantique basé sur un répéteur est que la correction de Pauli pour la téléportation peut être différée. Par exemple, supposons qu'un qubit doive être envoyé du nœud A à B via un routeur R. À l'origine, A envoie à R le résultat de mesure binaire m_1, puis R effectue une correction de Pauli en fonction de m_1. Au lieu de cela, R peut effectuer une mesure de Bell sur ses qubits et envoyer le résultat binaire m_2, ainsi que m_1, à B pour la correction de Pauli. En fait, avoir $m_1 + m_2 \bmod 2$ suffit à B pour récupérer le qubit transmis. » [35]

◆ *Comparaisons des schémas de transmission*

Si Alice veut transférer les valeurs de α et β ($|q> = \alpha|0> + \beta|1>$) de manière directe classique, elle peut avoir besoin d'une très grande quantité de bits classiques c_i pour encoder α et β, sans parler du problème de mesure pour obtenir les valeurs précises de α et β : $N_a[c \rightarrow c] + N_b[c \rightarrow c]$.

À l'opposé, si elle transmet directement le qubit $|q>$, les chances d'une transmission réussie sont proportionnelles à la distance : $[q \rightarrow q]$.

Entre les deux, la téléportation nécessite au total la transmission de deux bits classiques $2[c \rightarrow c]$ et du bit quantique $[q_B \rightarrow q_B]$ appartenant à la paire intriquée.

$$N_a[c \rightarrow c] + N_b[c \rightarrow c] \geq \mathbf{2[c \rightarrow c] + [q_B \rightarrow q_B]} \geq [q \rightarrow q]$$

Quant à la fidélité F de la transmission $|q>$, qui quantifie le succès de la parfaite égalité entre q et q' ($|q> = |q'>$), et qui est définie comme $F \equiv <\psi|\rho'|\psi>$, où $|\psi>$ et ρ' désignent respectivement le vecteur d'état pur, porteur de $|q>$, et l'opérateur densité du qubit délivré $|q'>$, F atteint ainsi une valeur proche de l'unité que (37) a calculé :

$$|\,\text{tele}\rangle_{23} = \sum_{k=0}^{d-1} \lambda_k |k\rangle_2 \otimes |k\rangle_3 \qquad \bar{f} \leq \frac{1}{d+1}\left[1 + \left(\sum_{k=0}^{d-1} \lambda_k\right)^2\right].$$

Pour une paire (q_A, q_B) maximalement intriquée, $d = 2$ et $\lambda_1 = \lambda_1 = \frac{1}{\sqrt{2}}$; la fidélité maximale calculée par [34] vaut $\frac{1}{3}\,[1 + (\sum_{k=0}^{1} \lambda_k)^2] = \frac{3}{3} = 1$.

> La fidélité de la transmission indirecte de $|q>$ par téléportation est meilleure que celle obtenue par les deux autres schémas extrêmes (transmission directe ou transmission des valeurs α et β).

◆ *Encodage superdense*

Il peut être intéressant d'utiliser l'encodage superdense, qui permet par exemple à Alice de transmettre deux bits classiques c_1 et c_2 à Bob en lui envoyant seulement un qubit. Tout d'abord, une paire de Bell (composée de deux qubits) est préparée sur le nœud d'Alice, par application d'une opération Hadamart : $e = [q_A, q_B] = \frac{1}{\sqrt{2}}(|00> + |11>)$. Une moitié de la paire (q_B) est envoyée à Bob.

Ensuite, Alice doit coder c_1 et c_2 :

- ✓ si elle veut envoyer les deux bits 00, elle n'effectue aucune opération sur son qubit restant q_A ;
- ✓ pour les bits 01, elle effectue une opération Pauli-Z (qui modifie la phase) ;
- ✓ si elle veut envoyer les bits 10, elle applique une porte Pauli-X sur q_A ;
- ✓ enfin, pour envoyer les deux bits 11, elle applique une porte Pauli-Z suivie d'une porte Pauli-X.

Tableau 2.6 – Encodage de deux bits en un état de Bell (EPR).

Double bit	Transformation	État encodé
00	I	$\frac{\vert 00\rangle + \vert 11\rangle}{\sqrt{2}}$
01	Z	$\frac{\vert 00\rangle - \vert 11\rangle}{\sqrt{2}}$
10	X	$\frac{\vert 10\rangle + \vert 01\rangle}{\sqrt{2}}$
11	iY	$\frac{\vert 01\rangle - \vert 10\rangle}{\sqrt{2}}$

Reste alors pour Alice à envoyer le qubit q_A modifié en $E(q_A)$.

Une fois que Bob est en possession des deux qbits de la paire intriquée $E(q_A)$ et q_B, il peut effectuer une manipulation pour revenir à une base non intriquée et mesurer chacun des deux qbits indépendamment, lisant ainsi le message c_1 et c_2.

En termes de ressources, cette transmission a coûté l'envoi d'un premier qubit intriqué, puis du second, encodé de façon à porter les deux bits :

$$\text{création de la paire } (q_A, q_B)$$

$$[q_A \rightarrow q_A] + [q_B \rightarrow q_B] \geq 2[c \rightarrow c].$$

Ce protocole ne surpasse pas les performances des protocoles de communications classiques, mais il s'avère extrêmement sécurisé.

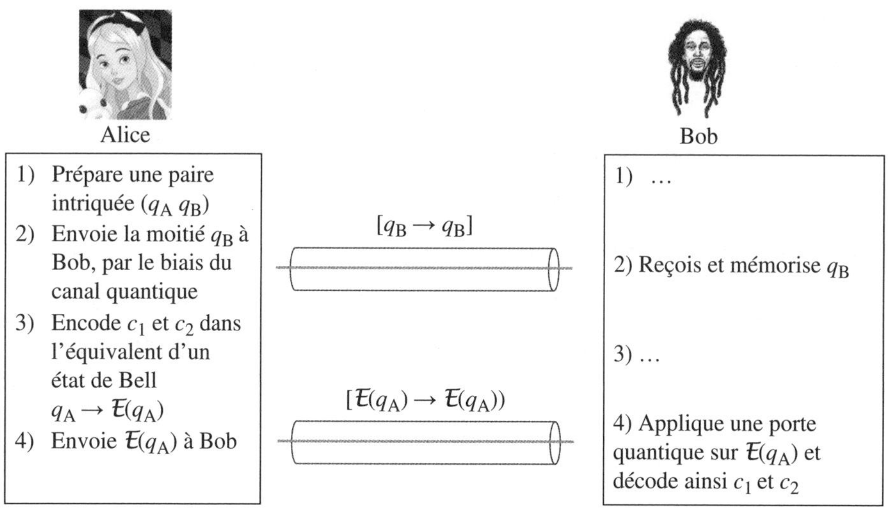

Figure 2.20 – Encodage superdense.

Dorian P. Williams, Ronald J. Sadlier et Travis S. Humble [36] ont rapporté la première démonstration de liaisons à fibre optique utilisant le codage ultra-dense et tirant parti d'une mesure complète de l'état de Bell. Cela a été rendu possible grâce à l'hyper-intrication de la polarisation temporelle, de l'optique linéaire et des détecteurs de photons uniques courants. Ils démontrent la capacité de canal qubit unique la plus élevée à ce jour en utilisant l'optique linéaire, 1,665 ± 0,018, et fournissent une mise en œuvre expérimentale complète d'un protocole de communication hybride quantique-classique pour le transfert d'images. En raison des longueurs de trajet, de la dérive thermique des fibres optiques et de la dérive de fréquence du laser à pompe, limitez le fonctionnement stable à environ 100 secondes avant qu'un réétalonnage ne soit nécessaire.

◆ *Comparaison des ressources requises par chaque type de transmission quantique*

Transmission quantique directe d'un qubit d'un nœud au nœud adjacent : $[q \rightarrow q]$.

Transmission directe des paramètres α et β sous forme de deux séquences de bits :

$$N_\alpha[c \rightarrow c] + N_\beta[c \rightarrow c].$$

Transmission quantique indirecte, grâce à la distribution de l'intrication (q_A, q_B) :

$$2[c \rightarrow c] + [q_B \rightarrow q_B].$$

Codage super-dense : création de la paire (q_A, q_B) et transmission des deux qubits une fois encodés :

$$[q_A \rightarrow q_A] + [q_B \rightarrow q_B] \geq 2[c \rightarrow c].$$

Les quatre ci-dessus réunis :

La transmission des paramètres α et β sous forme de deux séquences de bits…

$$N_a[c \rightarrow c] + N_b[c \rightarrow c] \geq$$

consomme plus de ressources que la téléportation …

$$2[c \rightarrow c] + [q_B \rightarrow q_B] \geq$$

laquelle en consomme davantage que le codage super-dense…

$$[q_A \rightarrow q_A] + [q_B \rightarrow q_B] \geq$$

qui à son tour en consomme davantage que la transmission directe du qubit :

$$[q \rightarrow q].$$

En résumé

Nous l'avons nouveau vu au cours de ce chapitre : un changement de paradigme majeur est nécessaire pour exploiter les particularités d'un futur Internet quantique. La différence entre les informations quantiques et classiques ne découle pas d'une distinction physique fondamentale entre les systèmes qui enregistrent, traitent et transmettent ces informations. Comme nous venons de le souligner, les canaux quantiques peuvent être utilisés pour transmettre des informations classiques. Et après tout, les systèmes classiques d'enregistrement d'informations, tels que les condensateurs et les neurones, sont fondamentalement de la mécanique quantique. La différence vient des conditions dans lesquelles ces systèmes fonctionnent. « Lorsqu'ils sont correctement isolés de leur environnement, les photons et les atomes peuvent exister dans des superpositions et des états intriqués pendant de longues périodes, avec des résultats mesurables expérimentalement. Les condensateurs et les neurones, en revanche, interagissent fortement avec un environnement thermique, ce qui les empêche de présenter des effets quantiques cohérents. En conséquence, l'information quantique peut être utilisée pour effectuer des tâches que l'information classique ne peut pas accomplir. » [33]

Nous avons vu que la notion d'information quantique recouvre plusieurs phénomènes :

- ✓ le traitement et la transmission d'éléments d'information quantique (des qubits), encodés dans des états quantiques de particule ($|\Psi_q>$), et non plus par une impulsion lumineuse contenant des millions de photons ;
- ✓ l'élément d'information intriquée ou ebit (information non-localisée) ;
- ✓ la logique algorithmique quantique rendue possible par un assemblage de portes quantiques, chacun associé à un opérateur hamiltonien unitaire.

La transmission de qubits entre les nœuds d'un réseau de communications quantiques est de plusieurs sortes :

- ✓ la transmission directe, avec une probabilité exponentielle de perte du photon, et une fidélité médiocre ;

✓ la transmission indirecte par téléportation, grâce à une paire intriquée précédemment distribuée, avec une meilleure fidélité mais des protocoles à mettre en place pour les longues distances.

Toutes les dimensions de cette science de l'information quantique (QIS) requièrent un savoir-faire qui est apparu il y a une vingtaine d'années et bien longtemps après la première révolution quantique : maîtriser le traitement unitaire des systèmes quantiques, qu'il s'agisse de photons à la demande, d'électrons au singulier…

3 Internet quantique : quels besoins ?

Objectifs

Dans le domaine des nouvelles technologies, de l'information et de la communication (NTIC), il a longtemps été d'usage de chercher la *killer application*, l'application logicielle ou le produit qui deviendrait extrêmement populaire, à un point tel qu'elle motiverait un grand nombre de personnes à adopter la nouvelle technologie ou la plateforme. Cette application était souvent si puissante ou si innovante qu'elle était considérée comme étant à elle seule une raison significative pour l'adoption technologique souhaitée.

En ce qui concerne l'Internet quantique, les trois premières *killer applications* seront probablement la distribution quantique de clés pour sécuriser les communications, le calcul quantique distribué et la détection ultra-sensible des moindres perturbations dans l'univers. Chacune pourrait voir le jour avec ses propres protocoles de communication quantique, mais de façon confidentielle tant le coût d'entrée reste très élevé. La seule infrastructure commune aux trois et rendant davantage envisageable leur déploiement à grande échelle est un réseau de communications quantiques (QCN) basées sur l'intrication.

Le troisième chapitre présente ces trois applications phares ainsi que la façon dont elles fonctionneraient au-dessus d'un tel réseau QCN.

Internet, nous le connaissons tous, c'est ce gigantesque réseau interconnectant des millions de réseaux aussi bien publics que privés, universitaires, commerciaux et gouvernementaux. Il s'appuie sur la commutation de paquets, selon le protocole Internet (*Internet Protocol* ou IP) ; l'information y est transmise sous forme de bits (des 0 et des 1), et grâce à un ensemble standardisé de protocoles de transfert de données. Tout ceci permet des applications variées qu'il n'est plus nécessaire de citer.

Les réseaux de communications de données (*Data Communication Networks*) actuellement interconnectés et constituant cette grande toile ont différentes portées :

Tableau 3.1 – Portée des réseaux DCN[17].

Portée	Superficie	Nom
1 m	maison	
10 m	salle	Réseau local (LAN)
100 m	immeuble	Réseau local (LAN)
1 km	campus	Réseau local (LAN)
10 km	ville	Réseau métropolitain (MAN)
100 km	pays	Réseau longue distance (WAN)
1000 km	continent	Réseau longue distance (WAN)
10000 km	planète	Internet

Pourquoi un sous-ensemble d'Internet devra-t-il être capable de communiquer non seulement des bits classiques d'information mais aussi des bits quantiques ? Pour quels besoins applicatifs ? « Non seulement l'information quantique reformulera notre vision de la nature du calcul et de la communication, mais ouvrira également des possibilités fondamentalement nouvelles pour réaliser une architecture informatique et des réseaux de télécommunications de hautes performances. Étant donné que nos données ne resteront plus en sécurité sur l'Internet traditionnel lorsque les ordinateurs quantiques commerciaux seront pleinement disponibles, il faudra une structure de réseau fondamentalement différente : l'Internet quantique. » [1]

Lors d'une conférence de presse en décembre 2018, le Département américain de l'Énergie (DOE) dévoile un rapport présentant un plan pour le développement de telles technologies quantiques. À l'adoption de la loi correspondante (*National Quantum Initiative Act)* par le Congrès américain est officiellement né l'**Internet quantique.**

Déjà partout dans le monde, un consensus se dessinait sur le fait qu'un réseau de communications quantiques (*Quantum Communications Network*) utilisant les principes de la physique quantique représentait l'une des frontières technologiques les plus importantes du XXIe siècle. Les scientifiques estimaient que la construction d'un prototype serait réalisable au cours de la décennie 2020-2030. La désignation Internet quantique a donc signifié que des liaisons quantiques, des répéteurs ou routeurs quantiques et des algorithmes de calcul quantique (voir la figure 3.1) seraient dorénavant déployés sur l'immense infrastructure de fibres optiques qui supporte déjà Internet.

17. Tableau inspiré du séminaire d'Eleni Diamenti, donné au Collège de France (2021).

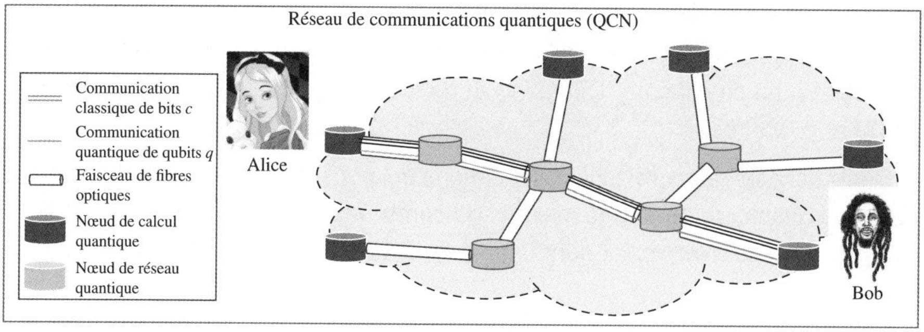

Figure 3.1 – L'Internet quantique, un réseau de nœuds et de liens de transmission quantique.

Dis autrement, au sein de l'Internet actuel (le réseau des réseaux), et en utilisant la même infrastructure de fibres optiques et de liaisons satellitaires qu'Internet, certains réseaux seront des réseaux de communications quantiques (*Quantum Communications Network* ou QCN), dont les nœuds clients seront des ordinateurs ou des nœuds d'hébergement de services quantiques. Par ailleurs, grâce aux algorithmes quantiques spécifiques qu'ils permettront d'exécuter pour un domaine donné (en médecine, chimie, ou pour de l'apprentissage), d'autres ordinateurs quantiques seront interconnectés aux réseaux de communications actuels (classiques) et pourront assister les plateformes de calcul de haute performance (HPC) de l'Internet d'aujourd'hui.

La figure 3.1 représente des ordinateurs quantiques interconnectés par des faisceaux de fibres optiques et des éléments de réseau permettant le routage ou la commutation quantique ; la communication quantique de qubits, associée à une signalisation classique (en bits), a lieu entre deux nœuds du réseau QCN. La figure 3.2 donne des exemples d'interconnexion d'un réseau QCN dans le réseau global.

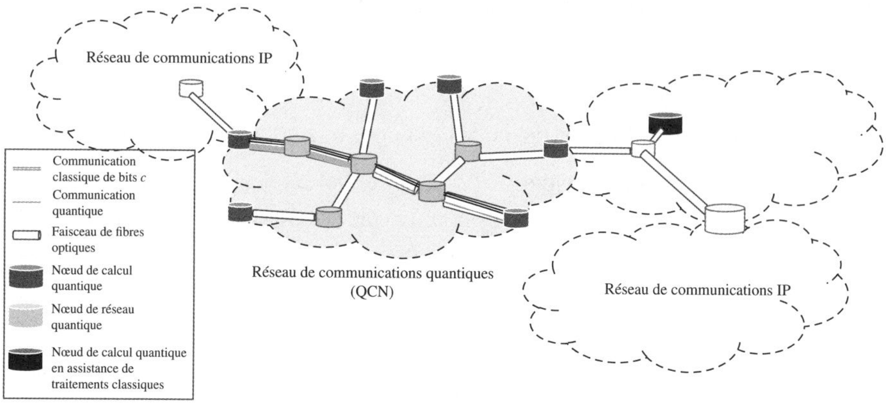

Figure 3.2 – Un réseau de communications quantiques (QCN) intégré dans l'Internet actuel.

Une des feuilles de route possibles pour la construction d'un tel Internet quantique a été proposée par l'équipe QuTech de Delft, aux Pays-Bas et fera l'objet de la section 4 de ce chapitre, Définition et développement de l'Internet quantique, p. 113 et suivantes.

Quels sont les facteurs ou les applications qui poussent à introduire des nœuds de calcul quantique et/ou des réseaux de communications quantiques (*Quantum Communications Networks*) dans l'Internet actuel ? Ils sont essentiellement au nombre de trois.

1. La première application vise à rendre les communications quasi-imperméables à toute cyberattaque ; la **sécurisation des communications classiques** ainsi permise sera l'objet de la section 1.
2. Le déploiement de nœuds de calcul quantique et de réseaux de communications quantiques au sein de la grande toile entraînera un développement de nœuds de calcul distribués, c'est-à-dire de **l'informatique quantique distribuée** (*Distributed Quantum Computing*), et de l'accès à des machines d'apprentissage quantique (*Quantum Machine Learning*) (voir la section 2).
3. Enfin, un troisième objectif (voir section.3) sera de permettre la transmission d'informations captées par des systèmes ou **senseurs quantiques pointus** (exemple : un télescope) jusqu'à des centres de calcul quantique.

1. SÉCURISATION DES COMMUNICATIONS PAR DISTRIBUTION QUANTIQUE DE CLÉS (QKD)

Le protocole de cryptographie actuellement le plus utilisé pour sécuriser les communications se dénomme RSA. Conçu en 1977 par Ronald Rivest, Adi Shamir et Leonard Adleman [2], il est basé sur l'utilisation d'une paire de clés ou nombres entiers, chacun généralement codé en 1 024 bits :

✓ une *clé publique* partagée par les deux parties et utilisée pour chiffrer les données à transmettre ;

✓ une *clé privée* utilisée pour déchiffrer les données confidentielles reçues.

Prenez deux nombres premiers p et q, et un entier d tel que d soit premier avec $(p-1)*(q-1)$. Le triplet (p, q, d) constituera la clé privée. Quant à la clé publique, elle sera formée du doublet (c, e) puis créée à l'aide de la clé privée par les transformations suivantes :

$$c = p^* q$$

$$e = 1/d \bmod((p-1)(q-1)).$$

Le message M qu'Alice souhaite envoyer à Bob est ensuite chiffré à l'aide de la clé publique (c, e). Le principe de la sécurisation de leur communication reposera sur l'impossibilité, pour un tiers (Eve) qui capterait le message *M* et la clé *c*, et qui serait en possession d'un ordinateur classique, de calculer la factorisation en nombres premiers *p* et *q*, à l'échelle[18] du temps humain.

Puisque l'arrivée des ordinateurs quantiques et l'algorithme de Shor la rendront possible en un temps plus court, le protocole cryptographique RSA devient vulnérable. Deux solutions sont alors envisageables :

- ✓ soit l'on rend impossible ou inutilisable par un tiers malveillant la réception de la clé publique ; c'est la **cryptographie quantique ;**
- ✓ soit l'on modifie le protocole cryptographique en utilisant des méthodes de cryptographie résistante à tout attaquant possédant un calculateur quantique ; c'est la **cryptographie post-quantique**.

C'est la première qui nous intéresse dans le cadre des communications quantiques. La **cryptographie quantique** consiste à « utiliser les propriétés de la physique quantique pour établir des protocoles de cryptographie qui permettent d'atteindre des niveaux de sécurité qui sont prouvés non atteignables en utilisant uniquement des phénomènes classiques (c'est-à-dire non-quantiques) ». Un exemple important de cryptographie quantique est la **distribution quantique de clés** (*Quantum Key Distribution* ou QKD) : elle permet de distribuer une clé de chiffrement secrète entre deux interlocuteurs distants, tout en assurant la sécurité de la transmission grâce aux lois de la physique quantique et de la théorie de l'information. Cette clé secrète peut ensuite être utilisée dans un algorithme de chiffrement symétrique, afin de chiffrer et déchiffrer des données confidentielles.

Il s'agit donc 1) de distribuer une clé codée en qubits sur un canal quantique ; 2) de transmettre toujours classiquement, sous forme de bits 0 et 1, l'information *M* chiffrée par la clé partagée grâce à 1).

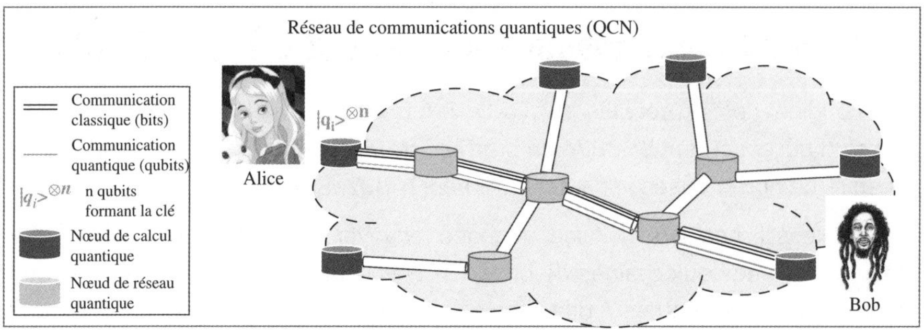

Figure 3.3 – Alice souhaite transmettre à Bob une clé secrète de *n* bits, en utilisant une communication quantique (QKD).

18. Le temps nécessaire pour déchiffrer une clé RSA de 2 048 bits est estimé à 300 mille milliards d'années ; avec les ordinateurs quantiques, ce temps serait ramené à 104 jours (source Digicert).

Imaginons par exemple qu'Alice souhaite transmettre le message M (« *Hello World !* ») à Bob de façon sécurisée quantiquement, c'est-à-dire en utilisant l'un des protocoles de distribution quantique de clés. Pour ce faire, son application de cryptographie génère une séquence aléatoire de n bits :

$$c = (c_i)_{i \in [1,\, n]} = (01111011000 \ldots 01).$$

Puis la séquence de bits est codée en qubits, transformant les 0 en états quantiques |0> et les bits 1 en états quantiques |1> ; les n qubits sont ensuite transmis au serveur de Bob, qui les décode selon le protocole retenu entre eux. Une fois la clé secrète c partagée, Alice l'utilise pour chiffrer le message M = « *Hello World !* » en une séquence de bits classiques :

« *Hello World !* » = (01001000 01100101 01101100 01101100 01101111 00100000 01010111 01101111 01110010 01101100 01100100 00100001)

chiffrés ensuite, grâce à la clé secrète, en :

(11101001 10011001 00010100 … 10001101).

Cette dernière séquence de bits est transmise par le biais d'une communication classique à Bob, qui la déchiffrera à l'arrivée, grâce à la même clé si le protocole est symétrique, ou grâce à la clé privée s'il est asymétrique.

Comment est distribuée la clé secrète c, qui deviendra ainsi partagée entre Alice et Bob ? Cette séquence de n bits est distribuée par le biais d'une communication quantique du réseau QCN, en mettant en œuvre :

✓ soit un protocole *standard* de distribution de clés quantiques (QKD) entre les nœuds à sécuriser (comme le protocole BB84) ;

✓ soit un protocole de distribution de clés quantiques s'appuyant sur l'**intrication** (comme le schéma d'Artur Ekert conçu en 1991 dénommé E91).

1.1 Protocole de distribution quantique de clés (QKD) : BB84

À l'origine des protocoles de QKD, se trouvent Charles Bennett et Gilles Brassard qui conçurent en 1984 un premier protocole qui allait s'appeler BB84, et a inspiré de nombreuses variantes : E90, E91, B92, SSP99, SARG04.

Dans le schéma BB84, Alice souhaite envoyer une clé privée à Bob. Elle commence avec deux chaînes de bits, a et b, chacune de longueur n bits (a_i et b_i seront respectivement les i^e bits de a et b). Alice code ensuite ces deux chaînes comme un produit tensoriel de n qubits :

$$|\psi> = \otimes^{n}_{i=1}|\psi_{a_i b_i}>$$

en utilisant $a_i b_i$ comme index de l'une des quatre états quantiques suivants :

$$|\psi_{00}\rangle = |0\rangle,$$
$$|\psi_{10}\rangle = |1\rangle,$$
$$|\psi_{01}\rangle = |+\rangle = \frac{1}{\sqrt{2}}|0\rangle + \frac{1}{\sqrt{2}}|1\rangle,$$
$$|\psi_{11}\rangle = |-\rangle = \frac{1}{\sqrt{2}}|0\rangle + \frac{1}{\sqrt{2}}|1\rangle.$$

En reprenant la notation du chapitre 1, les vecteurs d'état |0> et |1> peuvent par exemple correspondre à la polarisation horizontale |*h*> et verticale |*v*> des photons (la base +) et les vecteurs d'état |+> et |–> peuvent correspondre à une polarisation à |+45> et |– 45>) (la base *x*). Ainsi, les *n* qubits sont dans des états qui ne sont pas orthogonaux entre eux, il est impossible de tous les distinguer avec certitude.

Puis Alice envoie à Bob les *n* qubits constituant |ψ, sur un canal quantique public et authentifié. Chaque fois que Bob reçoit l'un des qubits, nous savons qu'une éventuelle oreille indiscrète (*eavesdropper*) ne peut pas être en possession d'une copie, grâce au théorème de non-clonage, à moins qu'elle ait effectué une mesure. Mais toute mesure risque de perturber le qubit en question avec une probabilité de ½, si elle est faite dans la mauvaise base (*x* au lieu de + ou + au lieu de *x*).

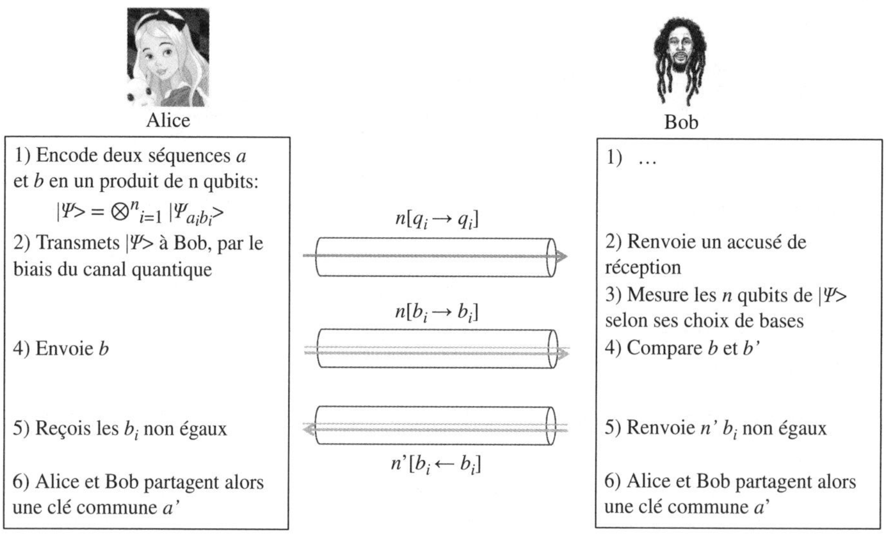

Figure 3.4 – Alice transmet à Bob une clé secrète constituée de *n'* < *n* bits en utilisant QKD.

De son côté, Bob choisit une base de réception aléatoire *r* = {+, *x*} pour chaque photon et aligne à chaque fois son filtre sur la base tirée au sort (filtre à polarisation horizontale/verticale si $r = +$; filtre à polarisation de 45° sinon). À ce stade, Bob annonce publiquement qu'il a reçu la transmission d'Alice.

En deuxième étape, l'application BB84 de Bob transmet à celle d'Alice la liste des bases utilisées lors de la réception. Alice répond en indiquant quelles sont les bases que Bob a correctement choisies, et seuls les photons correspondants sont conservés. Dans l'exemple du tableau 3.1, cela correspond à la séquence constituée du premier bit (0), du troisième (1), du sixième (0) et du huitième (1) Cette séquence est appelée la clé « réconciliée ou trouée ».

Tableau 3.1 – Les photons envoyés par Alice et reçus par Bob, avec les bases choisies.

Bits d'Alice (b)	0	1	1	0	1	0	0	1
Base d'Alice (t)	+	+	x	+	x	x	x	+
Polarisation du photon (e_h^t)	→	↑	↖	→	↖	↗	↗	↑
Base de Bob (*r*)	+	x	x	x	+	x	+	+
Photon reçu par Bob	→	↖ ou ↗	↖	↖ ou ↗	↑ ou →	↗	↑ ou →	↑

Alice peut ensuite utiliser la clé secrète réconciliée pour chiffrer la chaîne de 0 et de 1 correspondant au message *M* (par exemple « *Hello World !* ») ; toute écoute clandestine entre Alice et Bob modifierait la clé et serait immédiatement remarquée.

En termes de bilan, de tels protocoles QKD standards nécessitent, pour la transmission sécurisée d'une clé secrète de *n* bits, les ressources suivantes :

- ✓ la transmission de *n* qubits portés aléatoirement dans les bases + ou *x* ;
- ✓ la transmission de 2*n* bits correspondant à l'échange entre Alice et Bob concernant les bases ;
- ✓ et le rejet d'environ 50 % des *n* qubits initiaux.

Ce premier type de protocoles QKD est donc gourmand en ressources et garde quelques failles :

- ✓ L'une des attaques possibles repose sur la difficulté de produire des photons uniques : les équipements réels peuvent émettre plusieurs photons au lieu d'un seul, qu'un adversaire peut prélever du canal. Ce prélèvement est indétectable, et permet à l'adversaire de cloner des photons, violant ainsi l'hypothèse de sécurité.
- ✓ Par ailleurs, comme environ 50 % des photons transmis sont jetés lors de la réconciliation, si le taux d'erreur de transmission sur le canal est trop élevé (par exemple en raison de la trop longue distance entre Alice et Bob), il n'est plus possible d'établir une clé (au-delà d'un taux d'erreur de 11 %, selon [3]).

✓ Enfin, si une *oreille indiscrète* (généralement dénommée Eve pour *eavesdropper*) intercepte l'échange entre Alice et Bob concernant les bases + et x utilisées, elle peut alors intercepter les photons, effectuer la mesure dans la base appropriée et reconstituer la clé secrète.

Dans un premier temps, la technologie la plus répandue pour implémenter de tels protocoles de QKD a été une fibre optique de plusieurs centaines de kilomètres, avec une grande stabilité mais une perte de canal considérable. Puis une autre technologie majeure a consisté à utiliser la transmission entre satellites et stations au sol, sur des milliers de kilomètres.

Le protocole BB84 est aujourd'hui utilisé dans la plupart des implémentations de distribution quantique de clés, sécurisant ainsi plusieurs réseaux comme DARPA QKD, SECOCQ QKD, Tokyo QKD.

Une avancée chinoise ?

Le satellite chinois Micius est le premier de son genre. Lancé par l'Académie chinoise des sciences pour leur projet QUESS (*Quantum Experiment at Space Scale*) en 2016 [4] [5], Micius a déjà été l'outil de nombreuses expériences quantiques. Il a pu implémenter avec succès un protocole BB84 entre une station de l'Institut d'optique quantique et d'information quantique à Vienne, en Autriche, et lui. Il a fait de même avec une station à Pékin, en Chine. Ensuite, Micius a transmis à l'une de ces deux stations le XOR des deux clés. Ainsi, les deux stations, séparées par 1 200 kilomètres ont partagé la même clé de façon sécurisée et inattaquable, excepté par le satellite.

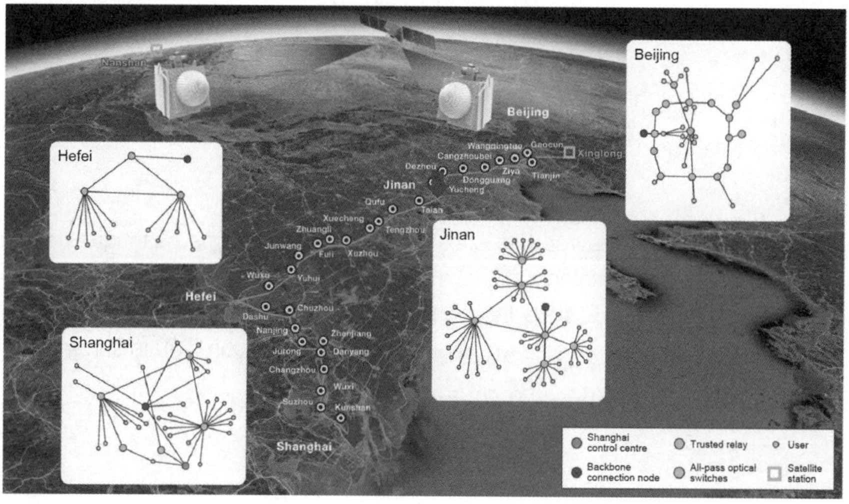

Figure 3.5 – Distribution quantique de clés entre Shanghai et Pékin, par Micius.

Par ailleurs, China Telecom a créé une entreprise avec QuantumCTek, un pionnier chinois dans la fourniture de services et d'appareils cryptés basés sur la communication quantique, en 2020 pour fournir de tels services. L'entreprise, appelée China Telecom Quantum Technology Co Ltd, a testé les appels de cryptage quantique dans quinze provinces depuis juin 2021. Les utilisateurs peuvent accéder aux appels et aux messages sécurisés cryptés avec des clés quantiques après avoir inséré une carte SIM et installé une application associée, garantissant ainsi la sécurité des informations.

1.2 Protocoles QKD basés sur l'intrication

Contrairement aux premiers protocoles QKD non basés sur l'intrication, ceux à suivre permettent à la fois de partager une clé secrète et de détecter si un tiers intercepte l'échange relatif à la distribution quantique. C'est le cas par exemple du protocole QKD conçu par Ekert en 1991 ou E91.

Comment cela fonctionne-t-il ? La première étape consiste cette fois à distribuer n paires intriquées entre les deux parties $[q^i_A, q^i_B]$, Alice recevant l'un des deux qubits intriqués (q^i_A), et Bob l'autre (q^i_B). Chaque paire est dans un état $|\varphi^i>_{(A,B)}$ correspondant à l'un des quatre états de Bell (voir les chapitres 1 et 2) :

$$|\phi^+>_{(A,B)} = \frac{1}{\sqrt{2}}(|0_A0_B> + |1_A1_B>)$$

$$|\phi^->_{(A,B)} = \frac{1}{\sqrt{2}}(|0_A0_B> - |1_A1_B>)$$

$$|\psi^+>_{(A,B)} = \frac{1}{\sqrt{2}}(|0_A1_B> + |1_A0_B>)$$

$$|\psi^->_{(A,B)} = \frac{1}{\sqrt{2}}(|0_A1_B> - |1_A0_B>).$$

Chaque élément q^i_A de la paire $|\varphi^i>_{(A,B)}$ en possession d'Alice et chaque bit c^i de la clé secrète à transmettre constituent un ensemble initial :

$$|\text{initial}> = |c^i> \otimes |\varphi^i>_A$$

sur lequel Alice pourra œuvrer. Elle effectue les deux opérations quantiques correspondant au protocole de téléportation : une opération CNOT suivie d'une opération Hadamard (voir le chapitre 2, § 5.3. Le calcul à base de portes quantiques (*Gates*), p. 64). Elle obtient alors un ensemble se trouvant dans la superposition d'états suivante :

$$|\text{final}> = \frac{1}{2}|0_A0_A>(\alpha|0_B> + \beta|1_B>)$$
$$+ \frac{1}{2}|0_A1_A>(\beta|0_B> + \alpha\ |1_B>)$$
$$+ \frac{1}{2}|1_A0_A> (a|0_B> - b|1_B>)$$
$$- \frac{1}{2}|1_A1A> (b|0_B> - a|1_B>).$$

Il lui suffira d'effectuer une mesure de Bell (c'est-à-dire l'observation de l'un des quatre états de Bell) pour savoir si l'ensemble s'est effondré dans le premier état

$|0_A 0_A>$, le second $|0_A 1_A>$, le troisième ou le quatrième $|1_A 1_A>$. Elle transmet alors à Bob deux bits d'information classique pour le lui signifier :

$$00 \text{ si } |0_A 0_A> \text{ ; } 01 \text{ si } |0_A 1_A> \text{ ; } 10 \text{ si } |1_A 0_A> \text{ ; } 11 \text{ si } |1_A 1_A>.$$

À réception des deux bits ordinaires, Bob sait alors lequel des quatre états ($\alpha|0_B> + \beta|1_B>$ ou $\beta|0_B> + \alpha|1_B>$ ou … ou $\beta|0_B> - \alpha|1_B>$) correspond à l'état du photon qu'il a reçu et stocké lors de la distribution de la paire. Il n'aura plus qu'à effectuer ou non des opérations quantiques de Pauli pour rétablir le photon dans le vecteur d'état souhaité : $\alpha|0_B> + \beta|1_B>$.

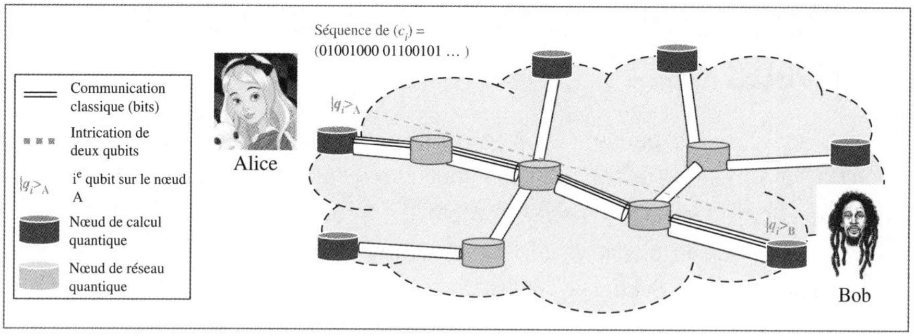

Figure 3.6 – Chaque paire intriquée ($|q_i>_A$, $|q_i>_B$) distribuée permet la téléportation de 1 bit c_i de la clé.

En termes de bilan cette fois, de tels protocoles de transmission sécurisée d'une clé secrète de n bits nécessitent les ressources suivantes :

✓ la distribution de n paires de qubits sur les deux nœuds distants ;

✓ la transmission de $2n$ bits classiques pour informer des résultats de la mesure du côté d'Alice.

Notons que si Alice voulait envoyer la même clé à $n - 1$ utilisateurs (Bob, Charlie, Dave, …, Nathan), tout en empêchant une espionne comme Eve d'acquérir des informations sans être détectée, le problème n'avait pas de solution en cryptographie classique ; il en a une dans les communications quantiques : en 2017, des chercheurs [6] ont utilisé des portes Hadamard pour fournir des intrications partagées non plus entre deux mais cette fois entre trois personnes; puis ils l'ont généralisé au cas d'un nombre arbitraire de participants : Alice et $n - 1$ destinataires. À partir de là, les mêmes opérations de téléportation effectuées par Alice, suivies de la transmission des résultats de mesure, conduisent à la transmission à tous les destinataires.

En résumé, alors que l'objectif principal des premiers protocoles de distribution quantique de clés (BB84, E90…) était de sécuriser les communications classiques sur des liaisons de communication point à point, il s'est avéré qu'utiliser un réseau de communications quantiques basé sur l'intrication permettait :

- ✓ d'opérer sur de plus longues distances, avec néanmoins des contraintes que nous examinerons dans le chapitre 4 (voir le tableau 4.1, p. 126) ;
- ✓ plus uniquement sur des liaisons de communication point à point, mais entre n'importe quels nœuds applicatifs du réseau de communications quantiques ;
- ✓ et ainsi d'élargir la gamme des services possibles.

La section suivante examine un second cas d'usage nécessitant l'Internet quantique : le calcul quantique distribué.

2. CALCULS QUANTIQUES DISTRIBUÉS, PLUS OU MOINS AVEUGLES

Encouragé par des penseurs de ce milieu, Richard Feynman a cristallisé une vision de l'informatique quantique : que seul un ordinateur basé sur des interactions quantiques pouvait simuler la nature complexe et probabiliste de la réalité. La vision de Feynman unifie la physique et l'informatique dans le but de comprendre les processus physiques. Si cela se réalise, le résultat changera la vie des humains...

Nous l'avons vu au chapitre 2, § 5. Calcul Quantique (*Quantum Computing*), p. 57, le calcul quantique peut être de deux types : analogue (adiabatique) ou digital (à base de portes quantiques). Et pour un temps encore notable, telle technologie particulière sera mieux appropriée pour résoudre un problème de calcul quantique donné que telle autre. La construction d'une **infrastructure** de calcul quantique capable d'exécuter tout type d'algorithmes quantiques nécessitera donc l'interconnexion de différents types d'ordinateurs quantiques via des liens quantiques.

Un second facteur de distribution du calcul viendra du fait que chacun des nœuds d'un réseau QCN sera limité en ressources de calcul quantique :

- ✓ soit le nombre de qubits de calcul (les meilleurs ordinateurs quantiques à date[19] manipulent environ 400 qubits) ;
- ✓ soit leur qualité (taux d'erreur, durée de stockage avec leur décohérence).

Dans un premier temps, l'Internet quantique mettra en réseau ces supercalculateurs de nouvelle technologie pour permettre le calcul quantique distribué.

2.1 Calcul quantique distribué

Imaginons que le calculateur d'Alice possède quelques fonctions algorithmiques quantiques basiques qui permettent de gérer des clés secrètes, mais pas celles pour, le cas échéant, tester la robustesse de son protocole de cryptographie.

19. Lors du Quantum Summit 2022, IBM a présenté en détail son nouveau processeur quantique Osprey, offrant plus de 400 qubits de calcul, ce qui indique que l'entreprise est en bonne voie pour lancer le premier processeur de 1 000 qubits en 2023.

Alice souhaiterait alors solliciter le calculateur de Bob, qui lui est spécialisé dans la factorisation en nombres premiers et qui pourrait exécuter 'as a service' l'algorithme quantique conçu par Peter Shor, dont elle a besoin. Le calcul quantique ainsi distribué élargit le champ des possibilités d'Alice.

« Les ordinateurs quantiques interconnectés via une architecture réseau sont très prometteurs pour réaliser un ordinateur quantique évolutif » [7]. Ainsi, en collaborant avec Bob, Charlie ou Dave, Alice sera capable d'effectuer un calcul quantique plus conséquent.

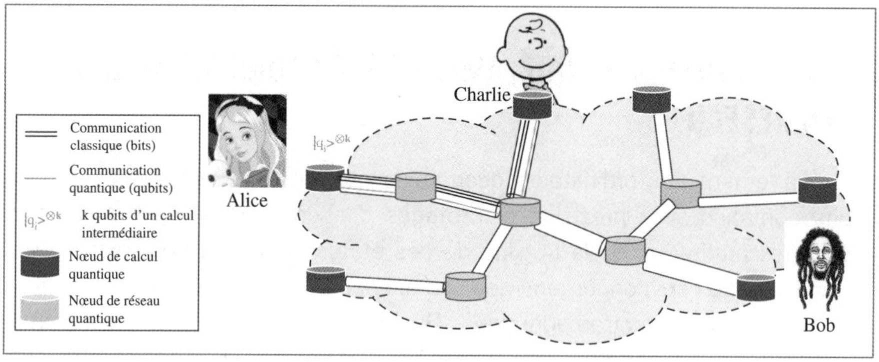

Figure 3.7 – Alice et Charlie partagent *k* ressources de calcul quantique.

Le futur Internet quantique devra être capable de transmettre le résultat d'un calcul se trouvant dans *k* registres quantiques du nœud A, jusqu'aux nœuds B, C ou D sur lesquels d'autres types de traitement quantique pourront être effectués. Si par exemple le résultat des opérations du circuit quantique présent sur A est sous la forme des *k* qubits :

$$|q_1> \otimes |q_2> \otimes \ldots \otimes |q_k>$$
$$= (\alpha_1|0> + \beta_1|1>) \otimes (\alpha_2|0> + \beta_2|1>) \otimes \ldots \otimes (\alpha_k|0> + \beta_k|1>),$$

le réseau doit faire en sorte que le nœud de Bob reçoive exactement les *k* éléments d'information quantique, avec la plus grande fidélité (voir le chapitre 2, § 6.3. Fidélité de la transmission, p. 82). En termes d'ingénierie, il s'agira d'étudier et de fournir le service d'interconnexion la plus efficace et les moyens (ici pour Alice) de faire confiance à ses partenaires (Charlie sur la figure 3.7).

2.2 Calcul quantique aveugle (*Blind Quantum Computing*)

Dans le cas où le calculateur d'Alice n'a aucune capacité quantique ou si elle souhaite cacher les données d'entrée et le jeu d'instructions à Bob, il doit alors lui être possible de simplement générer plusieurs états quantiques à un seul qubit, de leur appliquer une rotation aléatoire et d'envoyer à Bob :

- ✓ la séquence de qubits générés et aléatoirement modifiés ;
- ✓ les traitements quantiques à effectuer lorsque Bob les détectera les qubits puis observera des états |0> ou |1>.

Le calculateur de Bob exécute les traitements de façon donc aveugle (*Blind Quantum Computing*), puis renvoie le résultat.

Après la distribution quantique de clés et le calcul quantique distribué, l'Internet quantique de demain sera probablement aussi le support d'un domaine en pleine expansion : la détection quantique pour des mesures de haute précision.

3. DÉTECTION QUANTIQUE, AMÉLIORÉE DE FONCTIONNALITÉS EN RÉSEAU

Contrairement aux ordinateurs quantiques qui nécessiteront des milliers de qubits contrôlés avec précision et protégés de l'environnement, les capteurs quantiques profiteront de la fragilité de ces états quantiques pour extraire des informations de l'environnement : les ondes sonores, l'air, tout ou partie du large spectre du champ électromagnétique. Du fait de leurs capacités à enregistrer les modifications d'une propriété quantique, ils sont bien plus précis que leurs homologues classiques.

Le champ d'application de la détection quantique *(Quantum Sensing*) est très large : de la sphère médicale (comme le monitoring des doses d'un traitement contre le cancer) aux biotechnologies (détection d'une seule molécule dans une solution chimique donnée), de la météorologie à l'astrophysique.

Par analogie avec les critères DiVincenzo [8] pour le calcul quantique (voir le chapitre 2, § 6.3. Fidélité de la transmission, p. 82), un ensemble de quatre attributs a été répertorié pour qualifier le fonctionnement d'un système quantique en capteur ou détecteur. Ces attributs incluent trois critères originaux de DiVincenzo :

- ✓ Le système quantique a des niveaux d'énergie discrets et résolubles. Plus précisément, nous supposerons qu'il s'agit d'un système à deux niveaux (ou d'un ensemble de systèmes à deux niveaux) avec un état d'énergie inférieur |0⟩ et un état d'énergie supérieur |1> qui sont séparés par une énergie de transition $E = \hbar\omega 0$.
- ✓ Il doit être possible d'initialiser le système quantique dans un état bien connu et de lire son état.
- ✓ Le système quantique peut être manipulé de manière cohérente, généralement par des champs dépendants du temps. Cette condition n'est pas strictement requise pour tous les protocoles ; des exemples qui ne relèvent pas de ce critère sont la spectroscopie à onde continue ou les mesures du taux de relaxation.

Le critère supplémentaire et proposé par [9] a été le suivant :

- ✓ Le système quantique interagit avec une grandeur physique pertinente *V*, comme un champ électrique ou magnétique. L'interaction est quantifiée par un paramètre de couplage ou de transduction de la forme $\gamma = \partial^q E/\partial V^q$ qui relie les changements de l'énergie de transition *E* aux changements du paramètre externe *V*. Dans la plupart des situations, le couplage est soit linéaire ($i = 1$), soit quadratique ($q = 2$). L'interaction avec *V* conduit à un déplacement des niveaux d'énergie du système quantique ou à des transitions entre niveaux d'énergie.

Dans cette section, nous présenterons dans un premier temps ce qu'est la détection quantique, puis en quoi l'Internet quantique de demain peut encore l'améliorer.

3.1 La détection quantique *(Quantum Sensing)*

La détection quantique correspond à l'utilisation d'un système aux propriétés quantiques permettant d'effectuer une mesure d'une grandeur physique *V* : un champ électrique, le champ magnétique, la température de l'air, la composition chimique d'une solution. Elle fonctionne principalement en utilisant :

- ✓ un objet quantique pour mesurer une grandeur physique (classique ou quantique) ; l'objet quantique est caractérisé par des niveaux d'énergie quantifiés comme ceux des états (électroniques, magnétiques ou vibrationnels) d'atomes neutres ou d'ions piégés, ou les quanta d'énergie de circuits supraconducteurs constitués de jonctions Josephson ;
- ✓ la cohérence quantique (c'est-à-dire des états de superposition spatiale ou temporelle de type onde) pour mesurer une quantité physique ;
- ✓ l'intrication quantique pour améliorer la sensibilité ou la précision d'une mesure, au-delà de ce qui est possible classiquement.

L'étude du *Quantum Sensing* est devenue une branche de recherche à part entière et en croissance rapide. Les exemples de capteurs quantiques incluent les magnétomètres, les gravitomètres atomiques, les accéléromètres, les microscopes magnétiques, les nouveaux IRM et les horloges atomiques ; les domaines couvrent l'agriculture, la médecine, la gestion des ressources comme le pétrole ou le gaz, les bâtiments et travaux publics (voir le tableau 3.2).

Les interféromètres atomiques sont les premiers capteurs quantiques à avoir exploité ce potentiel. Ces appareils, initialement développés pour la recherche fondamentale et la métrologie, utilisent un laser pour refroidir un nuage d'atomes composé de quelques millions de particules à des températures très basses, environ un millionième de degré au-dessus du zéro absolu. Dans ces conditions, les atomes se déplacent si lentement qu'on peut estimer précisément les forces auxquelles ils sont soumis, comme l'accélération ou la rotation.

Tableau 3.2 – Les applications clés de la détection quantique[20].

	Industrie & agriculture	Domaine médical	Gestion des ressources naturelles	Génie civil & BTP	Défense & sécurité	Robotique
Gravité/ accélération			Prospection	Actifs enterrés	Navigation	
Détection de la rotation					Navigation	Navigation
Champ électrique	Monitoring des conditions de transmission				Détection de radio-fréquences	Détection à distance
Champ magnétique	Détection de traceurs	Capteur neuronal, IRM		Détection de métaux	Détection d'explosifs	
Spectroscopie/ détecteur de photons		Diagnostics, imagerie	Détection des fuites			
Horloges atomiques	Réseaux, synchronisation			Sondage, positionnement	Navigation, synchronisation	

20. Source : https://www.cambridgeconsultants.com/deep-tech/quantum-technology/.

Autre exemple : les systèmes optiques, notamment depuis l'avènement du laser, et les interféromètres à ondes gravitationnelles jouent un rôle de premier plan en métrologie et en détection. Avec le laser, une précision étonnante a été atteinte dans les systèmes de mesure conventionnels. Quant aux interféromètres à ondes gravitationnelles, ils sont capables de détecter des changements de longueur de trajet à des échelles subatomiques ; la spectroscopie de haute précision détermine les fréquences optiques jusqu'à 16 chiffres.

Mais il y a aussi des limites à ces méthodes. La puissance circulant dans les interféromètres peut provoquer une action en retour sur les miroirs, faussant les résultats et des erreurs systématiques déterminent la précision réalisable en spectroscopie. Même si l'on pouvait contrôler tous ces effets, toute méthode conventionnelle se heurterait à de sévères limites. À l'heure actuelle, les mesures sont généralement effectuées soit en mesurant un ensemble d'objets, comme des atomes dans une horloge atomique, soit en répétant fréquemment la même mesure. Une des améliorations de la détection quantique viendra de la mise en réseau.

3.2 La détection, améliorée des fonctionnalités du réseau quantique

L'intrication quantique est la ressource la plus importante pour de nombreuses nouvelles applications de l'Internet quantique et elle joue également un rôle essentiel dans l'amélioration de la précision des détections quantiques. Son pouvoir réside dans la création de corrélations exceptionnellement fortes entre les constituants des systèmes composites qui ne peuvent pas être reproduites par les technologies classiques et qui permettent une détection et une mesure au-delà de ce qui est possible avec les ressources classiques.

Comment fonctionne la détection effectuée par M capteurs/détecteurs distribués dans un réseau de communications quantiques ? De façon remarquable, en obtenant des états intriqués de ces M parties (les états de Greenberger-Horne-Zeilinger ou GHZ par exemple, voir le chapitre 1, pp. 23-24 ou l'index, p. 257), il est possible d'effectuer une mesure du paramètre θ, avec une erreur quadratique moyenne de $\Delta^2(\theta) \sim 1/M^2$, correspondant à la limite de Heisenberg. La détection distribuée réduit alors l'erreur de $\Theta(M)$ par rapport aux protocoles sans intrication.

Cette découverte est à l'origine de l'intérêt récent pour la détection quantique distribuée, y compris plusieurs démonstrations expérimentales. En pratique, cependant, la distribution d'états intriqués globaux, comme par exemple celle d'états multipartites GHZ, est une tâche ardue. Le temps de décohérence de l'intrication multipartite conduit à des limites expérimentales en matière de transmission et de stockage, en particulier pour les parties distantes. Une solution réalisable consiste à utiliser des répéteurs quantiques au sein de réseaux quantiques.

Dans ce cas d'usage, les états de ressources génériques sont aussi des états de réseau, préparés en distribuant des sources intriquées bi ou multi-partites à différents sommets et en appliquant des opérations locales selon un protocole prédéfini. Cependant, il reste encore quelques questions cruciales largement inexplorées [10] en raison de la nature beaucoup plus complexe des états GHZ qu'un réseau de communications quantiques peut fournir.

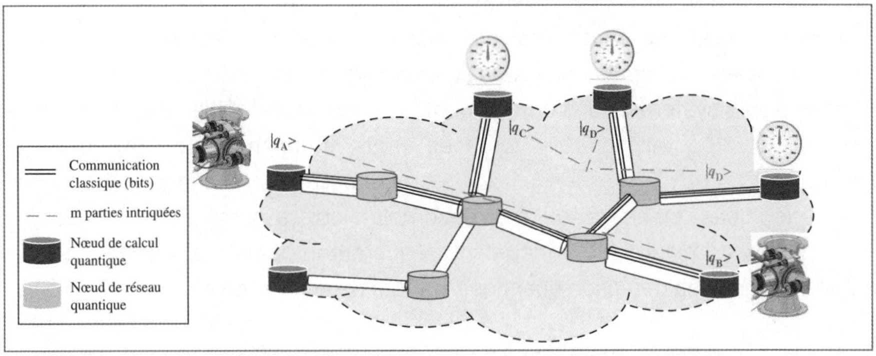

Figure 3.8 – Les perturbations d'un interféromètre sont détectées sur A puis transmises à B par le biais de l'intrication (q_A, q_B) ; les nœuds C, D et E synchronisent leur horloge grâce à une intrication multipartite (m = 3).

Ainsi, les applications quantiques à venir, dont la première majeure sera la distribution quantique de clés (QKD), suivie de la capture quantique d'informations (*Quantum Sensing*) nécessiteront dans un premier temps l'établissement de liaisons de communication quantique point à point (Alice – Bob) couvrant de grandes distances, puis le développement d'un véritable réseau de communications quantiques (QCN) dans lequel les sites utilisateurs ne connaissent pas le chemin pour communiquer entre eux ; il faudra alors des répéteurs/routeurs permettant de cheminer les qubits entre sources et destinations et d'atteindre un plus grand nombre d'utilisateurs (Alice, Bob, Charlie, Dave, Eve...). Ce sera l'avènement de l'Internet quantique.

L'Internet quantique ou l'interconnexion des réseaux de communications quantiques (QCN) impliqueront la réingénierie des couches réseau pour communiquer à l'aide de photons intriqués. Quand il sera réalisé, le réseau quantique présentera des avantages en termes de confidentialité et d'intégrité ; par exemple, les utilisateurs n'auront plus besoin de compter sur la confiance des éléments du réseau à mesure que les communications deviendront quantiques de bout en bout. L'Internet quantique éliminera également la surveillance des métadonnées, une avancée majeure pour le secret des communications. Un réseau de communications quantiques permettra enfin l'interconnexion de différents ordinateurs quantiques, l'interconnexion signifiant qu'une façon de construire un grand ordinateur quantique pourra consister à interconnecter plusieurs ordinateurs plus petits via un tel réseau quantique.

La section suivante donne une définition et une feuille de route possible pour le construire.

4. DÉFINITION ET DÉVELOPPEMENT DE L'INTERNET QUANTIQUE

La ressource commune et nécessaire à toutes ces applications est l'intrication. Elle est bipartite si elle concerne deux qubits [$q_{noeud1} - q_{noeud2}$], elle est multipartite si elle permet la corrélation de plus que deux qubits, l'ensemble étant dans un état quantique pur noté GHZ pour Greenberger-Horne-Zeilinger [11] ou dans l'état quantique pur noté *W* [12] :

intrication bipartite : $|\phi^+\rangle = \frac{1}{\sqrt{2}}(|00\rangle + |11\rangle)$; $|\psi^+\rangle = \frac{1}{\sqrt{2}}(|01\rangle + |10\rangle)$

intrication tripartite GHZ : $|GHZ\rangle = \frac{1}{\sqrt{2}}(|000\rangle + |111\rangle)$

intrication tripartite W : $|W\rangle = \frac{1}{\sqrt{3}}(|001\rangle + |010\rangle + |100\rangle)$

intrication quadripartite GHZ : $|GHZ\rangle = \frac{1}{\sqrt{2}}(|0000\rangle + |1111\rangle)$.

Dans un réseau de communications quantiques (QCN) contribuant à l'Internet quantique, plusieurs ressources intriquées sont distribuées sur chacune des liaisons point à point du réseau, permettant ainsi de :

- ✓ téléporter la séquence des bits 0 et 1 constituant une clé secrète, et quantifiés dans les états |0> et |1> ; implémenter ainsi un protocole de **distribution quantique de clés (QKD)** ;
- ✓ téléporter les *k* qubits d'un résultat de **calcul quantique intermédiaire (*Distributed Quantum Computing*)** ;
- ✓ modifier le second élément de l'intrication en même temps que le premier, en contact lui avec l'environnement et permettant ainsi de **détecter des changements infinitésimaux (*Quantum Sensing*)**.

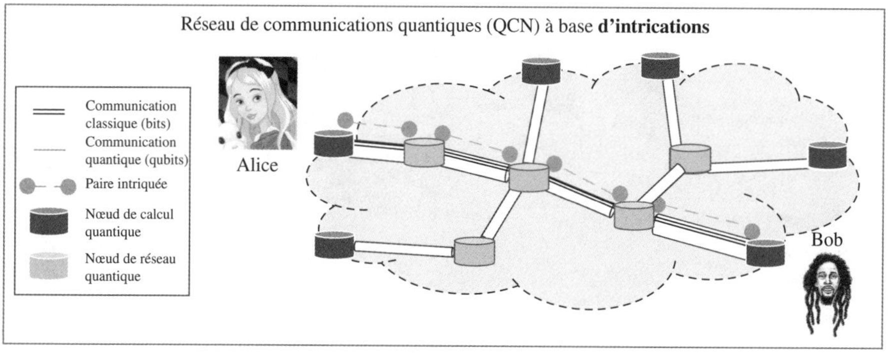

Figure 3.9 – Distribution d'une paire intriquée sur chacun des quatre liens entre Alice et Bob.

Néanmoins, en raison de contraintes telles que l'impossibilité de dupliquer une information quantique, la difficulté de la mesure quantique, la fragilité particulière de l'intrication ou la complexité de l'informatique quantique, la construction de tels réseaux QCN s'avèrera difficile. Ils seront développés plus probablement par étapes successives, peut-être selon la feuille de route et **la vision pour l'avenir** (« a vision for the road ahead » [13]) que Stéphanie Wehner et ses collègues de l'université technique de Delft ont établies en 2018, à savoir :

- ✓ un réseau pré-quantique pour commencer ;
- ✓ un réseau proto-quantique avec des communications quantiques de bout en bout ;
- ✓ un réseau basé sur l'intrication ;
- ✓ l'ajout de mémoires quantiques ;
- ✓ des répéteurs routeurs tolérants aux fautes ;
- ✓ un réseau QCN offrant le service de calcul quantique distribué.

4.1 Réseau pré-quantique, constitué de répéteurs de confiance

Cette première étape ne permet pas la transmission de qubits de bout en bout (comme le proposait la figure 3.9). Elle consiste à installer le long de la route entre Alice et Bob des nœuds **classiques** (dans le sens **non quantiques**) et appelés des répéteurs de confiance. Cette configuration est nécessaire car le signal photonique quantique se perd lorsqu'il traverse une fibre optique (voir le chapitre 5, § 1.3. Canal quantique avec bruit $\mathcal{N}$, p. 164) pour le calcul de l'affaiblissement ou de la perte en fonction de la distance). Généralement, ces nœuds classiques rafraîchissent le signal au moins tous les 100 kilomètres.

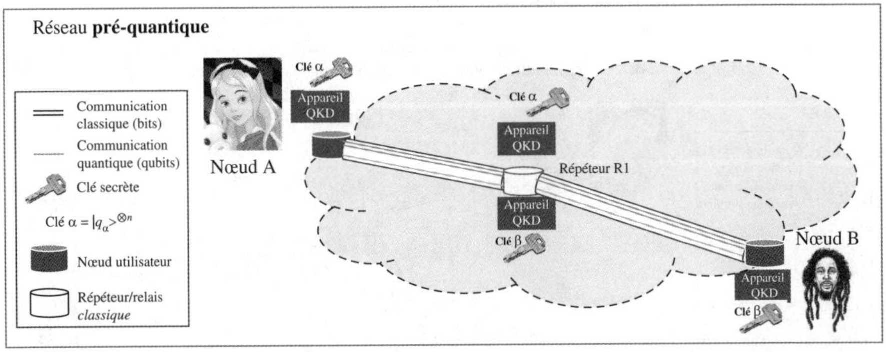

Figure 3.10 – Établissement du protocole QKD sur chaque lien séparant A et B (deux ici) ; le répéteur R1 connaissant les deux jeux de clés (α, β) doit être de confiance.

Dans ce réseau pré-quantique, chaque liaison QKD doit exécuter un protocole QKD complet, ce qui crée une charge de travail importante pour les nœuds de confiance en termes non seulement de puissance de calcul qui doit y être disponible, mais également en termes de bande passante de communication entre les nœuds de confiance.

Un exemple est le réseau pré-quantique du laboratoire national de Hefei en Chine, donné sur la figure 3.11 : le réseau comprend essentiellement trois sous-réseaux qui sont directement connectés les uns aux autres. Dans chaque sous-réseau, il y a de multiples utilisateurs dont les nœuds sont connectés soit par un commutateur optique (OS) ou par un relais ou répéteur de confiance (TR). Les utilisateurs connectés par le biais d'un relais sont dénotés avec des points verts, possédant un transmetteur quantique (un appareil QKD).

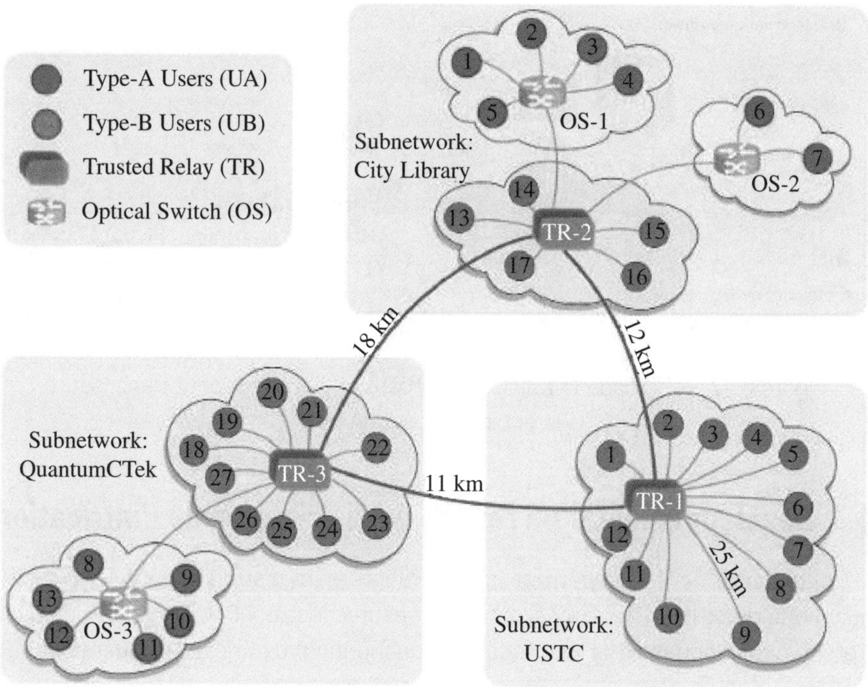

Figure 3.11 – Exemple de réseau pré-quantique à Hefel en Chine[21].

4.2 Réseau proto-quantique, qui « prépare et mesure »

Cette étape est la première à offrir des fonctionnalités quantiques de bout en bout. Elle permet de mettre en œuvre un protocole de QKD de bout en bout sans avoir besoin de répéteurs intermédiaires de confiance. Pour n'importe

21. Crédit : https://www.nature.com/articles/s41534-021-00474-3.pdf.

quels nœuds N_i et N_j du réseau proto-quantique, pour n'importe quel état |ψ> du système portant le qubit (|ψ> = |0> ou |1>), et n'importe quelle mesure ou projection *M* sur la propriété observable de |ψ>, il existe un moyen pour N_i de préparer l'état |ψ>, de le transmettre au nœud N_j afin que soit N_j le mesure selon la projection *M*, soit le déclare perdu.

Au lieu des nœuds classiques, un tel réseau proto-quantique comporte des nœuds quantiques installés tout le long des routes entre les nœuds utilisateurs. Un tel réseau permet une communication directe entre deux parties (cela n'est pas possible dans le réseau pré-quantique). Ainsi, tout protocole standard de distribution quantique de clés permet une communication totalement sécurisée, puisque les nœuds intermédiaires quantiques – contrairement aux nœuds classiques – n'enregistrent pas l'information lors du rafraîchissement du signal.

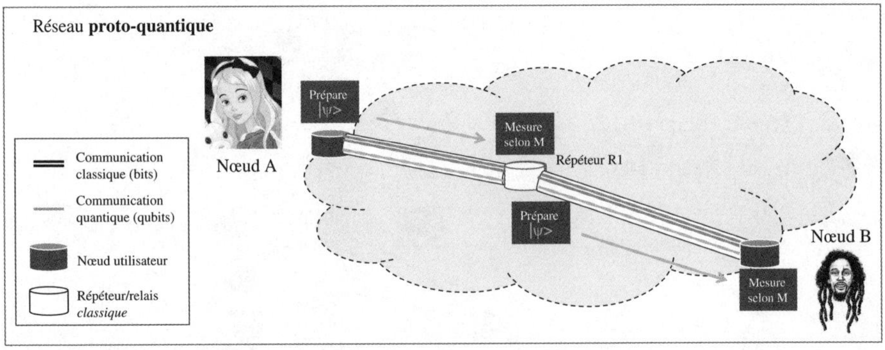

Figure 3.12 – Un réseau QCN qui « prépare et mesure » peut transmettre des qubits de bout en bout.

4.3 Développement d'un réseau de distribution de l'intrication

Cette troisième étape permet la génération et la distribution de l'intrication quantique de bout en bout, ainsi que des mesures locales. Pour deux nœuds d'extrémité quelconques N_i, N_j du réseau (de distribution) d'intrications quantiques :

- ✓ le réseau permet la création d'un état d'intrication maximale|ψ_{ij}> entre N_i, N_j, et transmet aux deux nœuds l'information classique le confirmant (*Heralded Entanglement Generation* ou HEG) ;
- ✓ les nœuds N_i, N_j peuvent effectuer de manière déterministe n'importe quelle mesure d'un seul qubit : M_i et M_j.

« En raison de ces propriétés remarquables, la distribution de l'intrication sera sans doute l'exigence la plus essentielle du futur Internet quantique, avec des avantages économiques potentiels importants facilitant de nombreuses technologies quantiques futures et essentielles telles que la distribution de clés quantiques (E91), la téléportation d'état quantique et, surtout, l'informatique quantique distribuée. » [14]

La figure 3.12 donne l'exemple de la distribution d'une paire intriquée sur chacune des liaisons interconnectant Alice et Bob. Le chapitre 6 décrira la façon avec laquelle le réseau QCN opère pour ainsi établir une intrication de bout en bout $|\psi_{A,B}>$ à partir des intrications distribuées (par exemple les quatre paires sur la figure 6.4, p. 199) : $|\psi_{A,\text{répéteur1}}>$, $|\psi_{\text{répéteur1, répéteur2}}>$, $|\psi_{\text{répéteur2, répéteur3}}>$ et $|\psi_{\text{répéteur3, B}}>$.

4.4 Réseau avec mémoires quantiques

Dans le cas précédent, chaque répéteur quantique qui se situe entre les deux nœuds terminaux détecte les photons intriqués transmis, envoie parfois l'information pour annoncer (*herald*) qu'il les a bien reçus, puis effectue immédiatement des opérations de fusion des paires se terminant chez lui en une seule. Si le temps nécessaire pour aboutir à une intrication de bout en bout entre les nœuds utilisateurs demandeurs (Alice et Bob dans les figures) est supérieur au temps de décohérence des photons reçus, le protocole de distribution de l'intrication doit y pallier en distribuant un très grand nombre de paires sur chaque lien.

Avec la quatrième étape, les nœuds terminaux et les répéteurs disposent d'une mémoire quantique locale permettant de mettre en œuvre des protocoles beaucoup plus complexes, qui nécessitent le stockage temporaire d'un état quantique, le temps qu'aboutissent les multiples communications classiques et quantiques nécessaires à la génération d'une paire de bout en bout (entre Alice et Bob).

4.5 Réseau tolérant aux fautes sur les répéteurs quantiques

Cette étape diffère des précédentes par son exigence concernant l'exécution des opérations locales : il est visé qu'elles puissent être effectuées avec une tolérance aux pannes, ce qui est considérablement plus difficile. La tolérance aux pannes n'est pas nécessaire pour de nombreux protocoles connus de l'Internet quantique, mais la disponibilité d'opérations tolérantes aux pannes sur ses répéteurs permettrait l'exécution de calculs quantiques locaux de plus grande profondeur de circuits ainsi qu'une extension (en théorie) des temps de stockage.

4.6 Réseau permettant le calcul quantique distribué

La dernière étape consiste à interconnecter des ordinateurs quantiques capables d'échanger arbitrairement des communications quantiques. Dans un certain sens, cela rompt avec le paradigme initial de cette feuille de route, selon laquelle l'étape suivante est « un peu plus de la même chose ». Cependant, avec cette étape ultime, nous acquérons réellement une nouvelle capacité : trouver des solutions à des problèmes informatiques qui ne peuvent plus être solutionnés efficacement sur les ordinateurs classiques.

4.7 Feuille de route, en résumé

La figure suivante, extraite des travaux de l'université de Delft [13], résume les six niveaux de service des futurs réseaux de communications quantiques, et les applications ainsi permises :

- ✓ de la mise en place de répéteurs de confiance (ayant en leur possession les clés de chaque bond), à la génération de paires intriquées et au calcul quantique sur chaque nœud du réseau ;
- ✓ de la distribution quantique de clés (QKD) sans sécurité de bout en bout, à des protocoles applicatifs encore dépendants des machines quantiques, jusqu'à des protocoles plus sophistiqués.

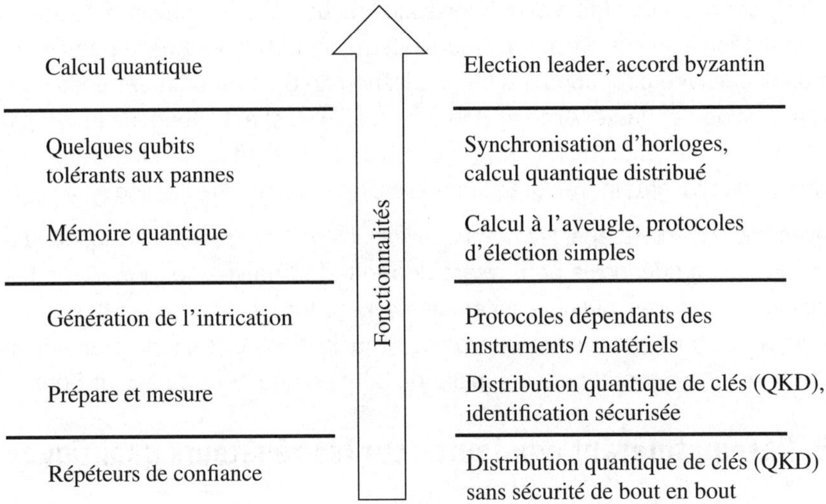

Figure 3.13 – Feuille de route possible pour constituer un réseau QCN.

Les réseaux pro-quantiques constitués de répéteurs de confiance sont déjà là, en cette année 2024. Les expérimentations de réseaux proto-quantiques qui « préparent et mesurent » ont lieu. Les niveaux de service les plus étudiés actuellement sont les 3ᵉ et 4ᵉ : distribuer des paires intriquées sur les liens physiques séparant les nœuds utilisateurs, les mémoriser dans des registres quantiques, le temps d'exécuter le protocole sur un cycle, calculer la route optimale des intrications de bout en bout qui seront recherchées, effectuer les mesures de Bell pour les établir, puis téléporter le qubit applicatif qui attendait. Pour une telle entreprise, il faut savoir surmonter les enjeux ci-dessous :

- ✓ concevoir un système physique capable d'émettre des particules uniques à la demande (en support des qubits utilisateurs) et des paires de photons intriqués à la demande (en support de l'intrication ou des ebits) ;

- ✓ transmettre des ebits sur chaque lien optique, en dépit de la perte et du bruit ;
- ✓ échanger/fusionner les ebits le long des chemins, permettant ainsi la génération de paires intriquées de bout en bout pour chaque ensemble demandeur (chaque couple Alice et Bob) ;
- ✓ téléporter les qubits applicatifs, grâce au réseau des ebits ;
- ✓ transmettre par la voie classique les résultats des opérations de téléportation, permettant ainsi aux destinataires (les différents Bob) de décoder les qubits applicatifs reçus.

Les recherches scientifiques et une proposition de feuille de route sont indispensables, les incitations et les financements gouvernementaux pour y parvenir le sont tout autant. La section suivante balaie les différents plans gouvernementaux visant à développer un tel Internet quantique.

5. LES PROGRAMMES QUANTIQUES DE PAR LE MONDE

Ainsi, il existe une vision du développement de l'Internet quantique par étape. Par ailleurs, des programmes quantiques ont été lancés de par le monde (voir ci-dessous). Quels sont les scénarios possibles ? Les auteurs de [15] développent trois scénarios d'émergence et de contrôle de l'Internet quantique :

- ✓ **Le scénario d'un gouvernement dominant** : un gouvernement bénéficie de pouvoirs de détection, de calcul et de communication améliorés et nouveaux et peut les refuser à d'autres.
- ✓ **Le scénario public/privé** : les technologies quantiques émergent dans les secteurs public et privé ; il y a une large commercialisation. La collaboration est relativement internationale et ouverte.
- ✓ **Le scénario des blocs Est/Ouest** : les secteurs public et privé aux États-Unis et en Europe développent des technologies quantiques en concurrence avec la Chine ; la confidentialité et le contrôle des exportations sont utilisés de manière agressive.

Dans le cas du scénario 1, la détection quantique permettra d'améliorer le renseignement, la surveillance, la reconnaissance, le positionnement, la navigation et le timing, et ces améliorations auront une valeur à la fois stratégique et tactique. Pensez à la gravitation. Grâce à l'interférométrie, nous avons créé des détecteurs d'ondes gravitationnelles extraordinairement sensibles qui sonnent lorsque des trous noirs entrent en collision. Mais une technologie similaire a été déployée en orbite terrestre pour détecter l'emplacement et le mouvement de grandes masses sur Terre. Le petit nombre de pays dotés de programmes de technologie spatiale quantique pourraient être en mesure de développer des plates-formes de détection combinant la détection gravitationnelle et électromagnétique pour détecter non seulement les ressources naturelles souterraines d'autres pays, mais également le matériel. La puissance de détection quantique dépasse les capacités classiques, car le camouflage (hangars d'avions au toit de tôle, dômes en béton ou structures gonflables) et les tactiques telles que l'opération de nuit peuvent masquer le matériel lourd de l'observation satellitaire classique, mais le matériel camouflé aura des signatures détectables à l'aide d'autres technologies de détection.

Ce premier scénario, d'un gouvernement supérieur et dominant, se concentre naturellement sur les développements liés à la sécurité, et la domination du gouvernement prend ainsi une certaine patine. Le scénario dominé par le gouvernement aide à élucider dans quelle mesure des acteurs puissants et dotés de ressources suffisantes pourraient poursuivre un programme de technologie quantique. Cependant, ce scénario ne devrait pas faire oublier un scénario qu'avec les auteurs de [15] nous pensons plus probable : celui où le secteur privé réaliserait des progrès significatifs dans les technologies quantiques et surpasserait les laboratoires gouvernementaux, tout comme il l'a fait dans l'informatique électronique et la cryptographie.

Avec le scénario 2, « l'utilisation médicale des capteurs quantiques pourrait être l'application "tueuse" (*killer application*), avec un marché pour les appareils en établissement et à domicile bien plus important que celui des appareils militaires et du renseignement. Considérez combien de personnes évitent les tests de diagnostic dont nous savons qu'ils sont efficaces en raison des indignités et de la peur associées au processus de test lui-même. Imaginez combien de personnes seraient ravies de remplacer un examen physique inconfortable et invasif par un examen passif effectué par un capteur quantique. L'examen annuel peut inclure une analyse corporelle complète qui pourrait être comparée aux captures précédentes afin de détecter les changements indésirables dans le corps. Bien entendu, les scanners corporels complets sont commercialisés auprès des consommateurs depuis des décennies, mais ceux qui existent déjà irradient le corps, produisent des faux positifs qui entraînent des procédures dangereuses et n'ont pas démontré de bénéfice médical général. La nature passive des capteurs quantiques dotés d'une résolution accrue, associée à une analyse individualisée, offre un scénario avec un diagnostic plus précoce et, nous l'espérons, de meilleurs résultats pour la santé. On pourrait même imaginer un appareil domestique permettant une analyse médicale régulière des individus. Peut-être que les personnes présentant un risque génétique élevé de cancer seraient les premières prêtes à payer pour un tel appareil. Ces personnes pourraient subir un examen quotidien des maladies préoccupantes et être en mesure de prendre d'autres mesures sur le corps. »

Enfin le scénario 3 des blocs Est et Ouest n'est pas nécessairement une dystopie. Vu sous un angle pratique, un concours national de technologie quantique – dans les domaines de la détection, de l'informatique et des communications – est une lutte moins risquée que les affrontements centrés sur les systèmes d'armes. Cela s'apparente davantage à une course à l'espace qu'à une course aux armements, tout comme la compétition entre le Royaume-Uni et l'UE pour des programmes spatiaux souverains. De tels concours nationaux sont également susceptibles de susciter d'énormes investissements publics dans la recherche. Les gouvernements ne pourront pas mener à bien cette recherche seuls ; une grande partie des fonds iront aux universités et au secteur privé. En effet, pour prendre comme exemple la course à l'espace post-Brexit au Royaume-Uni : au lieu de construire son propre programme au prix de milliards, le Royaume-Uni investit dans la société aérospatiale nationale OneWeb. Le secret et le contrôle des exportations seraient l'un des coûts du scénario de concurrence. Ces contrôles pourraient ralentir l'innovation et la démocratisation des technologies quantiques. Ils pourraient également orienter le développement vers des utilisations militaires et de renseignement de la détection quantique et de l'informatique plutôt que vers celles qui profiteront directement aux utilisateurs dans leurs expériences vécues.

5.1 Le programme américain

Le gouvernement américain considère les technologies quantiques dans un double usage (à la fois pacifique et militaire) et dans le but d'obtenir une posture stratégique importante pour les États-Unis d'Amérique. Ceux qui investissent dans le maintien de la supériorité technologique américaine s'inquiètent des progrès des technologies quantiques réalisés à l'extérieur du pays. Le gouvernement américain a promis des milliards de dollars de financement pour la Science de l'information quantique (QIS) et est en train d'attribuer des projets de recherche par l'intermédiaire des agences de recherche des forces armées et des laboratoires nationaux du ministère de l'Énergie. Ce financement, qui représente une approche de politique industrielle forte, stimule la recherche fondamentale et appliquée dans toutes sortes de technologies quantiques. La politique de développement de la technologie quantique est donc à l'image de l'histoire de l'informatique, du programme spatial Apollo et du réseau *Global Positioning Service* – des projets aussi incertains quant à leurs bénéfices que coûteux pour le contribuable. Mais dans chacun de ces projets, des technologies imprévues ont été développées et ont finalement été dévolues au monde des affaires privées et au consommateur moyen.

La Chine et l'Europe voient la seconde révolution quantique (QIS) comme une opportunité de dépasser la supériorité technologique américaine. En particulier, les pays voient dans le déploiement des technologies quantiques une opportunité de contrecarrer les avantages asymétriques que les États-Unis ont acquis en inventant Internet. La recherche de la supériorité implique des thèmes de politique technologique souveraine et, par conséquent, le risque d'une moindre ouverture scientifique.

« Des groupes de recherche en Chine et en Europe ont réalisé des progrès scientifiques fondamentaux dans certains domaines de la technologie quantique, renouvelant les appels en faveur d'investissements publics massifs dans les technologies quantiques de la part des États-Unis et d'autres pays. Les rapports de scientifiques chinois faisant état de capacités sonars et radar améliorées quantiquement ont secoué certains décideurs politiques américains. Parallèlement, l'Allemagne, le Royaume-Uni et l'Union européenne (UE), dans leur ensemble, réalisent également des investissements majeurs dans les technologies quantiques, en mettant souvent l'accent sur les réseaux quantiques et la distribution de clés quantiques. Ce sont des priorités stratégiques, car les communications quantiques pourraient potentiellement réduire l'ouverture des agences de renseignement étrangères. » [15]

5.2 Le programme-cadre (*flagship*) européen

Après le *flagship* concernant le graphène et le projet d'étude du cerveau humain, le *flagship* quantique est la troisième initiative de recherche et d'innovation de ce type, à grande échelle et financée par la Commission européenne. Il a été lancé en 2018 ; « doté d'un budget d'au moins 1 milliard d'euros et sur une durée de 10 ans, ce projet phare rassemble des instituts de recherche, des universités, des industries, des entreprises et des décideurs politiques, dans le cadre d'une initiative conjointe et collaborative d'une ampleur sans précédent ».

Au sein du *flagship* quantique, la mission de l'Alliance Internet quantique (QIA) est de développer un modèle pour un **Internet quantique paneuropéen** basé sur l'intrication, en développant et intégrant tous les sous-systèmes matériels et logiciels fonctionnels. Le plan de travail est basé sur une amélioration méthodique de tous les composants clés – dont beaucoup définissent déjà l'état de l'art mondial – guidée par un processus global de conception des systèmes (comprenant la vérification et la validation).

« L'Alliance Quantum Internet (QIA) vise [le développement d'] un Internet quantique paneuropéen grâce à des avancées technologiques révolutionnaires, aboutissant à la première démonstration expérimentale d'une pile logicielle entièrement intégrée et fonctionnant sur un réseau quantique multi-nœuds. QIA repoussera les frontières de la technologie à la fois pour les nœuds terminaux utilisateurs (qubits d'ions piégés, qubits de diamant NV, qubits d'atomes neutres) et pour les répéteurs quantiques (mémoires basées sur les terres rares, les gaz atomiques ou les «points»/*dots* quantiques). L'alliance démontrera la première intégration des deux sous-systèmes. »

L'objectif du projet est de déployer la distribution de l'intrication et le protocole de téléportation sur trois ou quatre nœuds distants d'un réseau quantique, passant ainsi de simples communications point à point à des échanges multinœuds en réseau. Ainsi il démontrera les principales capacités offertes par des répéteurs quantiques avec mémoire, et aboutira à des démonstrations de principe de répéteurs en chaîne sur de longues distances. Parallèlement au développement matériel, QIA développe une pile logicielle qui fournira un contrôle rapide et réactif et permettra de réaliser tout type d'applications de haut niveau au-dessus d'un logiciel indépendant de la plateforme. Les partenaires industriels de QIA examinent des cas d'utilisation réels des protocoles d'application et leurs exigences matérielles. Ils valideront la pile complète sur un *petit* Internet quantique en effectuant un calcul élémentaire de cloud quantique sécurisé.

Ce projet a reçu le financement du programme de recherche et d'innovation Horizon 2020 de l'Union européenne.

5.3 Le Plan quantique français

Quant au Plan quantique français, trois ans après son lancement officiel par le président de la République en janvier 2021, il prend forme. Le 9 janvier 2020, la députée Paula Forteza avait soumis au Gouvernement français un rapport commandé par le Premier ministre concernant la technologie quantique. Ce rapport a conduit à l'annonce, le 21 janvier 2021, par le président Emmanuel Macron, d'un plan de financement de 1,8 milliard d'euros, dont 1 milliard de l'État. Et un premier programme de 150 millions d'euros a été officialisé en septembre 2022 par la ministre de l'Enseignement supérieur, de la Recherche et de l'Innovation. Piloté par le CNRS, le CEA et l'Inria, il se focalise sur quatre grands axes : les qubits à l'état solide, les atomes froids, l'algorithmique quantique et les concepts de rupture en cryptographie (post-quantique).

« Les premiers fonds d'investissement plus ou moins spécialisés dans les technologies quantiques ont déjà vu le jour. Le plus connu est français ! Quantonation est un fonds d'amorçage français créé par Charles Beigbeder et géré par Christophe Jurczak, un physicien et ancien thésard d'Alain Aspect passé ensuite par le secteur privé, notamment aux USA. Ils ont déjà investi dans une douzaine de startups dont Pasqal (France, calculateurs quantiques à base d'atomes froids), Quantum Benchmark (Canada, logiciel), CryptoNext Security (France, logiciels de cryptographie post-quantique), et Quandela (France, source de photons uniques). » [16]

Ainsi, la France dispose d'un large éventail d'activités de recherche et d'industrie dans le domaine des technologies quantiques. La recherche publique est organisée autour du CNRS, du CEA et de l'Inria :

- ✓ le CNRS menant de la recherche fondamentale en physique, en mathématiques et en algorithmique ;
- ✓ le CEA faisant également de la recherche fondamentale en physique, notamment sur les qubits supraconducteurs, et de la recherche appliquée sur les qubits à spins d'électrons en technologie CMOS ainsi que sur la photonique ;
- ✓ enfin, l'Inria menant des recherches en informatique quantique, sur la correction d'erreur quantique (*Quantum Error Correction* ou QEC), la cryptographie et les algorithmes quantiques.

Du côté des startups et PME, la France compte environ trente-cinq acteurs (à date). Olivier Ezratty précise : « ceux qui planchent sur la création d'ordinateurs quantiques sont Alice&Bob (qubits de chat), C12 (qubits de spins d'électrons de nanotubes de carbone), Pasqal (qubits d'atomes froids) et Quandela (sources de photons uniques et qubits de photons) ».

Parmi les grandes entreprises françaises qui ont pris le virage, se trouvent Atos (logiciels, émulateurs, accélérateurs quantiques), Thales (capteurs quantiques), Air Liquide (cryogénie), EDF et l'opérateur Orange (distribution quantique de clés QKD sur des liaisons point à point).

En résumé

Avec l'arrivée des calculateurs quantiques capables de factoriser bien plus rapidement un très grand nombre entier en nombres premiers, les communications de l'Internet actuel, basées sur des protocoles de cryptographie comme RSA, ne seront bientôt plus sécurisées. La première *killer application* d'un Internet pré-quantique ou proto-quantique est la distribution quantique de clés secrètes (QKD).

Néanmoins, alors que ces réseaux proto-quantiques non intriqués ne peuvent fournir que ce service supplémentaire aux réseaux traditionnels et sur de courtes distances (grâce à la communication quantique point à point), la structure des réseaux quantiques intriqués permettra de construire un réseau des réseaux plus complexe, permettant d'atteindre un bien plus grand nombre d'utilisateurs. Ce sera l'Internet quantique.

Dans ce scénario, la technologie cœur est l'intrication, celle de deux qubits portée par des états quantiques de Bell ou celle de trois ou plus qubits portée par des états quantiques multipartites. L'objectif principal est de fournir une structure de réseau connectant les ordinateurs quantiques ou hôtes (les utilisateurs) et d'établir des communications quantiques de longue distance, fiables et sécurisées.

Une feuille de route pour le construire, étape par étape, a été proposée et est maintenant admise, approuvée.

Depuis le rapport 2020 et le lancement officiel du Plan quantique français en janvier 2021, acteurs de la recherche publique, start-ups/PME et quelques premières grandes entreprises françaises se sont lancés dans l'aventure.

4 Les nœuds d'un réseau Internet quantique

Objectifs

Internet va donc devoir se doter d'une facette quantique ; certains réseaux (réseaux locaux, métropolitains ou de longue distance) que la toile interconnecte vont petit à petit se doter de fonctionnalités de calcul, de transmission, de détection et de mesure quantiques pour devenir des réseaux de communications quantiques (QCN).

Quels sont les nœuds d'un tel réseau ? Ce sont les nœuds hôtes ou utilisateurs (à terme, majoritairement des ordinateurs quantiques), des mémoires quantiques, des répéteurs/routeurs, des serveurs centraux orchestrant le fonctionnement du tout, des générateurs d'intrication et des instruments de mesure.

L'objectif de ce chapitre 4 est de les présenter avec détails.

Un réseau de communications quantiques (QCN), constitutif de l'Internet quantique, est aussi représenté parfois par un graphe non orienté $G = (V, E)$ comprenant deux ensembles (voir la figure 4.1 b) :

- ✓ l'ensemble V contenant les sommets (*vertices)* du graphe, c'est-à-dire les nœuds $\{n_i\}$ du réseau ;
- ✓ l'ensemble E contenant les arêtes (*edges*), chacune étant associée à un couple (n_i, n_j) ou une paire $\{n_i, n_j\}$ de sommets $(n_i, n_j \in V)$.

Chaque nœud n_i possède ou non des mémoires quantiques (constituées par exemple de systèmes à atomes froids). Deux nœuds n_i et n_j sont reliés par une arête $(n_i, n_j) \in E$ s'il existe un canal ou un lien quantique $\mathcal{N}_{ij}$ entre eux ($\mathcal{N}$ comme canal de transmission avec bruit : *Noisy*).

En simulant chaque canal $\mathcal{N}_{ij}$ avec un état de ressources $|\psi_{ij}>$ (une ou plusieurs paires intriquées), nous simulons l'ensemble du réseau QCN par un ensemble d'états de ressources intriquées $|\psi_{QCN}> = \{|\psi_{ij}>, \quad i, j \in [1, |V|]\}$.

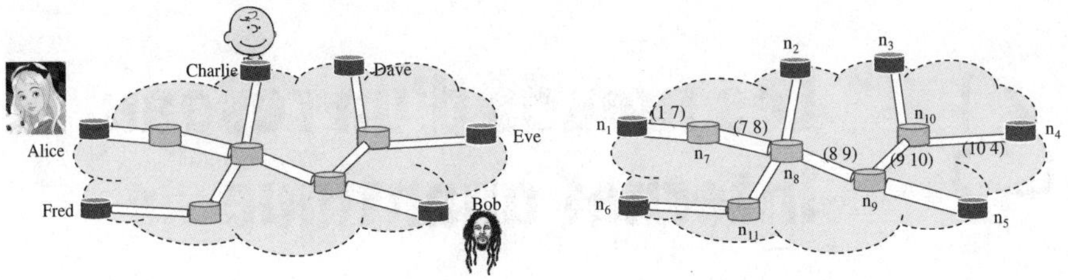

Figure 4.1 – Représentation d'un réseau quantique (a) avec ses utilisateurs ; (b) par un graphe $G = (V, E)$.

Ici, chaque arête $N_{ij} \in E$ est un canal optique avec bruit et donc avec pertes ; sa longueur est L_{ij} (en kilomètres) et sa transmissivité η_{ij} est proportionnelle à $e^{\alpha L_{ij}}$. Dans d'autres réseaux QCN, certaines arêtes sont des liaisons par satellite dans l'espace libre (ce que nous ne considérons pas ici, sans que cela ne nuise aucunement aux propos).

Ci-dessous sont données deux façons par exemple de représenter le graphe de la figure 4.1, dans le langage python :

Graphe $G_1 = (V,E)$

```
G = [
[1, 2, 3, 4, 5, 6, 7, 8, 9, 10, 11],
[[1,7], [2,8], [3,10], [4,10], [5,9], [6,11], [7,8], [8,9], [8,11], [9,10]
]
```

Graphe G_2

```
G = [
[1,[7]], [2,[8]],
[3,[10]], [4,[10]], [5,[9]], [6,[11]], [7,[1,8]], [8,[2,7,9,11]],
[9,[5,8,10]], [10,[3,4,9]], [11,[6,8]]
]
```

Ce chapitre propose de décrire les différents types de nœuds quantiques n_i d'un réseau QCN.

Tableau 4.1.

Réseau QCN Local	Réseau QCN Métropolitain / Longue Distance
Nœud hôte ou utilisateur	Nœud hôte ou utilisateur
Mémoire quantique	Mémoire quantique
	Répéteur quantique
Fonction de distillation de l'intrication	Fonction de distillation de l'intrication
Générateur de photons intriqués	Générateur de photons intriqués

Réseau QCN Local	Réseau QCN Métropolitain / Longue Distance
Détecteurs de photons	Détecteurs de photons
Orchestrateur	Orchestrateur
Transducteur/instrument de mesure	Transducteur/instrument de mesure
Fonction de synchronisation	Fonction de synchronisation
	Infrastructure optique existante

1. NŒUD HÔTE OU UTILISATEUR

Pour commencer, un nœud hôte quantique est l'ordinateur ou la plateforme quantique à partir de laquelle un utilisateur (A comme Alice, B comme Bob…) agit ou l'application utilisatrice (une distribution quantique de clés) s'exécute. Selon le niveau d'avancement de la construction du réseau de communications quantiques (voir le chapitre 3, § 4. Définition et développement de l'Internet quantique, p. 113), le nœud hôte peut contenir :

- ✓ une application de génération aléatoire de bits et de codage en qubits, pour des réseaux pro- et proto-quantiques ;
- ✓ potentiellement des détecteurs de photons ;
- ✓ des fonctionnalités de mesure projective ;
- ✓ la capacité d'effectuer les opérations quantiques de téléportation, pour des réseaux basés sur l'intrication ;
- ✓ des registres de mémoire quantique pour les réseaux quantiques de niveau 4 ;
- ✓ des capacités de traitement quantique pour les réseaux de niveau 6 – c'est alors un ordinateur quantique.

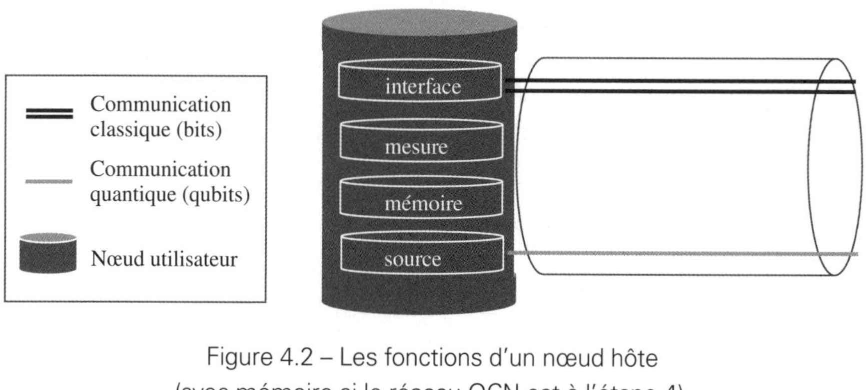

Figure 4.2 – Les fonctions d'un nœud hôte (avec mémoire si le réseau QCN est à l'étape 4).

La plupart des exemples et illustrations consisteront à décrire comment Alice ou le nœud hôte n_A procède pour transmettre à un destinataire Bob ou à plusieurs, une séquence de *n* qubits applicatifs : $|q>^{\otimes n}$, que cette séquence représente une clé cryptographique, le résultat intermédiaire d'un calcul quantique ou l'information de perturbations détectée par un capteur quantique et à transmettre.

Dans le cas d'un réseau de communications quantiques QCN utilisé pour du calcul quantique distribué, ces nœuds hôtes sont donc des ordinateurs quantiques… universels. Notons ici que l'ordinateur quantique universel n'existe pas encore. Seuls des prototypes de calculateurs quantiques ont été mis au point, notamment par Google (Sycamore) et IBM (système IBM Quantum). Pour donner un ordre de grandeur, un ordinateur classique est doté de processeurs de plusieurs milliards de bits (0 ou 1) quand les prototypes quantiques manipulent moins d'une centaine de qubits (en 2023). Le prototype Sycamore de Google, par exemple, possédait seulement 53 qubits en 2022-2023. Par ailleurs, ces prototypes sont encore sujets à des erreurs de calculs, ce qui rend impossible pour l'instant l'exécution d'algorithmes quantiques vraiment utiles.

2. SOURCE D'INTRICATION

Un réseau de communications quantiques QCN, constitutif du futur Internet quantique, requiert que des générateurs de paires intriquées soient déployés le long de chaque arête $\mathcal{N}_{ij}$ entre les nœuds (n_i, n_j). Chaque générateur distribue des paires, par exemple dans l'état de Bell $|\psi^+>$

$$|\psi^+_{ij}> = \frac{1}{\sqrt{2}}(|0_i0_j> + |1_i1_j>)$$

puis, grâce à des opérations de transformation de toutes les paires (n_i, n_j) le long de la route entre le nœud d'Alice et celui de Bob, une paire intriquée $|\psi^+_{AB}> = \frac{1}{\sqrt{2}}(|0_A0_B> + |1_A1_B>)$ est finalement rendue disponible entre n_A et n_B, permettant la téléportation d'un des *n* qubits $|q>^{\otimes n}$ détenus par le nœud n_i émetteur (Alice).

Lorsque le générateur d'intrications émet et distribue une succession de *k* paires sur le canal (n_i, n_j), nous considérerons la matrice densité de l'ensemble des états quantiques émis sur la même liaison :

$$\rho_{ij}^{\otimes k} = \rho_{ij}^{(1)} \otimes \rho_{ij}^{(2)} \otimes \ldots \otimes \rho_{ij}^{(k)}.$$

À la création de la paire dont l'état est pur, chaque matrice densité $\rho_{ij}^{(1)}$ ou $\rho_{ij}^{(k)}$ est en fait l'opérateur hermitien $|\psi^+_{ij}><\psi^+_{ij}|$.

Après la distribution des éléments de la paire sur les nœuds n_i, n_j, l'état de la paire peut ne plus être dans un état pur, et sa matrice densité devient alors un peu plus compliquée (voir le chapitre 2, § 6.3. Fidélité de la transmission, p. 82).

2.1 Trois schémas possibles

Il existe trois schémas [1] de base pour la génération de l'intrication, grâce à l'action coordonnée des deux nœuds aux deux extrémités du lien (n_i, n_j) :

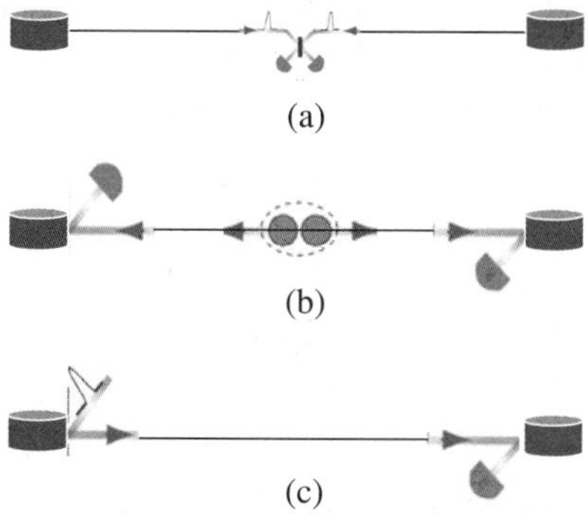

Figure 4.3 – Trois schémas de génération de paires intriquées (a) sources aux deux extrémités ; (b) source à mi-chemin ; (c) source « à la source ».

(a) **« Aux deux extrémités »** : dans ce schéma (a), les deux nœuds envoient un qubit volant qui est intriqué avec l'un de leurs qubits de matière. Un détecteur quelque part entre les nœuds effectue une mesure conjointe sur les qubits volants, qui projette de manière stochastique les qubits de matière, distants, dans un état quantique intriqué. Le détecteur sait si l'intrication a réussi et est capable d'annoncer une génération réussie de l'intrication (HEG) en envoyant un message à chaque nœud via le canal classique.

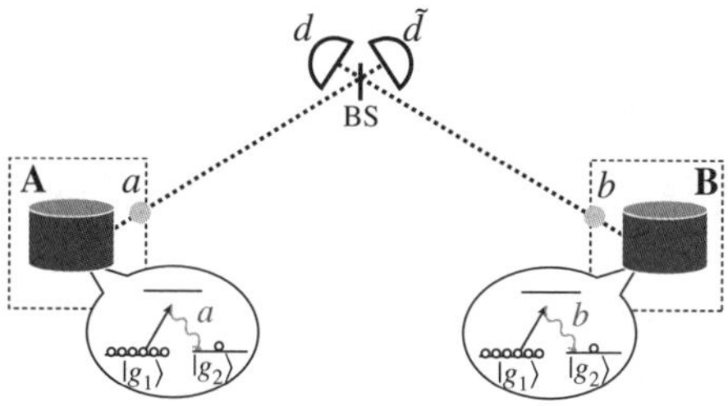

Figure 4.4 – Zoom sur le schéma de génération d'une paire intriquée de type (a), « aux deux extrémités ».

(b) **« À mi-chemin »** : dans ce schéma (b), la source de paires de photons intriqués (n_i, n_j) est située à mi-chemin entre les deux nœuds et envoie un photon intriqué via un canal quantique, vers chacun des nœuds. Là, des transducteurs sont invoqués pour transférer l'intrication des qubits volants (c'est-à-dire portés par les photons) aux qubits portés par la matière (gaz d'atomes, ions piégés) sur chaque nœud hôte. Dans ce schéma, les transducteurs savent si les transferts ont réussi et sont capables d'annoncer une génération puis distribution réussie de l'intrication (*Heralded Entanglement Generation* ou HEG) via un échange de messages sur le canal classique.

Le schéma « source médiane/à mi-chemin » est plus robuste à la perte de photons, mais dans les autres schémas, les nœuds conservent un plus grand contrôle sur la génération des paires intriquées.

(c) **« À la source » :** dans ce schéma (c), l'un des deux nœuds (par exemple le nœud associé à Alice) envoie un qubit volant (porté par un photon) qui est intriqué avec l'un de ses qubits de matière. Un transducteur à l'autre extrémité de la liaison transférera l'intrication du qubit volant vers l'un de ses qubits de matière. Tout comme dans le schéma précédent, le transducteur sait si son transfert a réussi et est capable d'annoncer une génération réussie de l'intrication avec un message classique envoyé à l'autre nœud.

> Notons que même si les photons se déplacent dans une direction particulière à travers le canal quantique, la paire de qubits intriqués résultante n'a pas de direction qui lui est associée. Physiquement, il n'y a pas d'extrémité amont ou aval de la paire.

2.2 Types de sources

Une source d'intrication peut être « un laser hautement atténué qui émet des photons monochromatiques individuels, le canal pouvant être une fibre optique et le récepteur pouvant être une cellule photoélectrique. Ou encore, la source pourrait être un ensemble d'ions dans un ordinateur quantique à ions piégés qui ont été préparés par une séquence d'impulsions laser dans un état intriqué, et le récepteur, un microscope pour lire les états des ions via la fluorescence induite par laser. » [2]

En fait, pour générer des paires de photons intriqués, il existe diverses approches :

✓ soit l'on utilise des systèmes quantiques isolés qui ne peuvent émettre qu'un **seul photon à la fois**, lequel traverse ensuite un cristal capable d'en créer **deux**, tout en conservant l'énergie initiale (voir la figure 4.5 a).

« Alors que les systèmes quantiques isolés sont souvent appelés sources déterministes (car ils peuvent, en principe, produire un photon unique à la demande sans autre bruit ni termes photoniques d'ordre supérieur), en pratique, il existe toujours un certain niveau de bruit résiduel et l'efficacité de la collection de photons est inférieure à 100 %. La différence entre les sources déterministes et à la demande est que les premières produisent des photons à certains moments fixes, tandis que les secondes peuvent les produire à des moments arbitraires. » [3] ;

✓ soit l'on utilise des sources qui émettent des photons **par paires**, de sorte que la détection d'un des deux photons (*ancillary*) annonce l'existence du deuxième photon (voir la figure 4.5 b) ;

✓ soit l'on multiplexe les sources, par exemple spatialement comme illustré sur la figure qui suit (voir la figure 4.5 c).

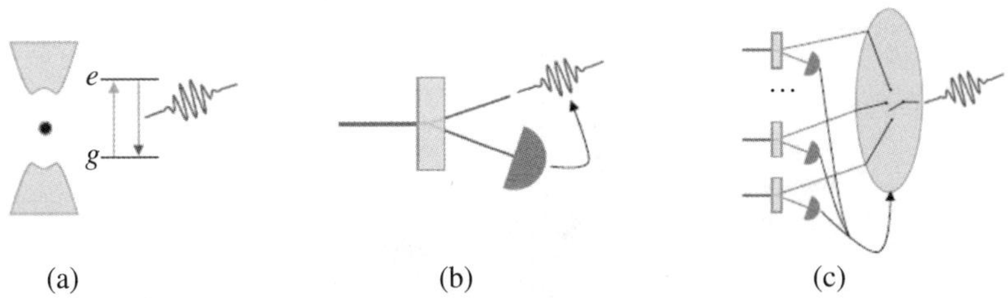

Figure 4.5 – Trois types de sources de photons à l'unité :
(a) un seul photon à la fois ; (b) une paire dont un photon auxiliaire ;
(c) multiplexage (spatial, temporel, en fréquence).

Pour générer des paires de photons intriqués, la plupart des expérimentations utilisent actuellement la « conversion paramétrique descendante spontanée »' (*Spontaneous Parametric Down-Conversion* ou SPDC), c'est-à-dire des systèmes quantiques isolés que l'on duplique lors de la traversée d'un cristal (cas b de la figure 4.5 et figure 4.6).

L'idée de base derrière la conversion SPDC est la suivante : un photon issu d'une pompe à haute énergie arrive sur un cristal non linéaire. Un choix populaire de matériau pour le cristal est le borate de baryum bêta, ou BBO en abrégé. Le photon « pompe » interagit avec les atomes à l'intérieur du cristal non linéaire et se transforme en deux photons de plus faible énergie. Ces photons sont souvent appelés le signal et l'utilisateur. « Spontanée » signifie que le processus n'est pas stimulé. Dans un processus spontané, aucune autre entrée n'est nécessaire, seulement le photon entrant de haute énergie qui est converti en deux photons d'énergies inférieures. « Paramétrique » signifie que l'ensemble du processus ne dépend pas seulement de l'intensité du champ électrique mais également de la phase du champ. Dans le contexte du SPDC, cela signifie qu'il existe une relation entre les champs électriques d'entrée et de sortie.

Une source idéale générant des photons uniques est celle qui produit un seul photon à chaque fois qu'un photon est nécessaire, et dans un mode unique connu, ce mode devant être identique à chaque fois. C'est ce qu'on entend par **source mono-photonique à la demande**. Le problème est que la source produit souvent plus d'un photon à la fois ou, qu'une fois produit, l'état du photon subit toujours une perte optique non nulle avant d'atteindre le récepteur, ou une transformation qui aboutit à un état contenant à la fois des composants multi-photoniques et le photon unique souhaité.

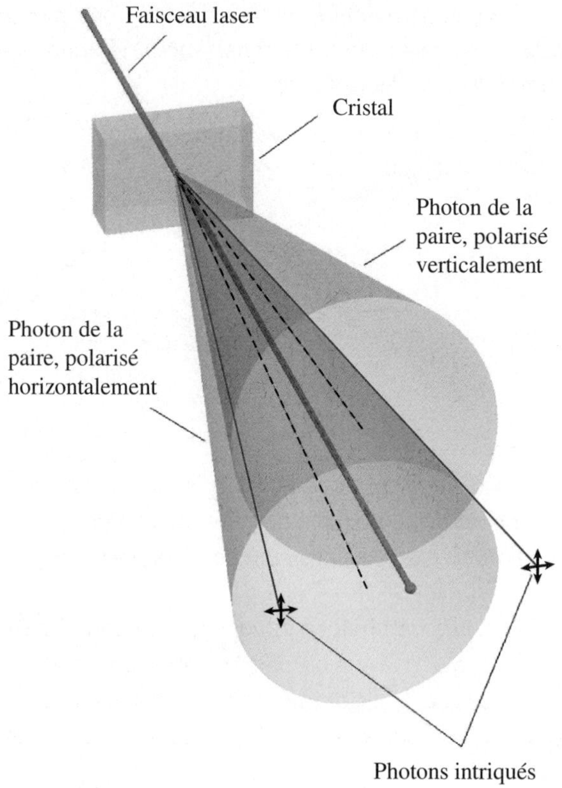

Figure 4.6 – Un générateur de paires intriquées utilisant la conversion SPDC.

2.3 Sources émettant des photons à la demande

Concevoir et construire un dispositif de génération de photons à l'unité et à la demande nécessite de surmonter le problème bien connu de la basse température. Taishi Takenobu, co-auteur d'une étude de 2021 [4], explique que de tels dispositifs seront bientôt possibles, à température ambiante : « notre utilisation de semi-conducteurs monocouches déformés est la première démonstration d'un dispositif électroluminescent capable de générer et de commuter électriquement une lumière polarisée circulairement vers la droite et vers la gauche à température ambiante ».

Les particules lumineuses ou photons ont des propriétés intéressantes qui peuvent être exploitées pour stocker et transporter des données et sont extrêmement prometteuses pour une utilisation en informatique quantique. Pour que cela se produise, les informations sont d'abord stockées par exemple dans des électrons qui interagissent ensuite avec la matière pour générer des photons porteurs de données.

Les informations peuvent être codées dans la direction du spin d'un électron, tout comme elles sont stockées sous la forme de 0 et de 1 dans les bits des ordinateurs. Les données peuvent également être stockées lorsque les électrons occupent des « vallées » situées dans les bandes d'énergie entre lesquelles ils se déplacent lorsqu'ils tournent autour d'un atome. Lorsque ces électrons interagissent avec des matériaux émetteurs d'une lumière spécifique, ils génèrent une lumière polarisée en « vallée chirale tordue » (*twisted chiral valley*), ce qui montre le potentiel de stockage de grandes quantités de données.

Cependant, jusqu'à présent, les scientifiques ne réussissaient à générer ce type de lumière polarisée circulairement qu'à l'aide d'aimants et à des températures très froides, ce qui rendait la technique peu pratique pour une utilisation généralisée. Les physiciens appliqués de l'Université de Nagoya, Taishi Takenobu et Jiang Pu, ont dirigé une équipe de scientifiques pour développer une approche à température ambiante, contrôlée électriquement et générant cette lumière polarisée par « vallée chirale ».

Tout d'abord, ils ont développé une monocouche de disulfure de tungstène semi-conducteur sur un substrat en saphir et l'ont recouverte d'un film de gel ionique. Des électrodes ont été placées à chaque extrémité de l'appareil et une petite tension a été appliquée. Cela générait un champ électrique et produisait finalement de la lumière. L'équipe a découvert qu'une lumière chirale était observée entre – 193°C et la température ambiante dans les parties du dispositif où le substrat en saphir était naturellement contraint à la suite du processus de synthèse. Toutefois, il ne pouvait être généré qu'à partir de zones sans contrainte, à des températures beaucoup plus froides. Les scientifiques ont conclu que la contrainte jouait un rôle crucial dans la génération de lumière polarisée par vallée à température ambiante. Ils ont ensuite fabriqué une platine de pliage sur laquelle ils ont placé un dispositif au bisulfure de tungstène sur un substrat en plastique. Ils ont utilisé l'étape de flexion pour appliquer une contrainte à leur matériau, envoyant un courant électrique dans la même direction que la déformation et en générant une lumière polarisée en vallée à température ambiante. L'application d'un champ électrique au matériau a fait passer la lumière chirale d'un mouvement dans une direction à une direction dans l'autre. « Notre utilisation de semi-conducteurs monocouches contraints est la première démonstration d'un dispositif électroluminescent capable de générer et de commuter électriquement une lumière polarisée circulairement vers la droite et vers la gauche à température ambiante », explique T. Takenobu [4].

2.4 Sources émettant des électrons à la demande

Certains réseaux QCN utiliseront peut-être des électrons pour porter les éléments d'information quantique d'un nœud à l'autre. Que peut-on dire des sources mono-électroniques ?

Les plus prometteurs semblent émerger de l'optique quantique électronique [5] :

« L'optique quantique électronique est une nouvelle perspective sur le transport quantique électronique qui vise à comprendre le comportement des électrons dans les conducteurs quantiques balistiques en utilisant des paradigmes et des méthodes d'optique quantique. Ce domaine a émergé du développement de la nanoélectronique quantique cohérente au cours des années 90, de la démonstration d'interféromètres électroniques dans les canaux quantiques de bord Hall et enfin de la réalisation de sources mono-électroniques à la demande. Il est important de noter que l'introduction de sources mono-électroniques a catalysé le passage des questions sur les statistiques de charge circulant à travers un conducteur quantique à des questions sur les fonctions d'onde des excitations élémentaires portant la charge. Cela a naturellement conduit à la transposition des concepts de l'optique quantique photonique introduits dans les années 60 par Glauber vers la nanoélectronique quantique cohérente, donnant ainsi naissance aux concepts centraux de cohérence électronique ».

« Historiquement, l'approche de la théorie de la diffusion du transport quantique avait déjà souligné l'importance des concepts d'optique dans le transport électronique. Cependant, l'optique quantique électronique diffère de l'optique quantique photonique en raison de la statistique de Fermi des électrons qui modifie la nature de «l'état de vide» de référence lorsque toutes les sources sont éteintes. Comprendre et étendre les concepts de l'optique quantique en présence de tels vides non triviaux a également été une motivation pour développer l'optique quantique électronique. Plus important encore, les électrons sont des particules chargées interagissant via des interactions coulombiennes. Comme l'ont souligné M. Buttiker et ses collaborateurs, cela joue un rôle crucial dans le transport quantique à haute fréquence en renforçant la conservation des charges et l'invariance de jauge. Les interactions coulombiennes soulèvent également la question fondamentale du devenir des quasi-particules électroniques dans un métal, qui fut le point de départ de la théorie des liquides de Landau-Fermi ».

2.5 Intrication quantique *as a service*

Commencent à voir le jour des entreprises visant le développement de sources d'intrication centralisées, *as a service*.

L'une d'entre elles, la société de réseaux quantiques Aliro Quantum, est alimentée par plusieurs contrats récents de l'US Air Force d'une valeur allant jusqu'à 100 000 $. Son objectif est de permettre la distribution d'états quantiques intriqués entre les nœuds. Sa plateforme Quantum EaaS (*Entanglement as a Service*) connecte les utilisateurs de réseaux quantiques avec des bits quantiques intriqués appelés qubits, en toute sécurité, sur de longues distances. L'EaaS est « la technologie clé pour les réseaux sécurisés impiratables d'aujourd'hui et l'Internet quantique de demain ».

Le plan de contrôle logiciel et la technologie de simulation d'Aliro constituent la base de l'activation de l'EaaS sur les réseaux quantiques d'aujourd'hui, a indiqué la société.

3. MÉMOIRE QUANTIQUE (MQ)

La mémoire quantique est importante dans le traitement et la communication de l'information quantique, pour plusieurs raisons :

- ✓ elle fournit un dispositif de première synchronisation permettant de faire correspondre divers processus au sein d'un ordinateur quantique ;
- ✓ elle implémente une porte quantique « Identité » qui laisse tous les états inchangés et un outil pour convertir la réception des informations quantiques en une annonce classique de bonne réception des photons (*Heralded Entanglement Generation*) ;
- ✓ elle est essentielle à la mise en œuvre de communications quantiques de longue distance utilisant des répéteurs quantiques (quatrième étape de la feuille de route proposée au chapitre 3, § 4.4. Réseau avec mémoires quantiques, p. 117).

C'est cette dernière raison qui nous intéresse principalement dans cet ouvrage.

◆ *Mémorisation des qubits applicatifs*

La première utilisation à laquelle nous serons confrontés dans un réseau de communications quantiques consistera à vouloir stocker, dans une mémoire quantique à *n* registres, les *n* qubits $|\boldsymbol{q}>^{\oplus n}$ issus du calcul sur le nœud émetteur, le temps de générer les paires intriquées de bout en bout puis d'appliquer les opérations de téléportation une à une, qubit q par qubit q. La mémoire requise ici sera plus probablement fournie avec l'ordinateur quantique du nœud émetteur (Alice).

◆ *Mémorisation des qubits intriqués d'une liaison quantique*

La seconde utilisation consistera à devoir mémoriser les deux éléments d'une paire intriquée ϕ_{ij}, l'un distribué et stocké dans la mémoire quantique du nœud n_i, le second dans celle du répéteur n_j.

Pour ce faire, il peut être utilisé les mémoires à retard optique *(optical delay line) :*

« L'approche la plus simple du stockage de la lumière est une ligne à retard optique, par exemple une fibre optique. Cette approche a été utilisée pour synchroniser les photons avec l'apparition de certains événements. Cependant, le demi-temps lié au stockage, c'est-à-dire le temps au bout duquel la moitié des photons est perdue, est limité à environ 70 µs dans le cas de fibres de longueur d'onde de 1,5 µm, ce qui correspond à une longueur de fibre d'environ 15 km. » [3]

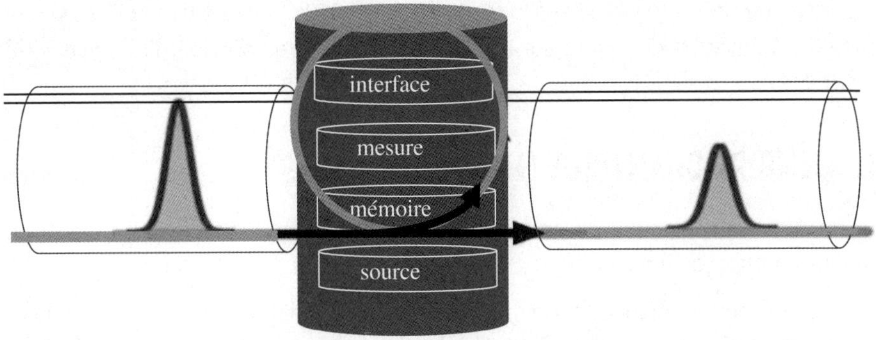

Figure 4.7 – L'impulsion optique est divisée en une partie transmise et une partie modifiant l'état collectif de la mémoire.

Une autre approche, plus prometteuse, est d'utiliser des systèmes quantiques différents pour la communication (les qubits dits « volants ») et pour la mémorisation, le stockage. Le système support d'un qubit volant est généralement le photon, alors que celui pour le qubit stocké est un ion piégé ou un atome froid. Le problème est de réussir à « transférer un qubit aux degrés de liberté photoniques d'un champ électromagnétique vers un emplacement de stockage plus permanent, où la superposition réside dans d'autres degrés de liberté » [6].

Formulé autrement, la mémorisation consistera ici à transformer le produit tensoriel de l'état $|\psi_{q>photon}$ d'un photon (encodant l'élément quantique $|q>$) et l'état à zéro $|0>$ d'un atome froid, en un produit tensoriel de l'état zéro du photon et l'état atomique $|\psi_{q>\ atomique}$:

$$|\psi_{q>photon} \otimes |0>_{registre} \quad \rightarrow \quad |0>_{photon} \otimes |\psi_{q>registre}.$$

La plupart des mécanismes d'interface quantique entre matière et lumière utilisent des champs lasers classiques et manipulent des impulsions de lumière dans des milieux optiquement denses tels que des gaz atomiques ou dans des impuretés incorporées dans un matériau solide. Le défi consiste à cartographier une impulsion de signal entrant en une cohérence atomique à longue durée de vie (appelée onde de spin), afin qu'elle puisse être récupérée ultérieurement « à la demande » avec la plus grande efficacité possible.

Pour mémoriser les éléments d'une paire intriquée selon ces mécanismes d'interface matière-lumière, deux types de mémoire quantique émergent principalement :

✓ les mémoires de type **adiabatique** qui transforment lentement les degrés de liberté du photon en degrés du matériau fixe, éliminant l'absorption ; ce sont par exemple les technologies de transparence induite électromagnétiquement (EIT) ou de diffusion de Raman hors résonance :

$$|\psi_{>registre} \approx (|g> - |s>) ;$$

✓ les mémoires dites **rapides**, qui utilisent l'absorption pour faire changer d'état l'ensemble des atomes :

$$|\psi>_{\textbf{registre}} \approx \Sigma c_i e^{i\Delta i} |g_1^{(1)} \otimes g_1^{(2)} \otimes \ldots \otimes g_2^{(i)} \otimes \ldots \otimes g_1^{(N)}>.$$

Des exemples de technologie de mémoire quantique sont donnés sur la figure 4.7b : ensemble à atomes froids, solides dopés aux ions, cavité avec vacances dans un cristal de diamant.

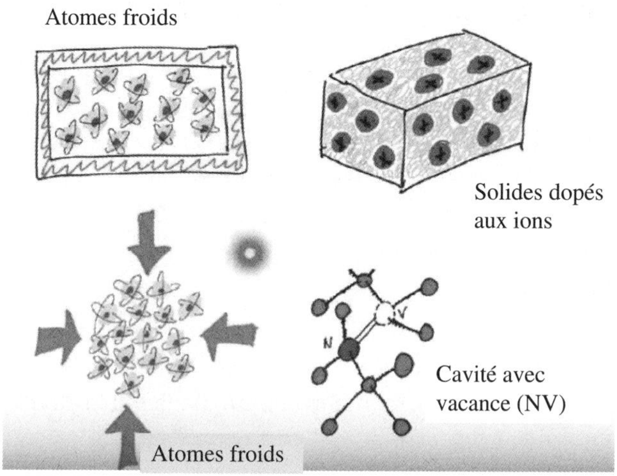

Figure 4.7b – Les mémoires quantiques requièrent une interaction sous contrôle entre le signal porteur de l'information et les degrés de liberté du matériel physique servant de mémoire.

Dans tous les cas, la technologie doit permettre de contrôler l'interaction entre le porteur de l'information (par exemple $|\psi>_{photon}$) et les degrés de liberté du support matériel qui mémorise l'information (par exemple $|\psi>_{atomique}$). C'est la difficulté, abordée dans le chapitre 1, § 2. Superposition ou décohérence, p. 14, à propos du passage d'un système fermé et cohérent $|\psi>_{photon}$ à un système ouvert, sans décohérence, c'est-à-dire sans perte de sa superposition.

Si l'état quantique du photon est $|\psi>_{photon} = a|0> + b|1>$ et si l'interaction avec le support matériel appelé mémoire conduit à l'état

$$|\psi>_{photon} \otimes |0>_{atomique} \rightarrow |0>_{photon} \otimes |\psi>_{atomique}$$

quelle superposition de l'état mémorisé $|\psi>_{atomique} = \alpha'|0> + \beta'|1>$ a été réellement obtenue ? Peut-on obtenir une fidélité :

$$F = <\psi_{photon}|\rho_{atomique}\, |\psi_{photon}> = 1 \ ?$$

$$\alpha' = \alpha \text{ et } \beta' = \beta \ ?$$

Les retours d'expérience et les publications en référence ci-dessous montrent que ce n'est pas encore le cas ; chaque plateforme physique est soumise au bruit. La mémoire de type « ensemble gazeux d'atomes » souffre d'un élargissement Doppler alors que celle de type « ion piégé » ou « cavité solide » souffre d'un couplage de phonons important.

Les sections qui suivent zooment sur quelques technologies de mémoire quantique.

3.1 MQ à base des ions piégés dans une cavité

Les ions piégés ont été l'un des premiers systèmes proposés pour le calcul quantique. Depuis lors, de nombreuses expériences ont été réalisées, démontrant que ce sont des ingrédients clés de l'informatique quantique, notamment pour la réalisation de portes logiques quantiques, la création d'une intrication multi-qubits, ou la réalisation de la téléportation quantique de qubits atomiques. De plus, des intrications ion-photon ont aussi été créées puis utilisées pour intriquer des ions distants.

Une équipe du CNRS [7] a montré que le taux de distribution de l'intrication permise par des répéteurs basés sur des ions piégés est significativement supérieur à celui que permettent les répéteurs à base d'ensemble atomique.

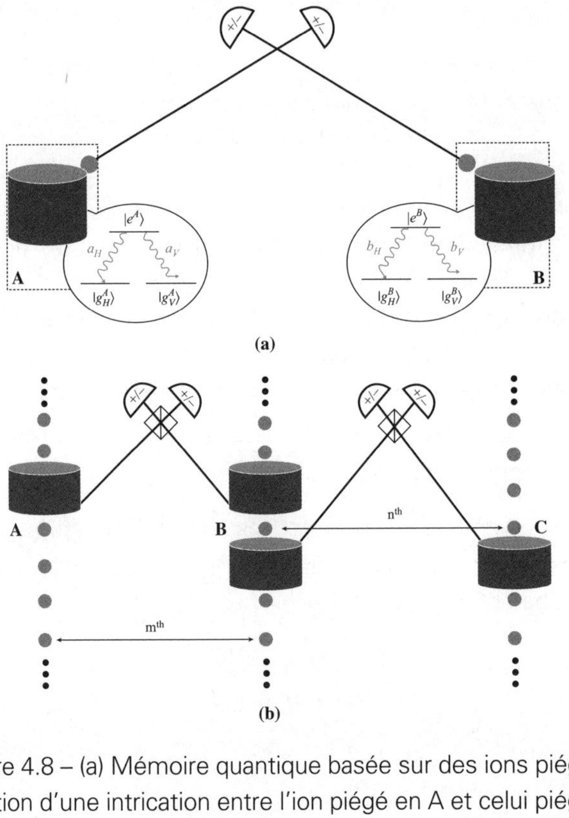

Figure 4.8 – (a) Mémoire quantique basée sur des ions piégés ;
(b) Création d'une intrication entre l'ion piégé en A et celui piégé en C.

Un type de répéteur quantique dans [8] consiste en un atome stockant un qubit et entouré de deux cavités : une cavité d'annonce (un atome) et une cavité d'intrication (un photon de longueur d'onde correspondant à celles utilisées dans les télécommunications). Les atomes (isotopes 87Rb du rubidium) sont excités individuellement par des impulsions laser, ce qui permet l'intrication entre l'atome et un photon.

3.2 MQ à base de gaz atomique

L.-M. Duan, M. Lukin, J. I. Cirac, P. Zoller [9] furent les premiers à décrire un protocole permettant de mémoriser un qubit atomique, intriqué avec un qubit volant ou photonique (le protocole est parfois appelé DLCZ du nom des quatre auteurs).

Dans ce type de mémoire quantique, on prend un ensemble de particules quantiques (un gaz d'atomes par exemple) à trois niveaux, dont deux états sont fondamentaux, $|g_1>$ et $|g_2>$, et l'un est l'état excité |e>. Les N_A atomes sont initialement dans l'état $|g_1>$. Au cœur du protocole DLCZ, une impulsion laser hors résonance correspondant à la transition $g_1 \leftrightarrow e$ (l'impulsion d'écriture) conduit à l'émission spontanée d'un photon $|s>$ émis par l'effet Raman ou Stokes et à la transition $e \leftrightarrow g_2$. Le qubit stocké est l'état intriqué de l'ensemble des $N_A - 1$ atomes dans l'état $|g_1>$ et de l'atome dans l'état $|g_2>$:

$$|\xi_A> \approx \sum c_i e^{i\Delta\phi_i} |g_1{}^{(1)} \otimes g^{(2)} \otimes \ldots \otimes \mathbf{g_2}^{(i)} \otimes \ldots \otimes g_1{}^{(N_A)}>.$$

Le qubit volant qui permettra l'intrication des deux nœuds est $|\psi_a>_{photon}$ pour le nœud n_A ; le photon obtenu par le même protocole sera $|\psi_b>_{photon}$ pour le nœud n_B.

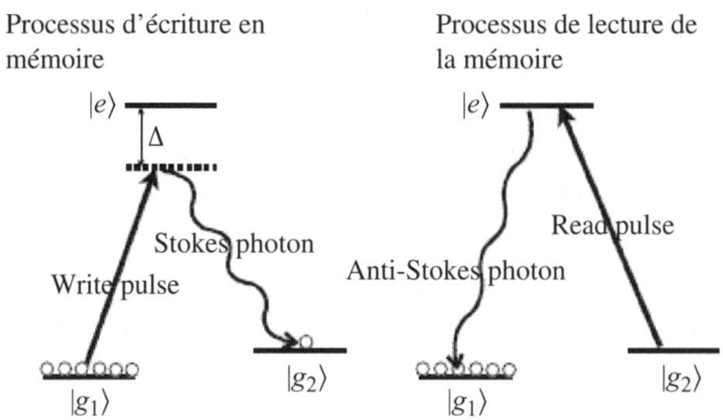

Figure 4.9 – Processus d'écriture et de lecture d'une mémoire basée sur un gaz d'atomes.

La détection d'un seul photon au milieu du lien (n_A, n_B) ou (A, B), par exemple, sur le détecteur d, suffira à projeter l'état des deux ensembles $(|\xi_A> + |\psi_a>_{photon})$ et $(|\xi_B> + |\psi_b>_{photon})$ dans l'état :

$$|\psi_{ab}\rangle = \frac{1}{\sqrt{2}}\left(s_a^{\dagger} e^{i(\phi_a+\xi_a)} + s_b^{\dagger} e^{i(\phi_b+\xi_b)}\right).$$

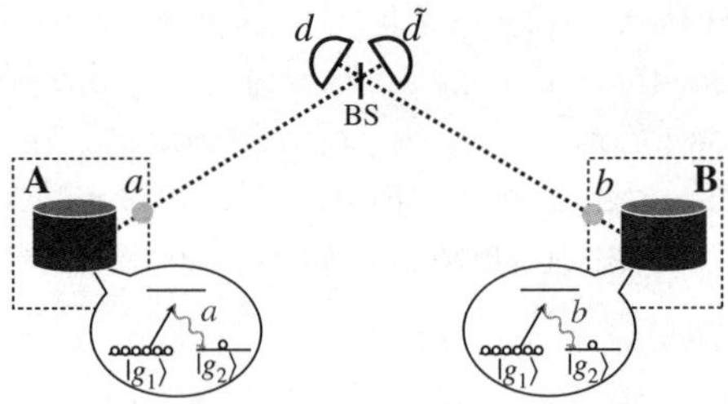

Figure 4.10 – Intrication de l'état d'un gaz d'atomes en A avec l'état d'un gaz d'atomes en B.

Si le nœud B ou n_B est un répéteur reliant le nœud d'Alice à celui de son destinataire Charlie, nous pouvons éviter d'utiliser deux ou plusieurs ensembles atomiques sur B. Comme proposé dans [10] : « dans le protocole DLCZ, deux ensembles atomiques sont utilisés dans un nœud de répéteur quantique pour maintenir l'intrication avec les deux liens adjacents à connecter. Avec le développement de mémoires quantiques atomiques multicellulaires, il devient possible de réaliser un nœud répéteur quantique utilisant plusieurs cellules mémoires à longue durée de vie au sein d'un seul ensemble atomique. La mémoire quantique multicellulaire a d'abord été proposée comme variante du protocole DLCZ pour améliorer le taux de distribution de l'intrication. »

3.3 MQ constituée d'un cristal dopé aux terres rares

Cette fois, l'ensemble atomique support de la mémorisation n'est pas à l'état gazeux mais à l'état solide. L'Institut des sciences photoniques de Barcelone (ICFO) a conçu une mémoire quantique capable de stocker des photons dans des millions d'atomes, tous placés de manière aléatoire à l'intérieur d'un cristal dopé aux terres rares. Dans [11], l'équipe utilise un ensemble de photons de différentes longueurs d'onde, un type de photons avec une longueur d'onde de 606 nm pour le stockage, un autre type avec une longueur d'onde de 1 436 nm (la longueur d'onde dite des télécommunications) pour signaler que l'intrication est réalisée. La mémoire quantique peut stocker les signaux pendant une durée brève allant jusqu'à 25 µs, avant de les libérer.

L'intrication entre les deux mémoires quantiques sur n_A et n_B est obtenue en mélangeant les deux modes inactifs sur un séparateur de faisceaux (*beam splitter*), effaçant ainsi les informations sur le chemin. Dans le cas idéal, la détection après le séparateur de faisceau libre annonce, lorsqu'elle a lieu, la génération de l'état intriqué. L'équipe ICFO l'a réalisé entre deux mémoires quantiques distantes de 10 mètres l'une de l'autre.

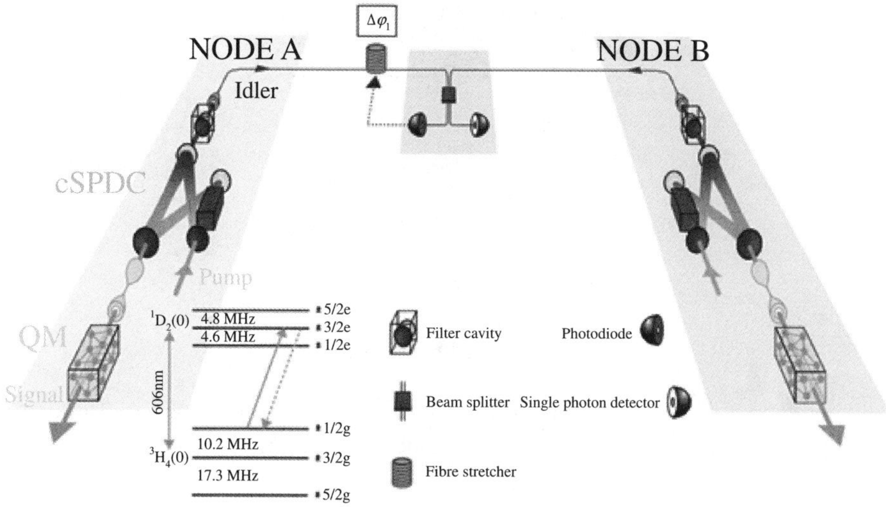

Figure 4.11 – Intrication des états de deux cristaux en A et B, grâce à la détection de photons « fainéants » (*idler*) – crédit [11].

En fait, deux groupes de recherche indépendants – l'un à l'Institut des sciences photoniques (ICFO) en Espagne et l'autre à l'Université des sciences et technologies de Chine (USTC) – ont montré comment de telles mémoires quantiques offraient une voie pratique vers des répéteurs quantiques. L'approche des deux équipes est la même : utiliser des sources de paires de photons, où un photon est stocké dans la mémoire quantique locale et l'autre (*fainéant*/idler) est utilisé comme signal pour annoncer (ou confirmer) l'intrication. Pour stocker plusieurs signaux photoniques à la fois de différentes longueurs d'onde, le multiplexage utilisé est celui permis par le protocole '*Atomic Frequency Comb*' ou AFC. Cela signifie que les systèmes n'ont pas besoin d'attendre un événement annonçant la réussite avant de générer la prochaine paire intriquée. Et il est très important que les photons *fainéants* et annonciateurs soient dans les longueurs d'onde dites des télécommunications[22], ce qui rend les systèmes compatibles avec les réseaux de télécommunications existants et permet de créer un enchevêtrement sur de longues distances de fibres optiques, avec l'atténuation la plus faible.

3.4 MQ constituée d'atomes d'azote dans un diamant

Une telle mémoire (dite *Nitrogen-Vacancy* ou NV-center) s'appuie sur un défaut ponctuel dans un cristal de diamant, pour former une juxtaposition d'une lacune et d'un atome d'azote en substitution d'atomes de carbone.

22. Les longueurs d'onde à atténuation la plus faible dans les fibres optiques sont 1 310 nm (bande O) et 1 550 nm (bande C).

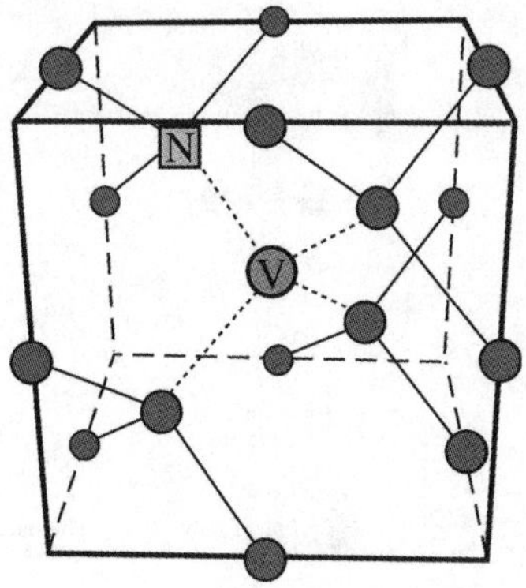

Figure 4.12 – Un atome d'azote (N) et une lacune (une vacance V) s'insèrent dans la structure cristalline d'un diamant (C).

Par exemple, l'utilisation de lacunes dans le diamant est envisagée dans [12], afin de générer l'intrication de deux qubits par nœud : un associé au spin de l'électron défectueux, l'autre associé au spin du noyau. Les électrons sont utilisés pour établir des connexions d'intrication en raison de la facilité de mesure de leur spin et les noyaux sont utilisés pour stocker l'intrication pendant de longues périodes, en raison du temps de cohérence de leur spin qui est de l'ordre de quelques secondes.

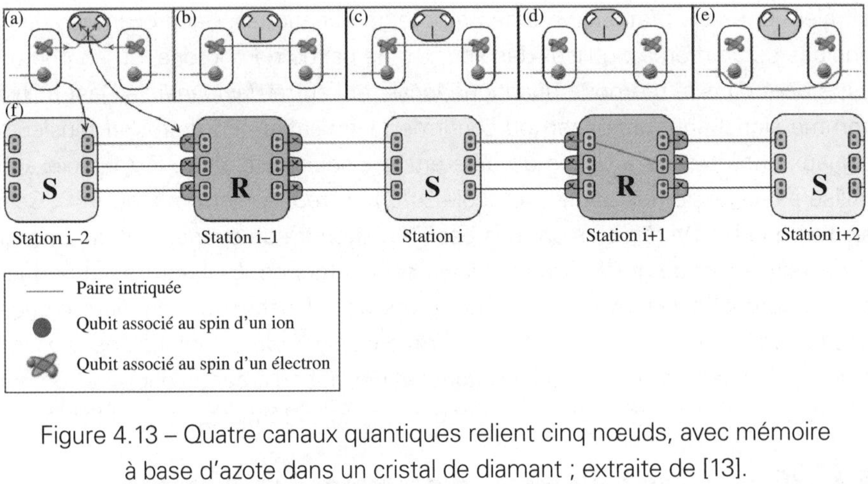

Figure 4.13 – Quatre canaux quantiques relient cinq nœuds, avec mémoire à base d'azote dans un cristal de diamant ; extraite de [13].

L'entreprise Adamant Namiki Precision Jewel Co., Ltd. a réussi à développer une méthode de production de masse pour des plaquettes de diamant d'ultra haute pureté. Ce diamant d'ultra haute pureté ne contient pas plus de 3 ppb (parties par milliard) d'atomes d'azote, comme l'exigent les applications quantiques telles que les ordinateurs quantiques, la mémoire quantique et les dispositifs de détection quantique. La plaquette de diamant nouvellement développée a un diamètre de

2 pouces (environ 55 mm), beaucoup plus grand que le cristal de 4 mm × 4 mm antérieurement disponible. Cette nouvelle technologie devrait propulser l'avancement des applications quantiques.

Une équipe chinoise [12] a rapporté une expérience de téléportation quantique à partir de deux nœuds possédant une mémoire de type NV dans un diamant. Les durées de vie extrêmement courtes du système nécessitaient de mesurer l'état mécanique avant la finalisation du protocole de téléportation.

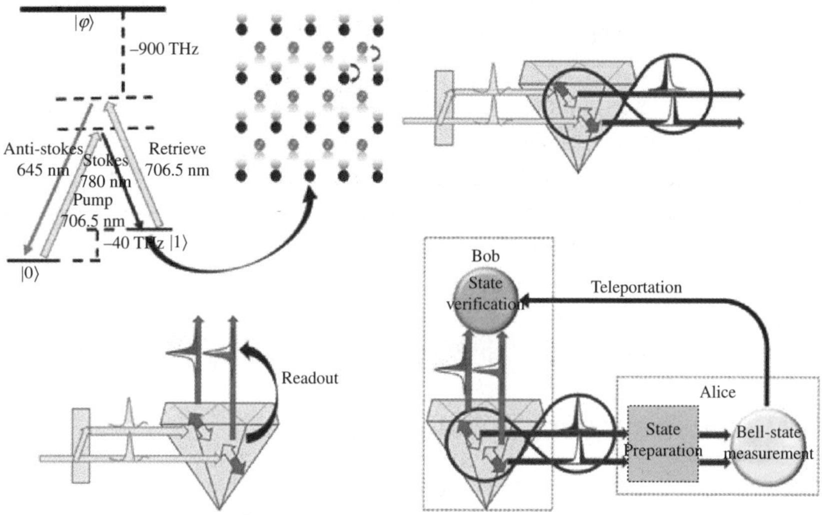

Figure 4.14 – Téléportation grâce à une paire intriquée mémorisée dans des cavités NV ; extraite de [13].

3.5 MQ à base de *dots* quantiques

Les *quantum dots* sont des cristaux semiconducteurs de dimensions nanométriques qui présentent des propriétés de fluorescence ajustables par le contrôle de leur diamètre[23]. À cause de leur petite taille, ils se comportent comme des puits de potentiel qui confinent[24] les électrons dans trois dimensions, dans une région d'une taille de l'ordre de la longueur d'onde des électrons, soit quelques nanomètres dans un semi-conducteur. Et sous excitation lumineuse dans l'ultraviolet, ces nanocristaux réémettent des photons dans le spectre visible, avec une longueur d'onde qui va du rouge au bleu en fonction de leur taille.

23. https://www.youtube.com/watch?v=z7aqJpKfPCO.

24. À cause du confinement, les électrons du nanocristal ont des niveaux d'énergie discrets et quantifiés, de façon similaire à un atome. Pour cette raison les nanocristaux sont parfois appelés « atomes artificiels ». Les niveaux d'énergie peuvent être contrôlés par le changement de la taille et de la forme du nanocristal, ainsi que par la profondeur du potentiel.

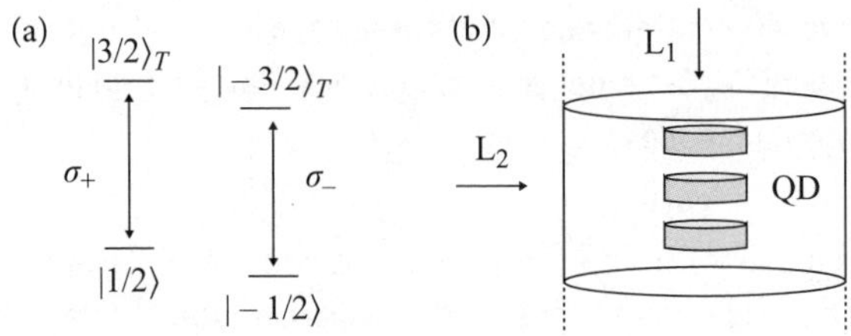

Figure 4.15 – (a) Schéma conduisant à la génération d'une intrication entre l'état |1/2> (respectivement – |1/2>) de l'électron et l'état |3/2> (resp. – |3/2>) du trion ; (b) vue d'un nœud avec sa pile de nanocristaux incorporés dans un guide d'onde et L_1 le faisceau de contrôle.

Par exemple, le schéma proposé dans [14] et figuré au-dessus s'applique aux *dots* quantiques plats, tels que les nanocristaux induits par une contrainte ou les nanofils hétérostructurés. Cela implique que les puits de potentiel de plus basse énergie auront principalement un caractère de « trou lourd » et seront bien séparés des états prédominant dits « trous légers ». Les *dots* quantiques peuvent être chargés d'électrons uniques via un effet tunnel contrôlé par un champ électrique. Les états des qubits sont les deux états de spin correspondant au niveau électronique le plus bas et notés |1/2> et |– 1/2>.

3.6 MQ basée sur l'écho photonique

D'autres techniques consistent à générer des paires intriquées à partir d'un ensemble atomique, et à les mémoriser grâce à l'écho photonique. Un exemple se trouve dans [15] :

Considérons « un gaz localisé entre les coordonnées $z = 0$ et $z = L$. Le gaz est constitué de N atomes à trois niveaux, tous initialement dans l'état fondamental |1>. Il existe une transition dipolaire électrique autorisée vers l'état |3> et il existe un état métastable |2> situé juste au-dessus de l'état |1> en énergie. Nous négligerons les processus de relaxation dans le système atomique. Un paquet d'ondes à photon unique, résonant avec la transition |1> – |3> élargie de manière inhomogène, est incident le long de la direction z et absorbé dans le milieu. Après un petit délai t, nous appliquons une impulsion laser dans la direction z avec une zone d'impulsion p qui transfère toute excitation à l'état |2> en utilisant la transition autorisée par le dipôle électrique |2> – |3>. Les informations sur le photon peuvent désormais être conservées plus longtemps car les processus de relaxation au niveau 2 sont lents ».

4. DÉTECTEURS PHOTONIQUES ET INSTRUMENTS DE MESURE

Après les nœuds hôtes, les générateurs de paires intriquées et les mémoires, l'élément suivant, indispensable, concerne les fonctions de détection de bonne réception des photons et de mesure.

4.1 Détection de photons à l'unité

Dans [16], l'élément utilisé pour la détection des photons à l'unité est un système de cavités transmon-3D. Le port fortement couplé de la cavité est le port d'entrée du détecteur. Dans le régime fortement dispersif où le qubit est utilisé (χ_D = 2π¼3 MHz, κ_D = 2π¼1 MHz), nous pouvons sélectivement émettre une impulsion π sur le qubit conditionné à la présence d'un photon intracavité, cartographiant le photon volant. sur l'état du qubit du détecteur.

Pour faire fonctionner ce système comme détecteur de photons « volants » à l'unité, un réglage de la fréquence de la cavité à ω_D = 2π¼7,6222 GHz, proche de ω_A et ω_B, est suffisant. Cette condition garantit que l'efficacité du détecteur est maximisée. Les photons uniques incidents d'Alice et Bob exciteront alors la cavité du détecteur avec une probabilité d'environ 50 %. Ainsi, l'impulsion π sélective n'excite le qubit que si un photon a été reçu, la longueur et le moment de cette impulsion déterminant l'efficacité du détecteur. Une fois que le photon s'échappe, une lecture dispersive cQED conventionnelle de l'état du qubit complète la non-démolition quantique (QND).

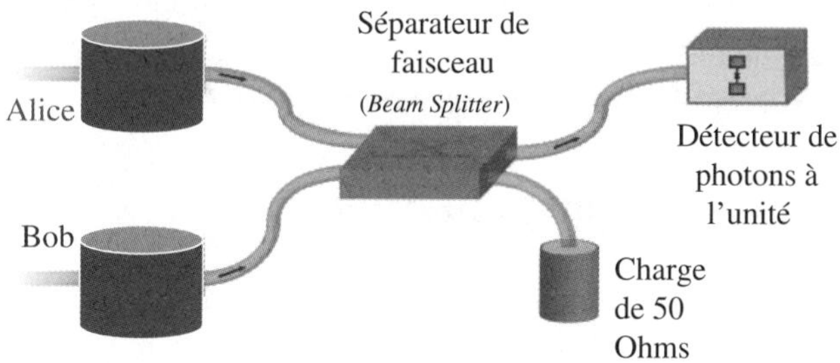

Figure 4.16 – Détecteur de photons à l'unité.

4.2 Mesure des états de Bell

Pour permettre la transformation des paires intriquées distribuées sur de courtes distances en des paires intriquées dont les photons se trouvent sur les nœuds source (Alice) et destination (Bob), les répéteurs le long du chemin reliant Alice et Bob effectuent des mesures des états de Bell (BSM), une opération projective non unitaire.

Des mesures d'états de Bell (BSM) ont déjà été réalisées, avec succès, sur des qubits implémentés par des **systèmes atomiques**. Cependant, ceux-ci nécessitent des configurations expérimentales complexes qui sont difficiles à l'échelle d'un réseau métropolitain (MAN) ou longue distance (WAN).

Par ailleurs, des mesures complètes des états de Bell sur des qubits implémentés par des **spins** sont possibles dans les systèmes à semi-conducteurs, mais les effets thermiques empêchent généralement les opérations à température ambiante [17]. En général, les approches non optiques souffrent de fréquences d'horloge intrinsèques limitées, de l'ordre du mégahertz.

Seule la plateforme **photonique** offre, en principe, des fréquences de traitement élevées à température ambiante. Les mesures optiques des états de Bell à variable continue sont déterministes et bien évolutives ; cependant, il manque un mécanisme pratique pour la détection des pertes et la correction générale des erreurs quantiques. L'évolutivité et la tolérance aux pannes des communications et de l'informatique quantiques dépendent fortement de l'efficacité de la mesure de Bell. Dans le cas de mesure sur photons quantiques, la limite de 50 % a été dépassée dans des expériences, en exploitant l'hyper-intrication et en incorporant des éléments non linéaires.

Une troisième approche suggérée en théorie est basée sur l'ajout de photons auxiliaires supplémentaires à une configuration d'optique linéaire et sur l'utilisation de détecteurs résolvant le nombre de photons, offrant des avantages évidents en termes de complexité expérimentale moindre et d'évolutivité plus élevée. Des résultats montrent que de tels schémas de mesure BSM optique linéaire, avec photons auxiliaires, sont bien plus prometteurs ; par exemple, dans les expériences rapportées dans [17], la limite fondamentale de 50 %, est dépassée avec une probabilité de succès expérimental de 57,9 %.

5. RÉPÉTEURS/ROUTEURS QUANTIQUES

La limite de capacité de toute transmission quantique sur un simple canal a été calculée par Pirandola, Laurenza, Ottaviani et Banchi (PLOB – voir le chapitre 2, § 6.4. Capacités *C* et *Q* de transmission d'un canal quantique, p. 84). Pour améliorer la transmission sur de longues distances, nous devons insérer des répéteurs quantiques le long de la ligne de communication, entre la source (Alice) et la destination (Bob).

Dans la théorie de l'information, un répéteur ou relais est tout nœud intermédiaire facilitant la communication entre deux parties finales. Cette définition est étendue à la théorie de l'information quantique, où les répéteurs quantiques sont des nœuds intermédiaires équipés d'opérations classiques et quantiques et disposés pour composer des chaînes linéaires ou des réseaux plus généraux.

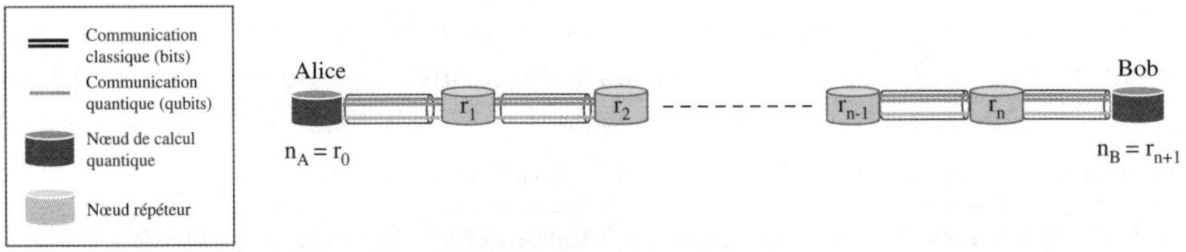

Figure 4.17 – Une chaîne de *n* répéteurs reliant $n_A = r_0$ et $n_B = r_{n+1}$.

Ils sont appelés répéteurs bien qu'ils ne soient pas conçus pour amplifier le signal quantique (ce qui serait impossible en vertu du théorème de non-clonage). « Les réseaux quantiques sont composés de blocs de construction fondamentaux appelés répéteurs quantiques, qui sont des ordinateurs quantiques à usage spécial qui peuvent stocker des qubits (intriqués, par exemple, avec des qubits sur des répéteurs voisins) dans un registre local de mémoire quantique, et effectuer une opération logique quantique ainsi que des mesures sur les qubits détenus localement. Il est bien connu que, sans l'aide de répéteurs quantiques, le taux de génération d'intrication partagée diminue de façon exponentielle avec la distance entre les parties communicantes. » [18]

Grâce à l'ajout de répéteurs $\{r_i\}$, la transmissivité du canal (n_A, n_B), $\eta_{AB} \approx e^{\alpha.L_{AB}}$, est alors améliorée, en ne retenant que la moins bonne transmissivité parmi l'ensemble des canaux (n_A, r_1), (r_1, r_2), … (r_n, n_B) : $\eta_{réduite} \approx e^{\alpha.L_{r_i, r_{i+1}}}$.

Par ailleurs et contrairement donc à son homologue classique, un répéteur quantique ne répète pas le signal quantique mais transforme les deux paires qui se terminent sur ce nœud en une seule paire plus longue. La figure 4.18 présente les deux étapes permettant d'obtenir à partir des quatre paires distribuées (r_0, r_1), (r_1, r_2), (r_2, r_3), (r_3, r_4) :

- ✓ deux paires intriquées (r_0, r_2), (r_2, r_4), après les mesures dites de Bell effectuées sur les nœuds r_1 et r_3 ;
- ✓ une paire intriquée (r_0, r_4), après une mesure de Bell effectuée sur le nœud r_2.

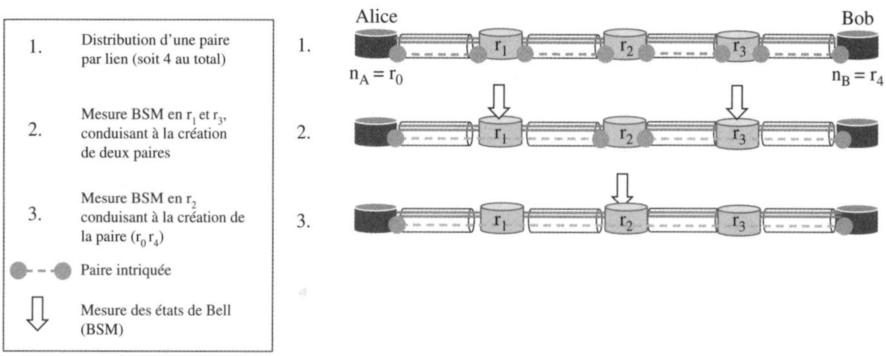

Figure 4.18 – Transformation, en deux étapes, des quatre paires (r_0, r_1), (r_1, r_2), (r_2, r_3), (r_3, r_4) en une seule paire intriquée (r_0, r_4).

Les répéteurs quantiques représentent donc un élément crucial de tout réseau de communications quantiques QCN, du fait qu'ils permettent d'améliorer la transmissivité (ou la capacité quantique unitaire), et d'établir des intrications à longue distance à partir des intrications distribuées sur chaque canal. Dans un réseau QCN, chaque nœud de réseau (répéteur) est idéalement équipé de :

- ✓ une source d'intrication (par exemple, un générateur de photons à la demande) si le schéma de distribution est « aux extrémités » (voir le chapitre 4, § 2.1. Trois schémas possibles, p. 129) ;
- ✓ un outillage optique ou informatique permettant d'effectuer une mesure d'état de Bell entre n'importe quelle paire de qubits détenus localement ;
- ✓ un registre quantique pour chaque moitié de paires intriquées qu'il peut recevoir ;
- ✓ éventuellement des ressources informatiques classiques et une interface de communication classique.

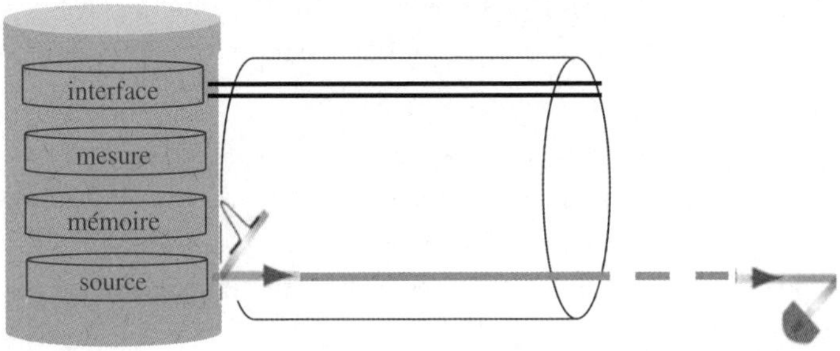

Figure 4.19 – Un répéteur est idéalement constitué d'une source de paires intriquées, de registres quantiques, de capacités de mesure et d'une interface classique (échangeant des bits).

Néanmoins, à ce jour et malgré les efforts expérimentaux en cours, « un répéteur quantique évolutif n'a pas encore été démontré. Plusieurs systèmes physiques sont explorés comme plates-formes possibles pour un tel répéteur, par exemple les centres de couleur dans le diamant (par exemple les centres NV), les ensembles atomiques ou les ions piégés, mais il n'est pas encore clair lesquels sont les plus réalisables à court terme, ni comment les imperfections du système physique affecteraient généralement les mesures de performances du réseau pertinentes telles que la fidélité de bout en bout et le taux de génération de l'intrication. » [19]

Dans ce contexte, le défi majeur lors de la conception d'un tel réseau QCN est de bien gérer le compromis entre la densité des nœuds r_i et le taux de distribution de l'intrication.

Combien de nœuds répéteurs sont-ils nécessaires pour garantir une transmission de l'information quantique fiable entre plusieurs utilisateurs dans une région fixe ? Ce type de calcul sera proposé au chapitre 5, § 1.7. Gestion de l'information globale $G = (V, E)$, p. 171.

Par ailleurs, la conception d'un réseau de communications quantiques (QCN) dépend grandement de la génération (notée 1G, 2G ou 3G dans [20]) des répéteurs quantiques à notre disposition, et des fonctions que chaque génération peut réellement assurer, parmi la courte liste donnée ci-dessous :

✓ les opérations des composants d'un répéteur 1G sont principalement la mesure des états de Bell (BSM) par un dispositif optique, une correction des pertes de la distribution basée sur l'envoi d'une information classique annonçant la réception ou non de la paire (*Heralded Entanglement Generation*) et une correction des pertes d'opération basée sur la purification de la paire reçue (*Heralded Entanglement Purification*) ;

✓ les opérations des composants d'un répéteur 2G sont aussi l'annonce HEG pour couvrir les pertes de distribution, l'encodage/décodage des qubits complété par un protocole de correction d'erreur (*Quantum Error Correcting Code*) pour les erreurs de fonctionnement ;

✓ un répéteur 3G s'appuie sur le protocole QEC pour corriger à la fois les pertes de distribution et les erreurs de fonctionnement.

Comme la latence des protocoles basés sur les répéteurs 1G constitue un goulot d'étranglement en raison de nombreuses communications bidirectionnelles (voir le chapitre 6, p. 202), il est utile, quand c'est possible, de multiplexer de nombreux registres de mémoire quantique sur un même répéteur et pour une même terminaison de canal quantique. Ce multiplexage permet de stocker un plus grand nombre de paires intriquées et de surmonter la contrainte de la distribution probabiliste avec perte.

	1re génération de QR	**2e génération de QR**	**3e génération de QR**
Architecture schématique Légende Qubit physique Qubit encodé Qubit volant (photon) Porte CNOT Code Correcteur d'Erreur (QECC) Mesure	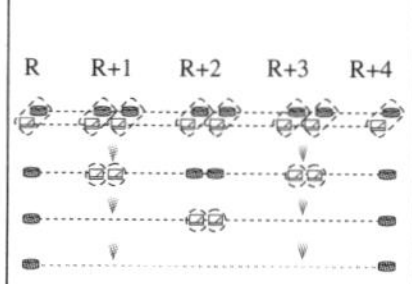	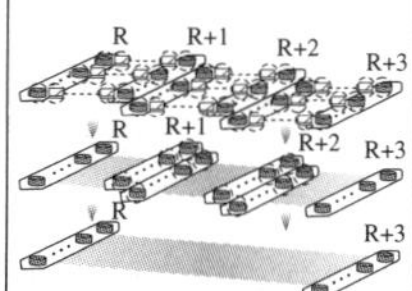	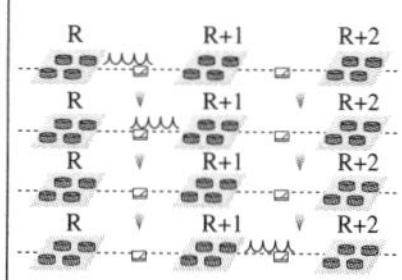
Erreur due à la perte	Génération de l'intrication avec annonce (HEG).		
Erreur des opérations	Purification de l'intrication avec annonce (HEP).	Correction d'Erreur Quantique (QEC).	
Procédure	1. Créer des paires intriquées pour chaque lien entre nœuds adjacents. 2. Au niveau $k^{ème}$, connecter des paires de longueur L_k pour obtenir une paire L_{k+1}; purifier avec HEP. 3. Après *n* itérations, obtenir une paire L_{totale}.	1. Préparer des états encodés $\|0>_i$ et $\|1>_i$. 2. Utiliser les portes CNOT à la base de la téléportation pour créer des paires de Bell encodées. 3. Connecter les stations intermédiaires pour créer une paire de Belle encodée de longueur L_{totale}.	1. Encoder l'information avec un bloc de qubits, envoyés via le canal N. 2. Utiliser la correction QEC pour corriger à la fois les erreurs de perte ou d'opération. 3. Relayer l'information encodée jusqu'au répéteur suivant; répéter les étapes 2 et 3.
Échelle de temps	$Max(L_{tot}/c, t_0)$	$Max(L_0/c, t_0)$	t_0
Coefficient de coût	$Poly(L_{tot})$	$PolyLog(L_{tot})$	$PolyLog(L_{tot})$

Figure 4.20 – Les trois générations (1G, 2G et 3G) de répéteurs quantiques ; extraite de [20] et traduite.

Sur une simple chaîne de répéteurs (voir les figures 4.17 et 4.18), la fonction d'un répéteur quantique est de transformer deux liaisons quantiques (les deux paires intriquées de part et d'autre du répéteur) en une liaison quantique de plus grande distance. Le signal quantique n'a d'autres chemins possibles que celui qui mène à destination. Dans un réseau de communications quantiques de niveau 2 (voir le chapitre 3, § 4.3. Développement d'un réseau de distribution de l'intrication, p. 116), le chemin reliant la source du signal à sa destination peut être multiple et calculé dynamiquement ; le répéteur doit intégrer des fonctions de routage, devenant ainsi **un routeur ou un commutateur quantique**.

Un commutateur quantique est un répéteur qui a la capacité de choisir dynamiquement les liaisons à fusionner, en fonction des informations à sa disposition, concernant l'état du réseau. Dans l'exemple de la figure 4.21, des paires ont été distribuées sur chaque tronçon de la route n_A, r_1, r_2, n_B, ce qui autorise ce choix ; dans d'autres situations, c'est peut-être la route n_A, r_4, r_5, r_6, r_7, n_B que les routeurs/commutateurs quantiques ou l'orchestrateur devront choisir.

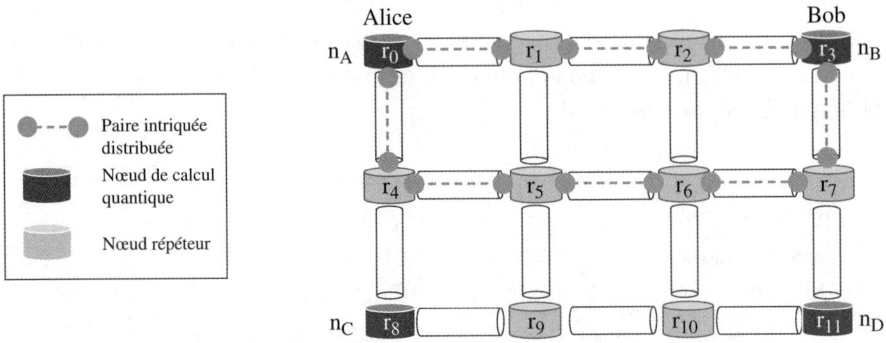

Figure 4.21 – Les routes pour relier Alice et Bob peuvent être : 1) n_A, r_1, r_2, n_B ; 2) n_A, r_4, r_5, r_6, r_7, n_B ; 3)...

Prenons un autre exemple, dans [18] : « considérons un réseau en forme d'étoile composé d'un nœud central et d'un ensemble de nœuds d'extrémité. L'échange d'intrication est effectué au niveau du nœud central pour établir une intrication entre les nœuds d'extrémité. Le nœud central sert de commutateur quantique, un élément essentiel des réseaux quantiques. »

La figure 4.22 illustre un routeur/commutateur quantique : le grand cercle représente le commutateur et les rectangles représentent les nœuds d'extrémité ou nœuds utilisateurs. Les points colorés unis représentent des qubits intriqués, les points vides représentent des emplacements de mémoire vides dans le commutateur quantique ou les nœuds d'extrémité. Différentes couleurs correspondent à différents nœuds d'extrémité, du point de vue du routeur. Les lignes reliant le commutateur et les nœuds d'extrémité représentent des canaux quantiques (par exemple des fibres optiques). Une ligne pointillée colorée implique que les deux points colorés reliés par la ligne pointillée constituent une paire intriquée (ou paire EPR – Einstein Podosky Rosen).

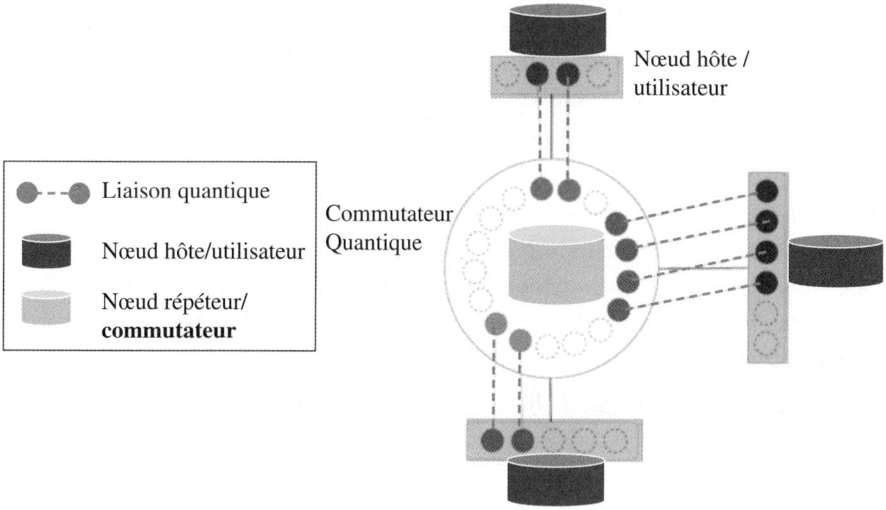

Figure 4.22 – Un routeur/commutateur quantique relié physiquement à trois nœuds utilisateurs/hôtes et ayant établi deux liaisons quantiques avec l'un, quatre avec un second, deux avec le dernier.

Les performances d'un routeur/commutateur quantique sont mesurées par la fidélité de l'intrication distribuée de bout en bout, la latence des demandes d'intrication et le débit du commutateur. Ces indicateurs de performance seront davantage développés dans le chapitre 6, p. 193 et suivantes, par type de protocoles de routage quantique.

6. HORLOGES ET SYNCHRONISATION

La synchronisation des nœuds d'un réseau QCN est essentielle à l'exécution réussie des protocoles de communication quantique, notamment la distribution de clés quantiques et la distribution d'intrication. Le déploiement pratique des protocoles de communication quantique (exposés surtout dans le chapitre 6, p. 193 et suivantes) à l'aide des nœuds répéteurs nécessite une synchronisation temporelle précise.

Jusqu'à présent les méthodes de synchronisation des horloges étaient principalement basées sur deux protocoles classiques proposés respectivement par Einstein [21] et Eddington [22].

Récemment, la distribution de l'intrication a été démontrée dans un réseau quantique dédié utilisant le protocole basé sur le système de positionnement global (GPS) pour la synchronisation temporelle [23]. La gigue temporelle, à l'échelle de la **nanoseconde**[25], était suffisante pour vérifier la correcte distribution de l'intrication, mais les auteurs ont constaté que la fidélité peut être considérablement améliorée avec une gigue temporelle plus faible permettant une fenêtre de « coïncidence » plus courte.

Les méthodes de synchronisation temporelle pour réseau QCN ont été discutées et étudiées par de nombreux chercheurs au cours des deux dernières décennies, et de réelles avancées dans diverses théories et expériences ont été obtenues [24] [25]. Des techniques, telles que le protocole de temps de précision (PTP)[26] qui a été standardisé dans le PTP dit de Haute Précision (HA-PTP) [26], peuvent être utilisées pour obtenir une synchronisation à **l'échelle picoseconde**.

Distribuées via un réseau de fibre optique, toutes ces techniques reposent sur des communications classiques (utilisant des bits). L'utilisation d'une fibre optique secondaire pour la synchronisation temporelle est souvent peu pratique et peut, dans certaines circonstances, être prohibitive. Étant donné que la puissance optique (taux de photons) au niveau du récepteur des canaux classiques est de 7 à 12 ordres de grandeur supérieure à celle des canaux quantiques, les impulsions optiques classiques peuvent générer un bruit important dans les canaux quantiques coexistants.

Jozsa et coll. ont proposé le protocole de synchronisation temporelle basé sur des paires de qubits intriqués, partagées entre les couples de nœuds à synchroniser [27]. Marko Krco *et al.* ont étendu le protocole de Jozsa à une version multipartite et ont proposé le protocole de synchronisation d'horloge à *n* parties. Dans leur rapport [28], les *n* nœuds reçoivent initialement des systèmes partagés de *n* qubits dans des états propres d'énergie intriquée connue. Chaque partie mesure les qubits en sa possession sur une certaine base prédéterminée. Ensuite, celui qui possède l'horloge étalon diffuse ses résultats (via le plan de contrôle, et des bits classiques). Cette information publique et classique permet à tous les acteurs de synchroniser leurs horloges à l'étalon standard.

25. 1 ns = 0,000 000 001 seconde.

26. Le protocole PTP (*Precision Time Protocol*) est utilisé pour synchroniser les horloges sur un réseau informatique. Sur un réseau local, il atteint une précision d'horloge de l'ordre de la microseconde, ce qui le rend adapté aux systèmes de mesure et de contrôle. Le PTP est utilisé pour synchroniser les transactions financières, les transmissions des tours de téléphonie mobile, les réseaux acoustiques sous-marins et les réseaux qui nécessitent un timing précis mais n'ont pas accès aux signaux de navigation par satellite.

Le schéma de synchronisation des horloges, esquissé en figure 3.8, p. 112, représente par exemple un maître-étalon sur le noeud n_E, synchronisant les horloges de n_C et n_D, par le biais d'une intrication multipartite ($m = 3$).

Depuis, Ben-Av *et al.* [29] ont présenté un état intriqué initial, l'état *Z*, qui peut encore améliorer la précision de la synchronisation. Enfin, Jie-Dong Yue et coll. proposent un schéma de synchronisation d'horloge quantique de plusieurs parties, qui exploite le fonctionnement comme déclencheur pour démarrer l'évolution de l'état initial. Ils ont témoigné que la synchronisation d'horloge quantique déclenchée par des mesures est efficace pour synchroniser une horloge avec l'heure moyenne d'autres horloges [30].

Après ces importants travaux de recherche, place maintenant aux mises en œuvre, expérimentations et ajustements d'une synchronisation adaptée à l'Internet quantique.

7. ORCHESTRATEUR/SERVEUR CENTRAL

L'Internet quantique, tout comme Internet, utilise deux plans : le plan de transmission des données quantiques (qubits) et le plan de contrôle, de commande ou de signalisation utilisant des bits classiques.

Sur ce second plan de communications classiques, un serveur central peut jouer un rôle crucial *i)* d'orchestration et de maintenance des informations réseau telles que la topologie du réseau, la connaissance des liaisons quantiques distribuées avec succès, etc., et *ii)* dans le relais des informations vers les répéteurs/routeurs/commutateurs. Le processus de communication entre le serveur central et les commutateurs/routeurs peut fonctionner sans que le premier ait accès ni au contenu des communications quantiques (évidemment, par essence), ni au contenu des messages de signalisation ou de contrôle.

Le serveur central effectue généralement des tâches de calcul que les répéteurs/routeurs ne peuvent effectuer, soit par manque de l'information globale, soit du fait de leurs petites capacités de calcul. Par exemple, ces derniers peuvent lui déléguer :

- ✓ la connaissance de la topologie du réseau ;
- ✓ le pré-calcul des itinéraires reliant les divers couples d'utilisateurs (Source, Destination) ;
- ✓ le maintien d'une information globale concernant les états-graphes en général et l'état des paires intriquées si l'intrication est bipartite ;
- ✓ éventuellement le choix du protocole de communication quantique en train d'être exécuté.

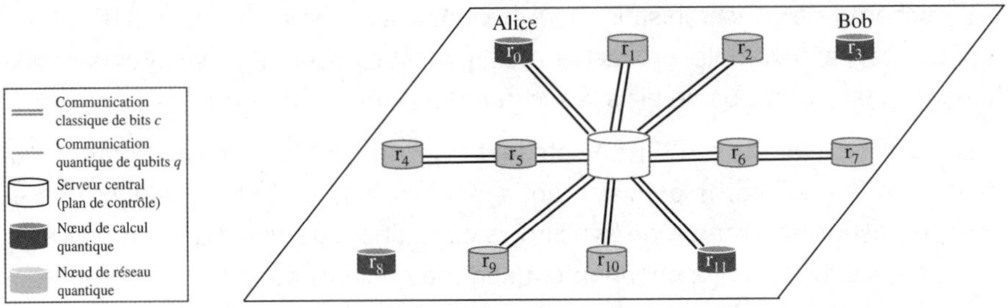

Figure 4.23 – Serveur central agissant dans le plan de contrôle.

> **Service d'intrication en *cloud***
>
> Des entreprises développeront des plateformes centrales d'orchestration et de génération de l'intrication, comme le fait Aliro Quantum.

L'un des grands défis des protocoles de routage de l'intrication (détaillés, par exemple, à la page 196) est de concevoir :

✓ la partie de l'algorithme de calcul des itinéraires reliant chaque source (Alice) et sa destination (Bob) relevant du serveur central ;

✓ et la partie de l'algorithme qui s'exécute sur les répéteurs.

8. PLATEFORMES QUANTIQUES

Bien-sûr apparaîtront dans l'Internet actuel (et peut-être plus rapidement que les protocoles de communication quantique pour réseaux longue distance) des grappes (*clusters*) ou plateformes de calcul quantique, dont l'objectif sera d'assister une application médicale, un service gouvernemental ou une fonction du réseau d'une capacité quantique. Comme le formule John Preskill (voir le chapitre 2, § 5.12. Suprématie quantique ?, p. 75), on rajoute ainsi un « comportement super-classique de système quantique contrôlable ».

Ces grappes/plateformes quantiques fourniront un service d'intelligence artificielle quantique (*Quantum Machine Learning*), ou des fonctionnalités d'optimisation pour le réseau, ou bien d'autres encore.

8.1 Intelligence artificielle quantique

Alors que les technologies informatiques quantiques émergent, annonçant l'ère de la commercialisation et de la suprématie quantique, l'apprentissage automatique (*Machine Learning)* apparaît comme l'une des plus prometteuses *killer applications*. Malgré des efforts importants, il y a encore un décalage entre la plupart des propositions d'apprentissage quantique et les besoins des praticiens du ML mais les capacités des nœuds quantiques démontrent une amélioration dans un avenir proche.

Dans une contribution à la collection thématique « Que feriez-vous avec 1 000 qubits ? », des chercheurs fournissent dans [31] des exemples concrets de tâches insolubles d'apprentissage en intelligence artificielle, qui pourraient être améliorées avec des algorithmes quantiques à court terme. Ils soutiennent que pour atteindre cet objectif, l'accent devra être mis sur les domaines dans lesquels les chercheurs en ML ont des difficultés, tels que les modèles génératifs d'apprentissage non supervisé et semi-supervisé, plutôt que sur les techniques d'apprentissage supervisé populaires et plus faciles à maîtriser.

Est également mis en évidence le cas d'ensemble de données classiques présentant des corrélations statistiques potentielles de type quantique, pour lesquels les modèles quantiques pourraient être plus adaptés. Comme la plupart, les auteurs se concentrent sur les approches hybrides (quantiques et classiques) et illustrent certains des principaux défis qu'ils prévoient pour les mises en œuvre à court terme. Et ils introduisent en particulier la machine de Helmholtz à assistance quantique (QAHM), une tentative d'utiliser des dispositifs quantiques à court terme pour traiter des ensembles de données de grande dimension de variables continues. Au lieu d'utiliser des ordinateurs quantiques pour faciliter l'apprentissage en profondeur, comme le font les approches précédentes, le QAHM utilise l'apprentissage en profondeur pour extraire une représentation binaire de faible dimension des données, adaptée aux processeurs quantiques relativement petits qui peuvent aider à la formation d'un modèle génératif non supervisé. Bien que ce concept y soit illustré sur un recuit quantique, d'autres plates-formes quantiques pourraient également bénéficier de ce cadre hybride quantique-classique.

8.2 Algorithmes d'optimisation quantique pour les réseaux

Au cours de ces dernières années, la communauté des chercheurs en réseaux a aussi tourné son attention sur l'informatique quantique avec l'objectif d'atteindre ainsi certains objectifs de performance dans les futurs réseaux, tels que le débit, la latence et la fiabilité aller-retour. Si possible à un faible coût de complexité du calcul.

Un exemple est le **détecteur multi-utilisateur** (*Multi-User Detection*), assisté d'un algorithme quantique. « Dans la liaison montante d'un [réseau mobile], soit les utilisateurs se voient attribuer toutes les ressources disponibles de manière alternée, soit ils sont autorisés à partager des ressources orthogonales simultanément. » [32]

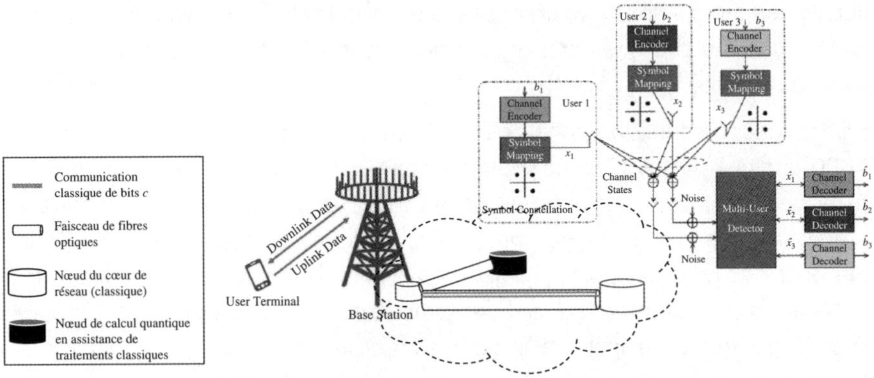

Figure 4.24 – Un détecteur multi-utilisateur (MUD) dans un réseau mobile 5G ou 6G.

Par exemple, toute la bande passante est allouée à un seul utilisateur pour quelques créneaux horaires (TDMA) ou toute la bande passante est utilisée simultanément (CDMA) par tous les utilisateurs pris en charge dans le système, afin de transmettre leur signal. Demain, la station de base (*Base Station*) à laquelle se raccrochent les terminaux mobiles aura la nouvelle tâche d'extraire le signal de chaque utilisateur de la superposition de tous les signaux reçus. Et son détecteur multi-utilisateur (*Multi-User Detection*) devra estimer les symboles à transmettre en fonction des signaux reçus, de l'état des canaux, de la puissance du bruit et de l'estimation préalable de toute la bande disponible. C'est ce qui est appelé le problème de la détection multi-utilisateur (*MUD*). Avec les algorithmes classiques, le détecteur identifie le vecteur de symboles utilisateurs U le plus probable, en s'appuyant sur le signal reçu, sur les estimations des canaux et sur la puissance de bruit estimée. Afin de réduire la complexité informatique de la détection optimale, l'algorithme de recherche quantique (*Quantum Search Algorithm* ou QSA) conçu par Dürr-Høyer a été utilisé, et il a été démontré qu'il se rapproche des performances optimales. Son fonctionnement et son apport au problème du MUD est décrit dans [32], et sur la figure ci-dessous.

Un travail plus récent [33] a obtenu des résultats similaires avec l'accès multiple par répartition de codes optiques (OCDMA).

Un autre exemple est le problème de l'allocation des ressources dans un réseau Internet étendu, un problème par nature d'optimisation combinatoire qui, s'il est résolu rapidement, pourrait fournir un contrôle adaptatif, en temps quasi réel, du trafic Internet. Dans des travaux récents, les auteurs de [34] ont démontré comment un tel problème pouvait être présenté sous la forme d'un problème d'optimisation binaire quadratique sans contrainte (QUBO), intégré au système de recuit quantique D-Wave. Ils appliquent un réseau neuronal d'arbre de décision (NN) qui apprend les corrélations, puis fournit des hypothèses supplémentaires concernant les vecteurs de solution. Ce réseau NN a été implémenté avec succès dans un exemple simple de programmation linéaire en nombres entiers (ILP), démontrant comment le NN peut cartographier entièrement l'espace de solution.

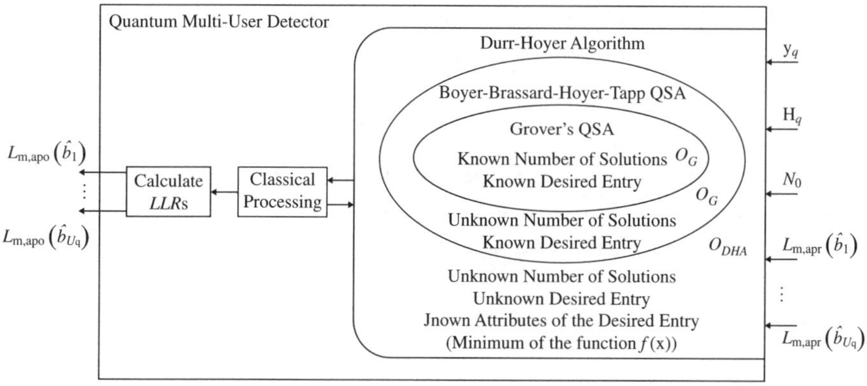

Figure 4.25 – Algorithme Durr-Hoyer utilisé par le détecteur multi-utilisateur ; source [32].

Un autre exemple consiste à utiliser l'intelligence artificielle pour établir la présence d'intrication quantique dans la lumière générée. Une équipe a récemment (en ce début d'année 2024) conçu une approche basée sur un réseau neuronal artificiel capable de reconnaître si un état quantique de lumière est intriqué ou non, en fonction des corrélations entre ses degrés de liberté continus.

En résumé

Un réseau de communications quantiques QCN est constitué de nœuds reliés par des arcs ou canaux à la fois classiques et quantiques, dans un maillage quelconque (en étoile, en triangle, aléatoire...) : ce sont les nœuds utilisateurs, les générateurs de l'intrication, les mémoires quantiques, les répéteurs et les orchestrateurs.

Les nœuds utilisateurs sont les nœuds hôtes entre lesquels des communications quantiques sont requises auprès des couches du réseau.

L'élément crucial d'un réseau longue distance (*Wide-Area Network* ou WAN) est le répéteur quantique qui permet de réduire la distance de transmission entre nœuds adjacents (et donc la perte de photons) ainsi que de transformer des paires intriquées locales en paires EPR de bout en bout (Source, Destination).

Les protocoles de distribution de l'intrication puis de mesure le long de la route entre deux nœuds utilisateurs Alice et Bob impliquent des échanges bidirectionnels de bits classiques, et donc une latence entre la demande d'une liaison quantique (nA, nB) et son obtention. L'ajout de mémoires quantiques et même de plusieurs registres par arc ou canal quantique ouvre la voie à de meilleures performances, tant en taux de réussite qu'en débit.

Par ailleurs, un réseau QCN permet par définition de relier plusieurs nœuds utilisateurs sans que le chemin entre une source et sa destination soit connu, ou unique. Le répéteur quantique doit alors embarquer une fonction supplémentaire, celle de routage. D'où parfois son nom : répéteur-routeur.

5 Architecture en couches de service

Objectifs

Le modèle *Open Systems Interconnection* (OSI) d'une part, le modèle TCP/IP d'autre part sont des modèles conceptuels, conçus dans les années 1970 par l'Organisation internationale de normalisation pour le premier, en 1974 par l'ARPA (Advanced Research Project Agency) pour le second ; ils permettent à divers systèmes de communication de communiquer à l'aide de protocoles standards.

Ce chapitre a pour objectif d'étudier les architectures de services de communication quantique en couches, sur le modèle de leurs grands frères OSI et TCP-IP. Une telle architecture en couches permettrait le développement de « piles logicielles » et l'interopérabilité des réseaux de communications quantiques QCN.

L'Internet classique a évolué de manière exceptionnelle au cours des cinq dernières décennies, passant d'un réseau comprenant, au début, quelques nœuds statiques à un réseau des réseaux géant, interconnectant des milliards d'appareils. Cela a été possible par le principe de séparation des préoccupations, pour lequel les fonctionnalités réseau ont été organisées comme un empilement de couches, chacune fournissant des fonctionnalités de communication via des protocoles de réseau spécifiques.

Dans ce cadre, les modèles *Open Systems Interconnection* (OSI) et TCP/IP ont été des normes, ou des langages universels, régissant la communication entre différents systèmes informatiques. La base du concept est de diviser un système de communication en quatre ou sept couches abstraites, chacune empilée sur la dernière (voir la figure 5.1).

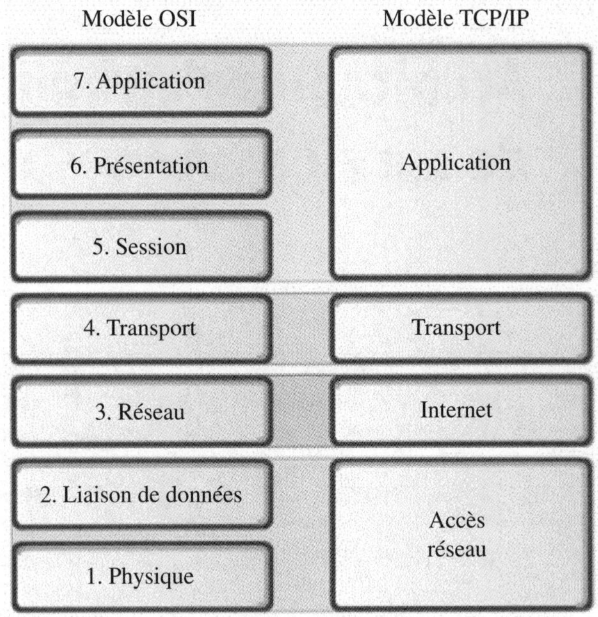

Figure 5.1 – Le modèle OSI et le modèle TCP/IP.

Des ingénieurs chercheurs [1] ont mis en évidence l'impossibilité d'adapter la pile de protocoles Internet classique à l'Internet quantique, en raison des 'merveilles' de la physique quantique. La conception de l'Internet quantique nécessite un changement de paradigme majeur de l'ensemble de la pile protocolaire pour exploiter les particularités de l'intrication et de l'information quantiques. Dans ce contexte, les auteurs ont d'abord passé en revue la littérature pertinente, proposant des piles de protocoles de l'Internet quantique :

✓ Van Meter et al [2] ;

✓ Wehner et al [3] ;

✓ Dür et al [4].

Puis, à partir de là, ils ont mis en lumière les problèmes ouverts et les efforts requis pour la conception d'une pile de protocoles Internet quantique efficace et complète. Ce qui ressort de cette analyse est que l'Internet quantique, bien qu'encore à ses balbutiements, est une technologie de rupture dont la conception nécessite un effort interdisciplinaire à la frontière entre la physique quantique, l'ingénierie informatique et des télécommunications.

Dans ce chapitre, nous passons en revue les cinq couches qui nous semblent les plus pertinentes ainsi que le niveau de service qu'elles devraient offrir : 1) la couche physique, 2) la couche de liaison quantique, 3) la couche réseau, 4) l'éventuelle couche de transport, et 5) la couche applicative.

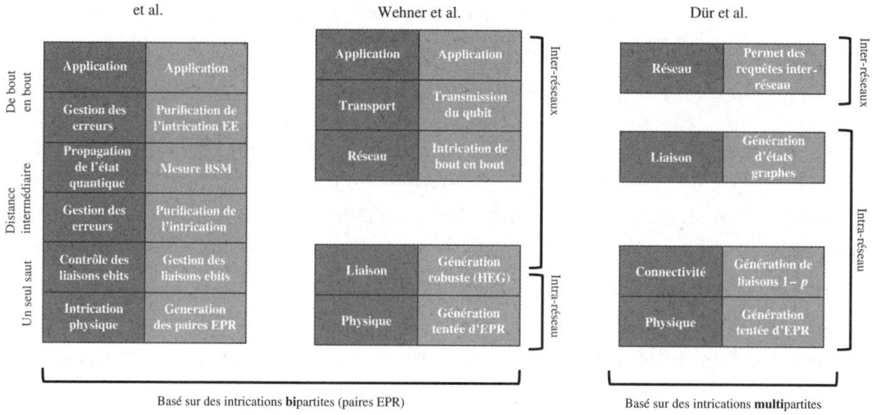

Figure 5.2 – Une comparaison des trois modèles de « pile » quantique, extraite de [1].

1. LA COUCHE PHYSIQUE : DES CANAUX QUANTIQUES INTERCONNECTANT LES NŒUDS

Au niveau de la couche physique, on ne peut pas vraiment parler d'information ; tout est question de signaux, des signaux transmis par un canal et traités par les appareils en bout de canal. Un signal est une quantité physique ou une impulsion détectable (par exemple : une tension, un courant ou l'intensité d'un champ magnétique) par laquelle des messages ou des informations peuvent être transmis. Et bien évidemment un signal quantique (dans un canal que l'on appelle par conséquent canal quantique) est une grandeur physique ou une impulsion détectable, conforme aux principes de la physique quantique. Un signal quantique (*Quantum Signal*) est dans un état quantique $|\psi>$, qui peut évoluer ou non dans le temps : $|\psi(t)>$. En ce sens, il porte l'information quantique correspondante.

Les signaux quantiques sont physiquement obtenus (puis transmis) grâce à des dispositifs capables d'émettre un système dans un état quantique (par exemple des photons à la demande). À cette échelle, le comportement d'une particule (un photon, un électron, un atome) est conforme à la mécanique quantique. Néanmoins, de tels supports physiques de qubits sont plus difficiles à contrôler que les signaux classiques, puisque les particules évoluent selon un hamiltonien complexe, produit de l'hamiltonien des particules et de celui de l'environnement, et sont sujettes à la décohérence. En conséquence, la mise en œuvre de qubits sur un tel système physique présente au moins trois défis :

1. la conception et la construction d'un système physique émettant un signal avec des états quantiques (par exemple des sources mono-particulaires) ;

2. le choix des variables physiques mesurables dans le signal qui seront utilisées pour transmettre des bits d'information quantiques physiques ;
3. le schéma de codage quantique.

Les informations envoyées via les canaux quantiques sont transportées par des états quantiques, le codage est donc fondamentalement différent de tout schéma de codage classique. Le codage signifie la préparation d'un système quantique, selon la distribution de probabilité du message classique en cours de codage. De même, le processus de décodage est également différent : il s'agit ici de la mesure de l'état quantique reçu. Les propriétés d'un canal de communication quantique et les différences fondamentales entre les canaux de communication classique et quantique ne peuvent être décrites sans les éléments de la théorie de l'information quantique (voir l'ensemble du chapitre 1, p. 5 et suivantes, et du chapitre 2, p. 31 et suivantes).

1.1 Description de la couche physique

La couche physique est responsable de la transmission de ces signaux (ici quantiques), du nœud émetteur au nœud terminant le canal physique (une fibre optique ou une liaison satellite). Par comparaison du modèle classique, les diverses fonctions pourraient être de :

- ✓ activer, maintenir et désactiver la génération et la distribution de paires intriquées ;
- ✓ définir les débits possibles des paires intriquées générées et distribuées ;
- ✓ convertir les bits classiques ou quantiques en états quantiques du système porteur ;
- ✓ configurer le cas échéant le canal ;
- ✓ mémoriser le qubit applicatif à transmettre, le cas échéant ;
- ✓ enfin, effectuer des mesures des états de Bell (BSM).

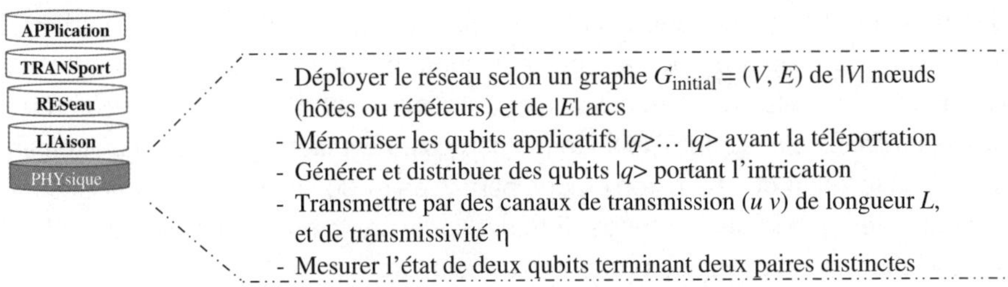

Figure 5.3 – La couche physique quantique, distribuant, mémorisant, mesurant.

1.2 Encodage dans des variables discrètes (DV) ou continues (CV)

L'un des défis de l'encodage du qubit |*q*> concerne le choix de la variable physique mesurable qui sera utilisée pour porter l'information quantique. Cela consistera à préparer l'état initial $|\psi_q>$ du signal quantique afin de l'encoder.

Reprenant le travail de Seth Lloyd, l'encodage *C*(|*q*>) correspond à l'état quantique $|\psi_q>$ et la matrice de densité ρ_A : c'est un signal portant l'un des bits quantiques, prêt à être envoyé sur le canal. Le codage *C* peut être basé sur une variable discrète (*Discrete Variable* ou DV) du système ou une variable continue (CV) du système.

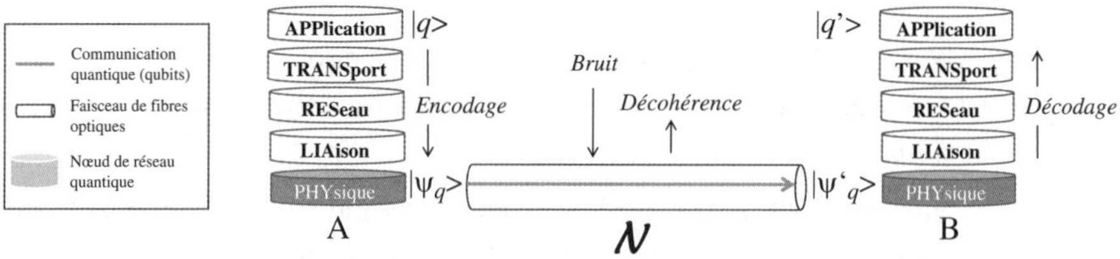

Figure 5.4 – La transmission d'un qubit |*q*> encodé en un vecteur d'état physique $|\psi_q>$.

« En physique quantique, les variables classiquement continues telles que l'énergie, le moment cinétique et la charge sont des unités discrètes appelées des quanta. Ce caractère discret des systèmes de la physique quantique tels que les photons, les atomes et les spins leur permet d'enregistrer des informations numériques ordinaires. Un photon polarisé circulairement gauche |0> = |*L*> peut coder un 0, par exemple, tandis qu'un photon polarisé circulairement droit |1> = |*R*> peut coder un 1. Les systèmes quantiques peuvent également enregistrer des informations d'une manière que les systèmes numériques classiques ne peuvent pas : un photon polarisé transversalement est dans une superposition quantique de polarisation gauche et droite, et dans un certain sens il code à la fois 0 et 1, en même temps. » [5]

Le rapport de Yale [6] intitulé « Des moyens prometteurs pour encoder et manipuler l'information quantique » fournit un aperçu intéressant : « les systèmes quantiques peuvent être classés en deux catégories, en fonction de la dimensionnalité de l'espace des paramètres nécessaire pour décrire leurs caractéristiques avec précision. D'une part, il existe des fonctionnalités quantiques qui nécessitent une dimension finie. Un exemple est le moment magnétique d'un électron, qui n'a que deux états distincts et est donc représenté dans un espace 2D. De telles caractéristiques sont appelées variables discrètes et sont intrinsèquement numériques. D'un autre côté, il existe des caractéristiques quantiques qui ont une infinité d'états distinctifs, comme la position d'un oscillateur harmonique quantique – la version mécanique quantique d'une masse suspendue à un ressort. Ces fonctionnalités sont connues sous le nom de variables continues et sont intrinsèquement analogiques. »

Si un qubit physique est porté par un système à variables discrètes (DV) en déplacement, et qu'il faut disposer d'une multitude de ces qubits pour construire un qubit logique fiable (voir le chapitre 2, § 3.3. Encodage d'un même qubit logique dans plusieurs qubits, p. 45), on peut intelligemment utiliser l'espace dimensionnel infini d'un oscillateur quantique ou un mode continu (CV) du système quantique afin de réaliser un qubit logique comparablement bien plus fiable.

1.3 Canal quantique avec bruit $\mathcal{N}$

L'entrée d'un canal quantique est donc un signal dont l'état quantique est $C(|q\rangle) = |\psi_q\rangle$, et qui code les informations dans une propriété physique (à variable discrète ou continue).

Le signal quantique est envoyé via le canal de communication quantique $\mathcal{N}$ qui, en pratique, peut être implémenté par exemple par un canal à fibre optique ou par un canal de communication quantique satellitaire, sans fil.

Sur la figure 5.5 ci-dessous :

- ✓ le canal Quantum $\mathcal{N}_1$ distribue un ebit encodé dans l'état intriqué $|\psi_{12}\rangle$, un élément de la paire à chaque partie. Par exemple, une source de photons (à l'unité) au milieu du canal émet la moitié de la paire intriquée – ψ_1 – vers un nœud hôte, la moitié – ψ_2 – vers le répéteur ;
- ✓ le canal quantique $\mathcal{N}_2$ transporte le qubit q_3 encodé en $|\psi_3\rangle$ de gauche à droite $[|\psi_3\rangle \to |\psi_3\rangle]$.

Dans les deux cas, le modèle de canal quantique qui est utilisé opère une transformation physiquement autorisée sur l'ensemble {canal $\mathcal{N}$, système quantique $|\psi\rangle$ porteur du qubit $|q\rangle$}. Le résultat de la transformation par le canal $\mathcal{N}$ est un autre système quantique dont les états quantiques sont représentés par des matrices de densité.

Les transformations de canaux physiquement autorisées peuvent être très différentes ; néanmoins il s'agit toujours de transformations CPTP (*Completely Positive Trace Preserving*) : elle préserve la trace de la matrice, c'est-à-dire la somme des éléments sur sa diagonale principale. La propriété de préservation de la trace signifie donc que les matrices de densité correspondantes à l'entrée et à la sortie du canal ont la même trace.

$$\mathrm{Tr}(\rho) = \mathrm{Tr}(\mathcal{N}(\rho)).$$

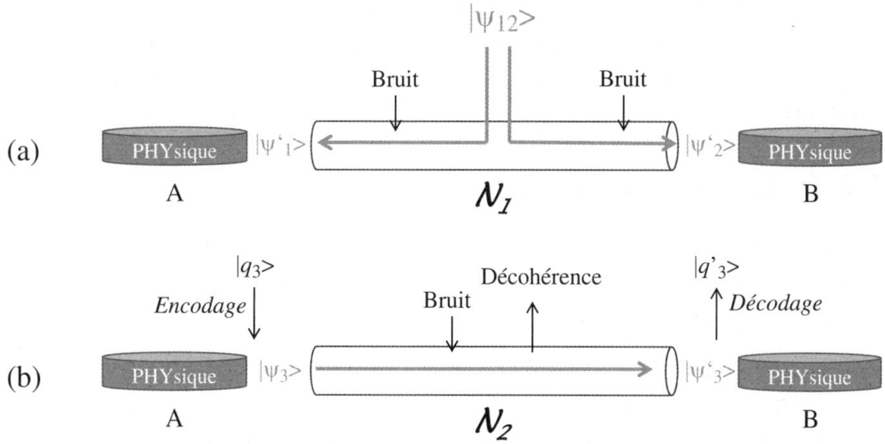

Figure 5.5 – Transmission (a) des deux qubits dans l'état intriqué $|\psi_{12}>$ à partir d'une source « au milieu » ; (b) Transmission du qubit encodé en $|\psi_3$ à partir d'une source « à la source ».

D'un point de vue algébrique, les canaux quantiques sont des cartes (*maps)* linéaires préservant les traces complètement positives (CPTP), tandis que d'un point de vue géométrique, le canal quantique $\mathcal{N}$ est une transformation affine. Si du point de vue algébrique les transformations sont définies par des matrices de densité, dans l'approche géométrique, les transformations de qubits sont également interprétables comme des vecteurs de la sphère de Bloch (voir le chapitre 1, § 1.1. Vecteur d'état ou fonction d'onde, p. 6). Pour préserver la condition d'une matrice de densité ρ, le bruit sur le canal quantique $\mathcal{N}$ doit préserver les traces (TP).

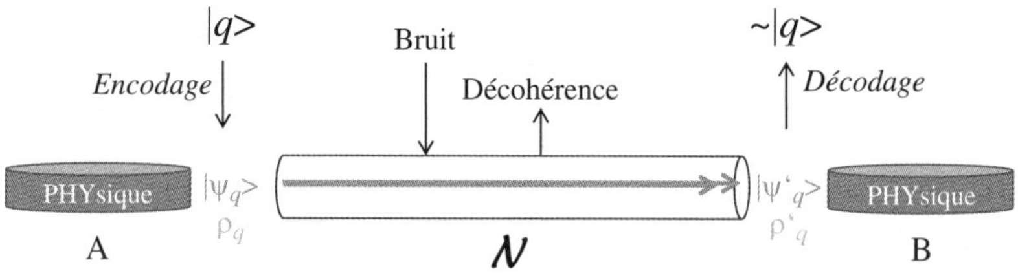

Figure 5.6 – Le canal avec bruit $\mathcal{N}$ transforme un système ρ_q en un système ρ'_q.

La matrice densité ρ_q devient, après la transmission par le canal $\mathcal{N}$, ρ'_q :

$$\mathcal{N}(\rho_q) = \rho'_q = \mathrm{Tr}_E[U(\rho \otimes \rho_E)U^\dagger]$$

avec $\mathcal{N}$ correspondant à un opérateur linéaire préservant la trace et appelé opérateur de super-diffusion :

$$\mathbf{Tr}(\rho_q) = \mathrm{Tr}(\mathcal{N}(\rho_q)).$$

De nombreux travaux de modélisation des canaux quantiques avec bruit (*Noisy Quantum Channel*) ont été publiés pendant ces presque trente dernières années, le premier étant peut-être le modèle du canal de Pauli, selon Bennett, Fuchs et Smolin [7].

1.4 Trajectoires quantiques

Comme le montre la section précédente, la majorité des protocoles de communication quantique codent les informations ***q*** dans des états quantiques $|\psi_q>$, mais ils traitent la propagation des supports d'informations comme étant classique.

Néanmoins, la physique quantique, toujours aussi contre-intuitive, permettrait aux particules quantiques de se propager simultanément en utilisant plusieurs trajectoires spatio-temporelles. Cette capacité permet à un support $|\psi_q>$ d'information quantique de se propager à travers une trajectoire quantique, c'est-à-dire à travers un chemin où les canaux de communication $\mathcal{N}_i$ constitutifs sont combinés dans une superposition quantique d'ordres différents, de sorte que l'ordre causal des canaux devient indéfini.

Cet usage non conventionnel des canaux est mis en œuvre théoriquement et expérimentalement via un commutateur quantique qui agit comme une « super-carte » (*Supermap* ; une extension de la physique quantique). Des articles récents comme [8] avancent que ce « phénomène non conventionnel d'activation causale a conduit les chercheurs à travailler à l'extension de la théorie quantique de Shannon pour modéliser la superposition cohérente de canaux quantiques ainsi que la superposition de leurs ordres causals en tant que ressource de communication. »

Les schémas de la figure 5.7 montrent la super-additivité de la capacité quantique du canal $\mathcal{N}$ ainsi obtenue :

- ✓ « (a) Lorsque le canal est utilisé en parallèle (cela est formellement donné par le produit tensoriel $\mathcal{N} \otimes \mathcal{N}$) sur des entrées séparables telles que $|0> \otimes |0>$, l'information cohérente des deux canaux ensemble $I_c(\mathcal{N}^2)$ est la somme des deux informations cohérentes individuelles $I_c(\mathcal{N}) + I_c(\mathcal{N})$. »
- ✓ « (b) Inversement, lorsque les deux instances du canal sont utilisées indépendamment sur un état intriqué $|\psi>$, une super-additivité des informations cohérentes se produit et les informations cohérentes conjointes $I_c(\mathcal{N}^2)$ dépassent la somme des informations cohérentes individuelles $I_c(\mathcal{N}) + I_c(\mathcal{N})$. »

Les auteurs de [8] montrent que cela vaut également pour deux canaux quantiques $\mathcal{N}$ et $\mathcal{M}$, sous certaines conditions. Il a été démontré que lorsque les supports d'informations quantiques sont envoyés via deux canaux bruités dans une superposition quantique de trajectoires, les interférences entre les deux processus bruyants résultants peuvent parfois conduire à une annulation partielle du bruit via la post-sélection.

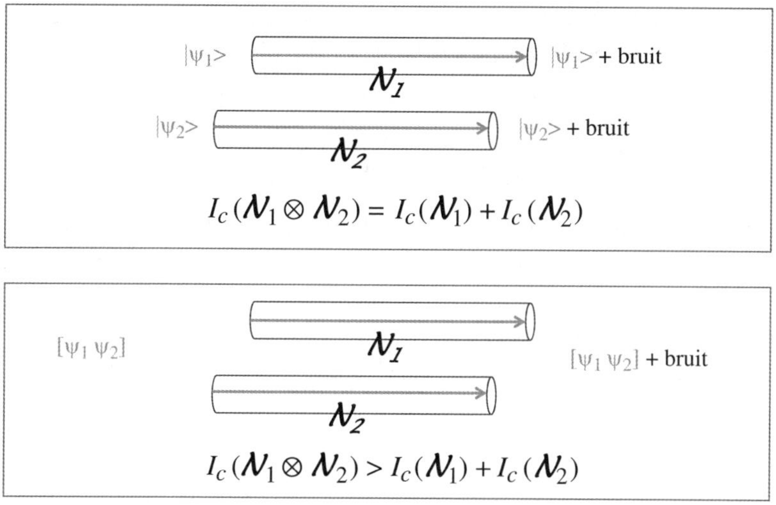

Figure 5.7 – Trajectoires quantiques à travers un ensemble $N_1 \otimes N_2$ de canaux.

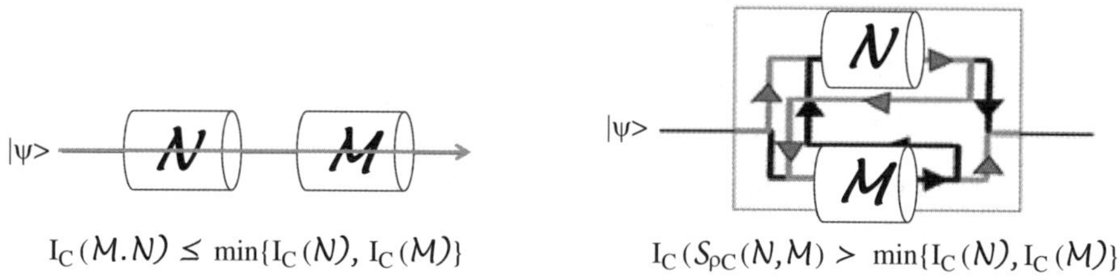

Figure 5.8 – Transmission à travers deux canaux en série ou en parallèle.

Nous n'avons pas encore assez de recul et d'expérimentations en laboratoire pour être capable d'intégrer cette fonctionnalité, de façon optionnelle, dans une des couches du modèle, mais l'argumentation et ce type de travaux méritent d'être poursuivis.

1.5 Opération de mesure des états de Bell (ou *swapping*)

Nous avons vu dans le chapitre 4 (voir p. 146) que les répéteurs ou routeurs quantiques ont pour rôle important de recevoir et de transformer des paires d'intrication (paires de Bell ou EPR) de courte portée en une intrication à portée plus grande. Cette opération de transformation est parfois appelée *swapping*, c'est une mesure des états de Bell.

Considérons que nous avons deux paires (1 & 2) (3 & 4) sous la forme $|\Phi^+\rangle_{1,2} \otimes |\Phi^+\rangle_{3,4}$, comme sur la figure 5.9. L'exécution d'une mesure des états de Bell (BSM) entre les qubits 2 et 3 projette les qubits 1 et 4 dans l'état $|\Phi^+\rangle_{1,4}$, moyennant une opération de correction de Pauli {Identité, Pauli-Z, Pauli-X ou Pauli-ZX} en fonction du résultat de la mesure de Bell. En les modélisant comme les états de Werner $\rho(1 \,\&\, 2)_W$ et $\rho(3 \,\&\, 4)_W$ avec la fidélité F, on obtient :

$$\rho^{(1\,\&\,2)}{}_W = W|\Phi^+\rangle\langle\Phi^+| + \frac{(1-W)}{4} I_4$$

$$\rho^{(3\,\&\,4)}{}_W = W|\Phi^+\rangle\langle\Phi^+| + \frac{(1-W)}{4} I_4.$$

L'état résultant après la mesure de Bell (et les opérations de correction) est également un état de Werner $\rho^{(1\,\&\,4)}{}_{W'}$: le produit des deux paramètres de Werner W_1 et W_2 : $W' = W_1W_2$. Si un nœud effectue une opération d'échange d'intrication sans bruit entre ces deux paires avec le même paramètre de Werner W et la même fidélité $F = (1 + 3W)/4$, alors la fidélité de l'état de Werner résultant est : $F_{swap} = (1 + 3W^2)/4$.

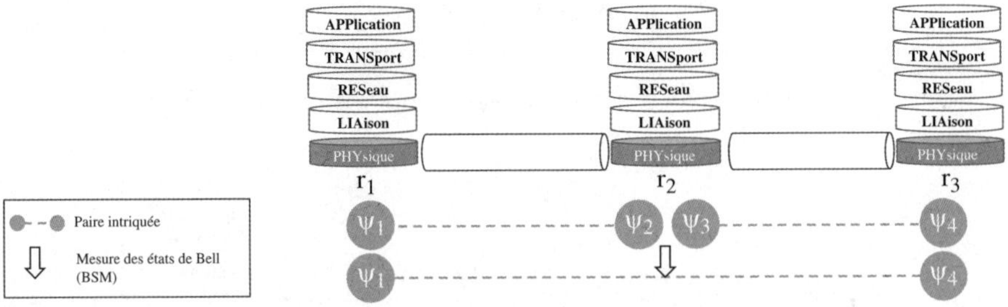

Figure 5.9 – Une mesure des états de Bell (ψ_2, ψ_3) créant la paire intriquée (ψ_1, ψ_4).

« Les expériences de Bell fournissent peut-être la démonstration la plus claire de la manière dont la physique quantique s'écarte radicalement de la physique classique. Dans de telles expériences, des paires de particules quantiques sont préparées dans des états intriqués spéciaux et mesurées séparément. Les résultats des mesures s'avèrent être plus fortement corrélés que ne le permet toute théorie classique locale. Les dernières décennies ont été marquées par d'intenses efforts théoriques et expérimentaux visant à étudier ce phénomène – les premières démonstrations irréfutables n'ayant été réalisées que récemment – et à l'appliquer à l'information quantique. Mais tout ce travail s'en tient au même modèle utilisé par John Stewart Bell il y a plus de 50 ans : deux particules ou plus sont préparées conjointement par la même source puis mesurées indépendamment. Aujourd'hui, Marc-Olivier Renou de l'Université de Genève et ses collègues ont brisé ce moule en découvrant une nouvelle forme de corrélation quantique apparaissant dans un réseau triangulaire plus complexe de sources et d'observateurs. Ce résultat offre une indication alléchante selon laquelle il pourrait exister tout un zoo de corrélations non classiques fondamentalement différentes de celles identifiées par Bell. » [9]

En effet, dans le cas d'un réseau de communications, le problème de non-localité se pose sous différents termes : plusieurs sources de particules intriquées sont à considérer. « La topologie des systèmes en réseau comprenant plusieurs sources de photons indépendantes devient très riche. Dans l'expérience de bilocalité (a), nous utilisons deux sources de photons entre trois observateurs. L'observateur B effectue une mesure simultanée sur les deux photons qu'il reçoit. Dans le réseau triangulaire à trois sources (b), chacun des trois observateurs reçoit deux photons. Ces réseaux sont déjà complexes à étudier, mais l'Internet quantique contiendra bien plus de sources indépendantes... »[27]

Certains répéteurs-routeurs seront capables de transformer non pas $m = 2$ paires intriquées en une paire de plus longue portée, mais $m > 2$ paires en une intrication multipartite ou un état-graphe ; cette transformation s'appelle une fusion.

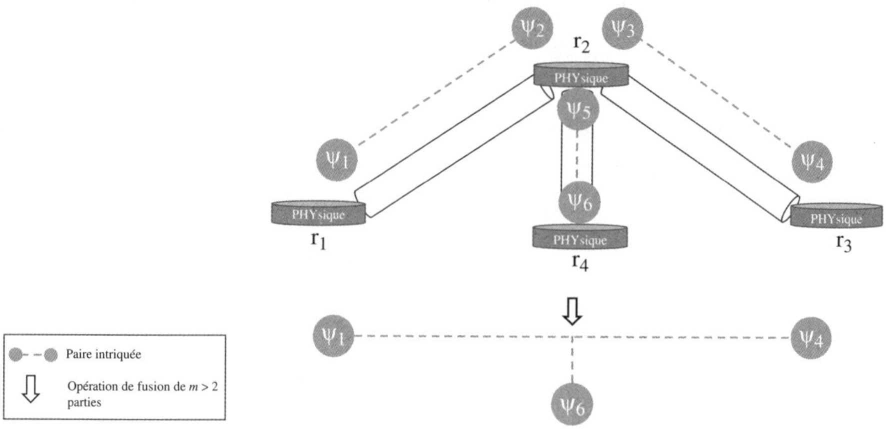

Figure 5.10 – Opération de fusion de $m > 2$ parties intriquées.

1.6 Fidélité et distillation

En raison du bruit inévitablement apporté par le canal de communication quantique (voir le chapitre 2, p. 82), l'intrication entre deux particules se dégrade de plus en plus à mesure qu'elles se propagent :

- ✓ si un nœud effectue une opération d'échange d'intrication entre ces deux paires EPR avec le paramètre de Werner W et la fidélité $F = (1 + 3W)/4$, alors la fidélité de l'état de Werner résultant est : $F_{swap} = (1 + 3W^2)/4$;
- ✓ la fidélité de bout en bout, le long d'un chemin de h arcs (et $h - 1$ répéteurs) sera de $(1 + 3W^h)/4$.

27. « La non-localité quantique à l'ère des réseaux » Marc-Olivier Renou, Nicolas Gisin, Nicolas Brunner.

Tableau 5.1 – Probabilités des résultats avec un état pur ou un état mixte.

Fidélité	$h = 2$	$h = 3$	$h = 4$	$h = 5$
0,95	0,90333333	0,85977778	0,81912593	0,7811842
0,9	0,81333333	0,73822222	0,67312593	0,61670914
0,85	0,73	0,634	0,5572	0,49576
0,8	0,65333333	0,54577778	0,4669037	0,40906272
0,75	0,58333333	0,47222222	0,39814815	0,34876543
0,7	0,52	0,412	0,3472	0,30832
0,65	0,46333333	0,36377778	0,31068148	0,28236346
0,6	0,41333333	0,32622222	0,28557037	0,26659951
0,55	0,37	0,298	0,2692	0,25768

La purification de l'intrication est donc essentielle pour distiller des états moins intriqués en états hautement intriqués. Les protocoles généraux de purification existants sont basés sur des opérations de NOT contrôlé (CNOT) ou similaires, qui sont assez difficiles à mettre en œuvre expérimentalement.

Prenons deux paires (1 & 2) (5 & 6) distribuées entre les nœuds r_i et r_{i+1}, dont la matrice densité s'écrit $\rho^{(1\,\&\,2)}$ et $\rho^{(5\,\&\,6)}$. Une fois distribuée via le canal quantique, leur matrice densité devient :

$$\rho^{(1\,\&\,2)}{}_W = W|\Phi^+\rangle\langle\Phi^+| + \frac{(1-W)}{4} I_4$$

$$\rho^{(5\,\&\,6)}{}_W = W|\Phi^+\rangle\langle\Phi^+| + \frac{(1-W)}{4} I_4.$$

Nous appliquons alors des portes CNOT sur les deux qubits (1 & 5) d'une part et sur les deux autres (2 & 6) d'autre part, suivies d'une mesure sur les qubits (5 & 6) dans la base de calcul. Après avoir effectué les mesures, les nœuds r_i et r_{i+1} comparent leurs résultats de mesure. Si les deux résultats de mesure sont identiques, les qubits de la paire cible (1 & 2) ont alors été projetés dans l'état $|00\rangle$ ou $|11\rangle$, la purification a réussi et les qubits de contrôle (1 & 2) sont conservés. Sinon, la paire (1 & 2) sera rejetée, et la paire (5 & 6) détruite par la mesure.

Les réalisations actuelles des portes CNOT sont beaucoup trop imparfaites pour être utiles à la communication quantique longue distance. Il existe des réalisations de purification qui ne nécessitent aucune opération CNOT [10] mais uniquement de simples éléments optiques linéaires. La perfection de tels éléments étant très élevée, les opérations locales nécessaires à une telle distillation doivent être réalisées avec la précision requise…

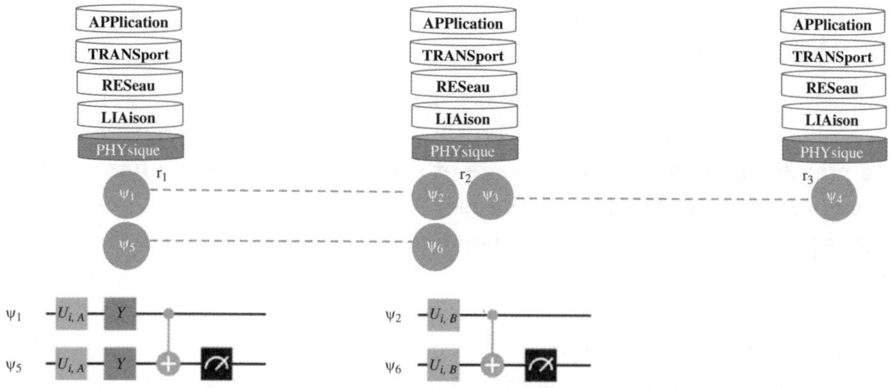

Figure 5.11 – Distillation de deux paires (ψ_1, ψ_2), (ψ_5, ψ_6) reliant r_1 et r_2, pour obtenir une paire (ψ_1, ψ_2) de fidélité $F' > F$.

1.7 Gestion de l'information globale $G = (V, E)$

La topologie du réseau QCN, le nombre $|V|$ de nœuds et le nombre $|E|$ d'arcs ou de canaux reliant les nœuds, constitue une information globale majeure au niveau de la couche PHYsique. Une partie de cette information globale est déléguée, dupliquée sur chaque répéteur r_i, comme par exemple l'information des nœuds r_j, adjacents au répéteur r_i.

Par exemple, l'information globale du réseau de la figure 4.21 (p. 150) serait :

Graphe G_2

```
G = [
[0,[1,4]], [1,[0,2,5]], [2,[1,3,6]], [3,{2,7]], [4,[0,5,8]], [5,[1,4,6,9]],
[6,[2,5,7,10]], ...
]
```

alors que chaque nœud n'aurait connaissance que d'un sous-ensemble : le nœud 0 de l'information [1, 4], le nœud 1 de l'information [0, 2, 5], le nœud 2 de [1, 3, 6], etc.

Pour libérer toute la puissance du traitement dans des **tâches d'informatique quantique distribuées**, un réseau de communications quantiques (QCN) sera la clé. Bien que l'information quantique puisse être stockée et traitée sur différents types de plateformes (voir le chapitre 4, § 3. Mémoire Quantique (MQ), p. 135), ce seront probablement les photons, en tant que seuls **qubits volants** connus, qui seront le support d'informations dans un réseau QCN. La perte dans le canal constitue le défi majeur de ces communications : la puissance de transmission de la lumière dans la fibre décroît de façon exponentielle avec la longueur de la fibre.

Par conséquent, les protocoles réseau utilisant des nœuds intermédiaires ou des répéteurs sont importants pour les deux.

Contrairement à l'information classique, l'information quantique ne peut pas être simplement clonée et amplifiée. **De toute évidence, une densité élevée de nœuds répéteurs sera nécessaire et cette augmentation du nombre des nœuds répéteurs sera donc coûteuse.** À cet égard, une question clé pour la conception d'un QCN est de comprendre le compromis entre la densité des nœuds et le taux de distribution de l'intrication : combien de nœuds sont nécessaires pour garantir une transmission de qubits fiable entre plusieurs utilisateurs dans une région fixe ? La réponse dépend non seulement des distances globales entre les utilisateurs, mais aussi de la topologie du QCN à construire.

Comme il est probable que les réseaux de fibres classiques déjà déployés puissent être adoptés comme la base des futurs réseaux QCN, les ingénieurs-chercheurs auraient aimé adopter une approche scientifique des réseaux et développer un modèle basé sur la transmission probabiliste de photons uniques. Cependant, pour des réseaux QCN exploitant des technologies quantiques telles que la correction d'erreurs quantiques (QECC) et la génération d'états non classiques, l'approche semi-classique ne s'appliquera pas.

Plus récemment, les auteurs de [11] ont envisagé une approche algorithmique pour optimiser les emplacements des nœuds répéteurs. Comme les résultats reposent sur des protocoles spécifiques, les limites fondamentales du compromis restent floues.

Zhuang et Zhang [12] abordent le problème en partant de ses limites fondamentales : comme l'architecture et les protocoles exacts des réseaux de communications quantiques ne sont pas clairement fixés, les auteurs de [12] ont choisi une approche théorique de l'information et évalué la capacité de bout en bout de la transmission de qubits. Pour tenir compte des différentes possibilités des futurs réseaux QCN, ils considèrent deux types de modèles de réseau :

- ✓ ceux basés sur les réseaux Waxman ;
- ✓ et les réseaux sans échelle.

Leurs résultats s'appliquent à tous les types de communications quantiques s'appuyant sur un réseau de fibres optiques, car la capacité de transmission quantique assistée par la communication bidirectionnelle est égale pour tous les canaux (voir le chapitre 2, § 6.4. Capacités C et Q de transmission d'un canal quantique, p. 84).

Dans les réseaux type Waxman, la capacité moyenne d'ensemble passe brusquement de valeurs presque nulles à des valeurs non nulles pour une densité critique de nœuds-répéteurs. Au-dessus du seuil, il croît linéairement avec la densité, à un rythme dépendant des propriétés statistiques du réseau. Étonnamment, dans une région donnée, la capacité de bout en bout ne dépend pas de la distance entre les deux nœuds d'extrémité, en raison du routage multi-chemins permis par la coordination de l'ensemble du réseau.

Dans les réseaux QCN sans échelle, la capacité moyenne d'ensemble sature jusqu'à atteindre une constante en fonction de l'échelle du réseau à mesure que la densité des nœuds augmente, en raison de la connectivité limitée du réseau qui empêche un routage multi-chemin efficace.

Modèles de réseau QCN

Vu la perte de signal photonique dans les canaux de transmission optique, une densité de nœuds répéteurs sera nécessaire. Pour identifier la densité critique, il commence à exister des modèles de réseaux, comme dans [12].

Ainsi, l'équivalent QCN de la couche PHYsique du modèle OSI devrait fournir les services suivants à la couche du dessus :

- ✓ constituer et maintenir l'information globale de la topologie du réseau $G = (V, E)$;
- ✓ activer et désactiver la génération et la distribution de paires intriquées ;
- ✓ définir le débit de cette génération (en nombre de paires intriquées par seconde), éventuellement le type de multiplexage souhaité ;
- ✓ stocker le qubit « applicatif » à transmettre (par téléportation) ;
- ✓ distiller le cas échéant des paires intriquées pour améliorer la fidélité ;
- ✓ effectuer une mesure des états de Bell ;
- ✓ activer ou non l'utilisation de trajectoires quantiques.

La couche du dessus, couche de LIAison, est décrite dans la section suivante.

2. LA COUCHE DE LIAISON QUANTIQUE : L'INTRICATION

Au-dessus de la couche PHYsique, la ressource essentielle est la liaison quantique, qu'elle soit bipartite (c'est alors un ebit) ou multipartite.

2.1 Description de la couche

Dans le modèle OSI classique, la couche de liaison de données transforme la couche physique, une installation de transmission brute, en une liaison fiable. Elle est responsable du déplacement des trames de données (par exemple des paquets IP) d'un nœud au suivant, c'est-à-dire de la livraison point-à-point. Pour ce faire, ses diverses fonctions sont de :

- ✓ diviser le flux de bits reçu de la couche réseau en unités de données gérables et appelées trames dans le modèle classique ;
- ✓ ajouter une en-tête à la trame pour définir l'adresse physique de l'expéditeur et du destinataire de la trame ;
- ✓ fournir un mécanisme de contrôle de flux pour éviter, en mettant en mémoire tampon les bits supplémentaires, qu'un émetteur rapide ne dépasse les capacités d'un récepteur lent ;
- ✓ contrôler les erreurs : en raison du théorème de non-clonage, la correction des erreurs s'effectue différemment de celle de la couche de liaison classique ;
- ✓ déterminer quel appareil contrôle le lien à un moment donné, lorsque deux appareils ou plus sont connectés au même lien.

Son équivalent quantique a surtout pour fonction de :

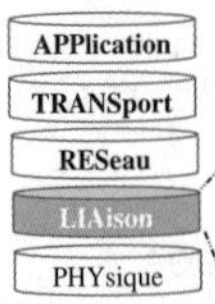

- Établir des paires de qubits intriqués ou ebits $|e>$ ou liaisons quantiques élémentaires entre deux nœuds adjacents ;
- $Q_{(u,v)}(t)$ la queue d'ebits présents à l'instant t sur la liaison physique (u, v)
- Un flux $f^{i}_{(u,v)}$ = nombre de liaisons allant de u vers v pour la i^e demande
- Un taux de liaisons q élémentaires au-dessus du canal (u, v)/cycle: $EXT_{(u\ v)}$
- Une fidélité de la liaison $F(h = 1) = <\phi|\rho_e|\phi>$
- Une liaison quantique interne correspondant à l'opération de swap (probabilité q)
- Etablir le graphe $G_{réduit} = (V, E)$ correspondant au réseau réduit aux liaisons quantiques élémentaires

Figure 5.12 – La couche de liaison quantique, manipulant des ebits.

2.2 La ressource majeure : la liaison quantique

◆ *Liaison quantique bipartite*

Bien qu'il existe quelques protocoles de communications quantiques basés sur la transmission directe ou encodée des qubits applicatifs, le réseau QCN le plus universel sera basé sur une distribution continue ou à la demande de paires intriquées sur chaque lien physique entre ses nœuds. La génération et la distribution réussies d'un des éléments $|\psi_1>$ sur le répéteur r_1 et du second $|\psi_2>$ sur le répéteur r_2 établissent ce qui est aussi appelé un **ebit** ou une **liaison quantique** entre r_1 et r_2.

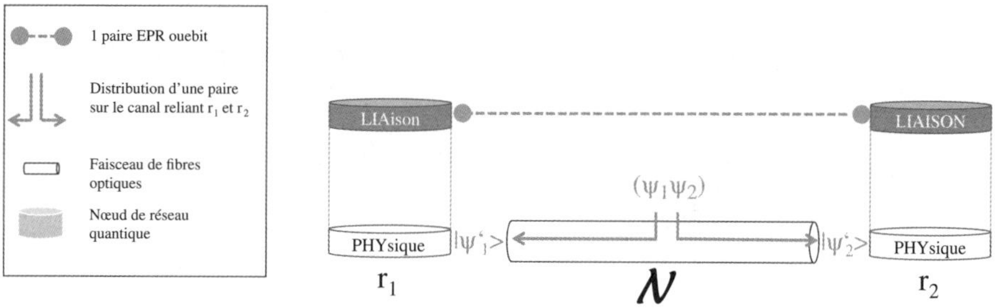

Figure 5.13 – Établissement d'une liaison quantique bipartite (ebit) au-dessus du canal (r_1, r_2).

Il est d'usage de représenter la queue ou file d'attente des ebits correctement distribués sur le lien (u, v) connectant les nœuds u et v à l'instant *t* par : $Q_{(u,v)}(t)$. La gestion de la couche LIAison et en particulier des ebits distribués avec succès le long du chemin reliant la source n_A à la destination n_B se traduit alors par une gestion des files d'attente : $Q_{(n_A, r_1)}(t)$, $Q_{(r_1, r_2)}(t)$, … $Q_{(r_{n-1}, n_B)}(t)$.

◆ *Liaison quantique multipartite*

Par simplicité, nous avons jusqu'à présent principalement utilisé et représenté des liaisons quantiques à deux qubits : des paires intriquées ou paires EPR avec $m = 2$. Mais il est aussi possible d'établir des intrications entre $m > 2$ qubits ou sous-systèmes quantiques (voir le chapitre 1, p. 35) ; cette opération s'appelle une **fusion,** une ***m*-fusion**. Ce sera requis particulièrement pour des applications comme la synchronisation multipartite au sein d'un réseau local ou métropolitain.

Ainsi, probablement dans un second temps, la couche LIAison pourrait avoir à opérer des fusions de plus de deux paires intriquées et savoir créer des états-graphes ou intrications multipartites ($m > 2$).

Dans une intrication multipartite représentée par un état-graphe (*State Graph*), chaque sommet désigne un système quantique ou qubit à deux niveaux – une notion qui peut être étendue aux systèmes quantiques de dimension finie *d*. À chaque sommet $a \in V$ du graphe $G = (V, E)$ est attaché un opérateur hermitien.

Les sommets de *G* correspondent aux qubits intriqués et les arêtes de *E* indiquent des corrélations entre les qubits. Nous pouvons également définir l'état du graphe *G* comme l'état propre commun + 1 des opérateurs de corrélation. Dans cette représentation, un état GHZ de *n* qubits se lit comme sur la figure ci-dessous.

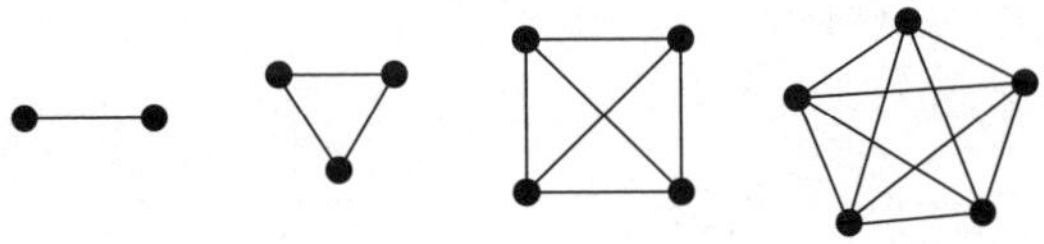

Figure 5.14 – États GHZ de N parties sous forme de graphes ;
(a) $N = 2$; (b) $N = 3$; (c) $N = 4$; (d) $N = 5$.

2.3 Fidélité de la liaison quantique et distillation

Nous l'avons vu à maintes reprises : lorsqu'il est question d'intrication, il est indispensable de considérer l'effet de décohérence. Une température finie (dans le cas de particules en interaction) ou un canal de communication bruyant (dans le cas de systèmes quantiques distribués) conduisent à une décohérence des états quantiques du support de l'information, avec un taux qui généralement augmente proportionnellement avec le nombre de particules. Par conséquent, seuls des états mixtes plutôt que des états purs seront disponibles, et la fidélité réalisable diminue de façon exponentielle à la fois avec le temps et avec la taille du système. Dans la pratique, il faudra donc vérifier qu'un état intriqué d'un grand nombre de particules puisse effectivement être créé et maintenu, et ce avec ou sans des protocoles de purification de l'intrication, qui peuvent être utilisés pour purifier une large classe d'états intriqués multipartites.

Lorsque nous appliquons l'opération physique de distillation décrite au § 1.6. Fidélité et distillation, p. 169, sur deux liaisons de même paramètre W et de même fidélité F, la liaison cible obtient pour caractéristiques :

$$W' = \frac{(4F' - 1)}{3} \quad \text{avec} \quad F' = \frac{F^2 + \frac{(1-F)^2}{9}}{F^2 + \frac{2F(1-F)}{3} + \frac{5(1-F)^2}{9}}$$

$$F' > F$$

La couche LIAison reçoit de la couche au-dessus le niveau de fidélité minima attendue (par exemple $F' = 0{,}96$) et délègue à la couche physique le nombre d'opérations de distillation qu'elle a évalué pour y parvenir, à partir d'une estimation de la fidélité des paires distribuées (par exemple, $F \cong 0{,}85$).

2.4 Graphe réseau réduit

En fonction de la réussite de la distribution des paires intriquées sur chaque canal physique et de la valeur minimale attendue concernant la fidélité de chaque liaison quantique, le graphe $G = (V, E)$ du réseau physique initial, composé de nœuds et d'arcs se réduit à un graphe $G_{\text{réduit}} = (V', E')$ où $E' \subset E$ ne contient que les liens supports d'une liaison à un ou plusieurs ebits et $V' \subset V$ ne contient plus que les nœuds connectés par au moins une intrication.

Tableau 5.2 – Amélioration de la fidélité (*F* en *F'*, *W* en *W'*) grâce à la distillation de deux paires.

W	*F*	*F'*	*W'*
0,93333333	**0,95**	**0,99723757**	0,99631676
0,86666667	**0,9**	**0,98780488**	0,98373984
0,8	**0,85**	**0,96979866**	0,95973154
0,73333333	**0,8**	**0,94117647**	0,92156863
0,66666667	**0,75**	**0,9**	0,86666667
0,6	**0,7**	**0,84482759**	0,79310345
0,53333333	**0,65**	**0,77522936**	0,70030581
0,46666667	**0,6**	**0,69230769**	0,58974359
0,4	**0,55**	**0,5990099**	0,46534653

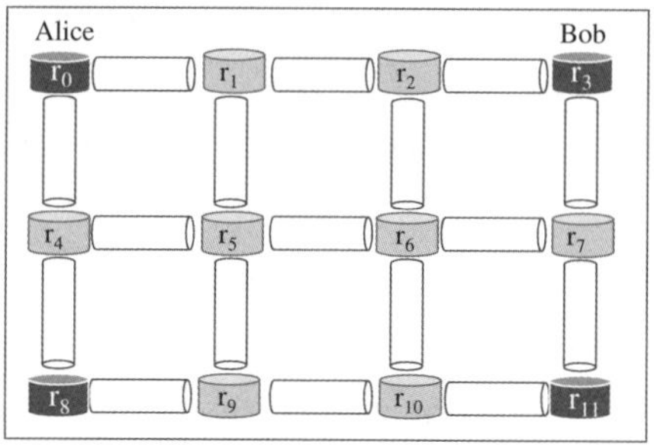

(a) Couche PHYsique: $G = (V, E)$

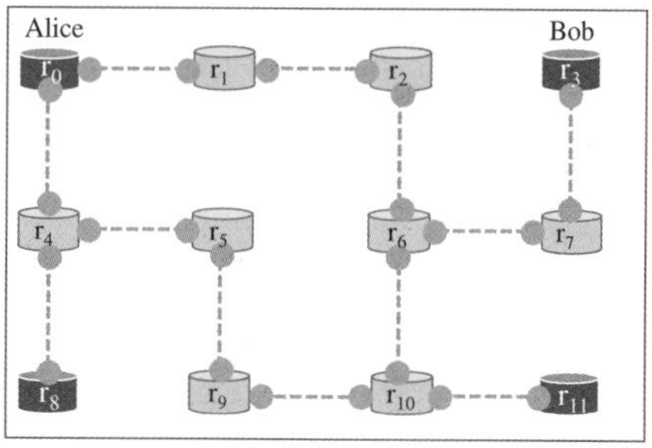

(b) Couche LIAison: $G_{réduit} = (V', E')$

Figure 5.15 – Vu de la couche LIAison, (a) le réseau initial de graphe *G* se réduit dans (b) le graphe $G_{réduit} = (V', E')$.

Graphe *G*

```
G = [
[0,[1,4]], [1,[0,2,5]], [2,[1,3,6]], [3,[2,7]], [4,[0,5,8]], [5,[1,4,6,9]],
[6,[2,5,7,10]], ...
]
```

Graphe $G_{réduit}$

```
G = [
[0,[1,4]], [1,[0,2]], [2,[1,6]], [3,[7]], [4,[0,5,8]], [5,[4,9]],
[6,[2,7,10]], ...
]
```

Si l'information globale $G = (V, E)$ de l'état du réseau G est gérée de façon centralisée ou répartie au niveau de la couche physique, c'est l'information globale $G_{réduit} = (V', E')$ qui devient importante au niveau de la couche LIAison.

2.5 Codes correcteurs d'erreurs quantiques

Lorsque des opérations d'encodage $\mathcal{E}$ et de décodage $\mathcal{D}$ sont nécessaires,

$$(\mathcal{D} \circ \mathcal{N} \circ \mathcal{E})(\rho) \propto \rho, \text{ pour tout état d'entrée } \rho$$

$\mathcal{E}$ et $\mathcal{D}$ permettent ainsi de corriger les erreurs du canal quantique $\mathcal{N}$. C'est la couche LIAison qui le met en œuvre. Elle permet d'encoder un ou *n* qubits « applicatifs » en une séquence de *k* qubits « physiques » ou *k* états $|\psi_q>$.

La section 3 du chapitre 2, Codage de l'information quantique, p. 43, donne des exemples de codes QECC.

2.6 L'équivalent des trames dans un réseau QCN

Dans un réseau de communications non quantiques, la couche de LIAison divise le flux de bits reçus de la couche du dessus (couche RESeau) en unités de données gérables appelées des **trames**. Dans une communication quantique, le flux de bits à transmettre correspond à :

- ✓ un nombre aléatoire de bits (rbits) codés en $|q> = |0>$ ou $|1>$, et représentant une clé secrète à partager ;
- ✓ deux bits classiques codés dans un qubit physique $|q>$ pour le codage superdense ;
- ✓ l'un ou les deux éléments d'une paire intriquée $|\psi_{12}>$;
- ✓ *k* bits quantiques $|q>$ correspondant à un qubit logique.

Il peut y avoir des protocoles de communication quantique où rassembler les qubits applicatifs en trames peut faire sens et être très intéressant. C'est ce à quoi se sont attelés CISCO Research et ACACIA Communications [13] :

« Afin d'effectuer une commutation de paquets dans un réseau quantique, nous devons d'abord définir une structure de trame de données capable de gérer une charge utile quantique. L'idée centrale que nous utilisons est une structure de trame hybride : chaque charge utile quantique est encadrée par un en-tête et une fin, classiques. L'en-tête contient des informations cruciales pour le routage, l'atténuation et la correction des erreurs. Le message en queue indique la fin du signal quantique, comme le montre la figure 5.16.

L'en-tête et la queue classiques ainsi que la charge utile quantique peuvent être générés à l'aide de différentes sources photoniques et multiplexés dans une trame de données hybride en utilisant différents degrés de liberté de lumière, tels que le temps, la longueur d'onde, la polarisation, le mode spatial, etc., ou toute combinaison de ces modes, comme le montre la figure 5.16. Son schéma (b) est une représentation d'un nœud source qui génère une trame hybride.

Une unité de contrôle est utilisée pour déclencher des composants matériels qui génèrent des signaux pour l'en-tête et la remorque classiques ainsi que pour la charge utile quantique. L'émetteur classique code les données d'en-tête et de fin et une source quantique émet et code les états quantiques. Les deux signaux sont ensuite multiplexés en utilisant une forme de multiplexage prédéterminée et envoyés à travers la fibre. La source quantique représentée est une source générale et peut émettre des états quantiques arbitraires, même des systèmes multimodes. Sur la figure, nous ne représentons pas la partie de fin de la trame, mais la fin suivra la charge utile quantique comme illustré, en utilisant le même codage et le même multiplexage que l'en-tête.

La figure 5.16 est une représentation de deux approches de multiplexage. Sur la gauche se trouve le multiplexage temporel, où les informations d'en-tête seront envoyées plus tôt que la charge utile quantique, afin que le récepteur puisse distinguer les deux. À droite se trouve le multiplexage par répartition en longueur d'onde, où les signaux peuvent être envoyés simultanément mais à des longueurs d'onde différentes. »

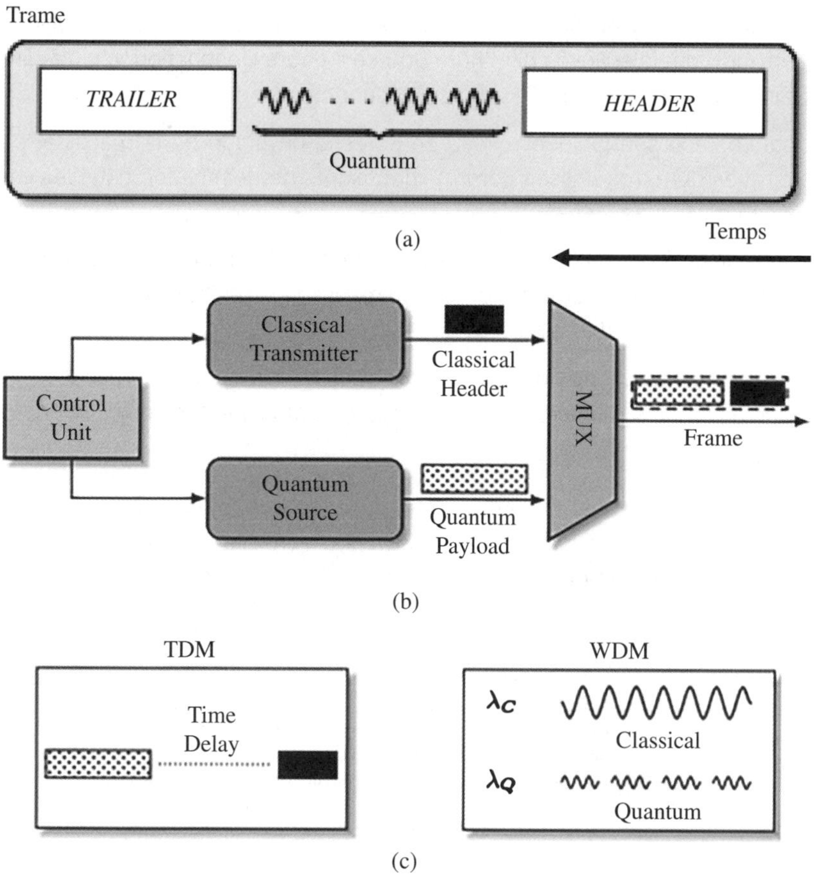

Figure 5.16 – (a) Structure d'une trame ; (b) Multiplexage des bits (données de routage) et des qubits ; (c) Multiplexage en temps (TDM) ou en longueur d'onde (WDM) ; extraite de [13].

L'équivalent QCN de la couche LIAison fournit les services suivants à la couche du dessus :

- ✓ constituer et maintenir l'information globale de la topologie du réseau $G_{\text{réduit}} = (V', E')$;
- ✓ gérer la ressource basique et essentielle : la liaison quantique (un ebit dans le cas bipartite) ;
- ✓ évaluer le nombre de distillation à faire faire pour obtenir la fidélité escomptée ;
- ✓ encoder et décoder les qubits logiques en qubits physiques.

La section suivante présentera la couche RESeau.

3. COUCHE RÉSEAU : DES PROTOCOLES DE ROUTAGE DE L'INTRICATION

Dans le modèle classique, la couche RESeau est responsable de la livraison des paquets individuels envoyés par l'hôte Source à l'hôte Destination, c'est-à-dire de la livraison de bout en bout. Ses principales fonctions sont de :

- ✓ traduire l'adresse logique réseau en adresse physique de la machine, c'est-à-dire les numéros utilisés comme identifiants de destination dans les cartes réseau physiques ;
- ✓ déterminer la qualité du service en décidant de la priorité du message, puis décider de la route d'acheminement du message s'il existe plusieurs manières pour un message d'atteindre sa destination ;
- ✓ diviser les paquets[28] les plus volumineux en paquets plus petits si le paquet est plus grand que la plus grande trame de données acceptée par la liaison de données ;
- ✓ router.

Dans le modèle quantique, compte-tenu du fait que les séquences de qubits applicatifs ne seront probablement pas, dans un premier temps, organisées en paquets, la couche RESeau quantique aura davantage pour fonction de :

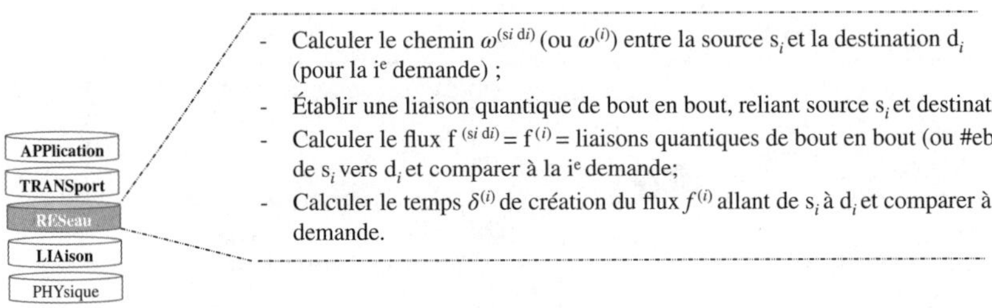

Figure 5.17 – Les fonctions de la couche RESeau dans le modèle quantique.

28. Les paquets IP ne peuvent pas transiter sur un réseau tel quel, ils sont encapsulés dans ce que l'on appelle une trame, au niveau de la couche de liaison.

3.1 Calcul des itinéraires

Les protocoles de routage de l'intrication s'avèrent les plus efficaces et les plus fiables pour fournir les communications quantiques requises dans les différents cas d'utilisation répertoriés dans le chapitre 3 (voir p. 95 et suivantes). Ainsi la couche RESeau du modèle quantique a la charge de calculer la route la plus optimale entre les Sources s_i et les Destinations d_i, de transmettre cette information de routage, puis d'ordonner à la couche LIAison d'effectuer les mesures d'états de Bell (BSM) qui permettront l'établissement des liaisons quantiques de bout en bout (un des qubits intriqués sur s_i, le second sur d_i).

Afin que les répéteurs-routeurs concernés effectuent ces opérations assimilées à du routage de l'intrication et créent ainsi une paire intriquée ou une liaison quantique reliant Sources et Destinations, une fonction du réseau QCN doit calculer les itinéraires possibles entre chaque couple (s_i et d_i) s'il s'agit d'une communication monodiffusion, entre les $m > 2$ parties (s_{i1}, d_{i1}, d_{i2}, d_{i3}...) s'il s'agit d'une large diffusion.

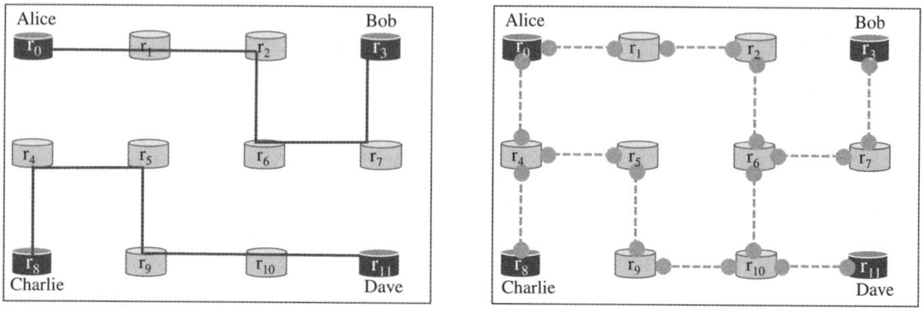

(c) Couche RESeau: un ensemble **d'itinéraires**

(b) Couche LIAison: $\boldsymbol{G_{réduit} = (V', E')}$

Figure 5.18 – (c) : Deux ensembles Source, Destination d'un même réseau QCN, (s_1 = Alice, d_1 = Bob) et (s_2 = Charlie, d_2= Dave), et les itinéraires pour leurs communications.

◆ *La couche LIAison sous-jacente n'effectue que des fusions de deux paires*

Dans le cas d'une couche de LIAison n'effectuant que des mesures d'états de Bell (ou fusions de deux paires), tout enchaînement de canaux de transmission qui relie chaque couple ($Alice_i$ et Bob_i) constitue une route ou un itinéraire pour cette Source-Destination.

Par exemple, entre s_1 = Alice (nœud r_0) et d_1 = Bob (noeud r_3) de la figure 5.18, un premier itinéraire calculé sur le graphe $G = (V, E)$ serait la chaîne (r_0, r_1, r_2, r_3) ; un second, la chaîne (r_0, r_1, r_2, r_6, r_7, r_3) ; un troisième pourrait être celui-ci (r_0, r_1, r_5, r_6, r_7, r_3), etc. Le même calcul sur le graphe $G_{réduit}$ ne contenant que les liaisons quantiques effectivement distribuées n'aboutirait qu'à la séquence $(r_0, r_1, r_2, r_6, r_7, r_3)$.

Pour ce calcul, peuvent être appliqués quelques algorithmes existants comme l'algorithme de Dijkstra [14] et l'algorithme de Yen [15], permettant de trouver :

✓ le meilleur chemin pour le premier ;

✓ les k meilleurs chemins pour le second ;

et ce pour chaque paire d'utilisateurs quantiques (s_i et d_i).

◆ La couche LIAison sous-jacente effectue des fusions de n paires (n > 2).

Nous l'avons évoqué dans le § 2.2. La ressource majeure : la liaison quantique, sous-section Liaison quantique multipartite, p. 175, la couche sous-jacente de LIAison peut savoir effectuer des fusions de plus de $m = 2$ paires intriquées, ce qui est particulièrement utile pour des communications quantiques à large diffusion (*broadcast*). Néanmoins, il est difficile de concevoir des itinéraires pour des couples d'utilisateurs quantiques Source-Destination reliés par des *n*-fusions. Le nombre de méthodes possibles de routage *n*–fusion est bien supérieur au nombre de méthodes possibles d'échange classique.

Cependant dans l'article [16], sous *m*-fusion, la connexion entre une paire d'utilisateurs quantiques pourrait être un graphe de type flux au lieu d'un chemin. Une connexion sous *n*-fusion peut être une combinaison de plusieurs chemins dans le *swap* classique. Il peut y avoir jusqu'à $2|V|!e$ graphiques et chemins de type flux entre une paire d'utilisateurs quantiques dans un graphe complet (les commutateurs peuvent être sélectionnés plusieurs fois), où $|V|$ est le nombre de sommets dans *G*, ! désigne la factorielle et e est le nombre d'Euler. Un ensemble de routes aussi énorme entraînera une surcharge de calcul importante pour trouver des routes hautes performances sous *n*-fusion.

Ainsi, pendant chaque temps de cycle (voir le chapitre 6, § 1.5. Synthèse des quatre phases, p. 196), et sur la base de :

✓ l'emplacement des utilisateurs finaux, c'est-à-dire des nœuds hôtes ;

✓ l'état des liaisons quantiques ;

✓ et donc, de la topologie du réseau réduit $G_{\text{réduit}} = (V', E')$;

une fonction du réseau QCN peut calculer les itinéraires possibles, voire les meilleurs.

3.2 Transmission des informations de routage

Une fois le calcul des itinéraires effectué, les protocoles de routage d'intrication envoient aux nœuds répéteurs l'information locale correspondant aux paires de Bell sur lesquelles ils vont exécuter une mesure BSM.

Dans l'Internet classique, il existe principalement deux types de protocoles de routage : les protocoles basés sur des vecteurs-distance et les protocoles connaissant l'état des liaisons. Les premiers, comme par exemple le protocole RIP (*Routing Information Protocol*) ne connaît pas la topologie complète du réseau, alors que les protocoles basés sur l'état de liaisons, par exemple le protocole OSPF (*Open Shortest Path First*), conservent en interne une représentation graphique de la configuration du réseau. Les protocoles basés sur l'état de liaisons utilisent généralement l'algorithme de Dijkstra pour déterminer le chemin le plus court entre deux nœuds.

Dans l'Internet quantique, le protocole de transfert de l'information locale pertinente à chaque répéteur-routeur n'est pas encore figé ou standardisé ; il s'appuiera peut-être sur l'un des protocoles de routage actuellement utilisés par Internet.

3.3 Protocoles de routage de l'intrication

À partir de ces deux briques fonctionnelles (calcul des itinéraires, envoi des informations locales pertinentes), plusieurs protocoles de routage de l'intrication peuvent être conçus, simulés et comparés. Le défi lors d'une telle conception est de réussir à maximiser le taux de génération de l'intrication requis par chaque ensemble Source-Destination $\{s_i, d_i\}$. Par exemple :

- ✓ la source s_1 peut souhaiter un taux élevé de génération de paires intriquées (de l'ordre de 100 M ebits par seconde) avec éventuellement une grande latence de transfert, pour transmettre à la destination d_1 les nombreux bits de la clé secrète ;
- ✓ la source s_2 peut souhaiter un taux moindre de génération de paires intriquées (de l'ordre de 10 kebits par seconde) mais avec une latence courte et une très haute fidélité, pour transmettre à la destination d_2 le résultat d'un calcul quantique.

Citons seulement ici les travaux d'une équipe du Massachussetts [17] qui a développé et analysé des protocoles de routage permettant de générer simultanément au moins une intrication entre plusieurs paires d'utilisateurs (s_i, d_i) dans tout réseau de communications quantiques QCN équipé de répéteurs comme ceux décrits au chapitre 4, § 5. Répéteurs/Routeurs Quantiques, p. 146.

Les auteurs de [17] constatent que, même avec une capacité limitée de traitement quantique au niveau des nœuds du réseau, le routage par intrication sur un réseau QCN offre des possibilités très intéressantes :

« Pendant la phase externe, chacune des paires de registres $S(N_{ij})$ situées de part et d'autre d'un canal N_{ij} tente d'établir une paire intriquée partagée (paire EPR). Une tentative d'intrication sur l'une des liaisons parallèles $S(N_{ij})$ à travers le canal N_{ij} réussit avec une probabilité $p_0(N_{ij}) \sim \eta(N_{ij})$, où $\eta(N_{ij}) \sim e^{-\alpha L(N_{ij})}$ est la transmissivité d'un canal optique avec perte, de longueur $L(N_{ij})$. En utilisant une communication classique bidirectionnelle sur le canal $\mathcal{N}_{ij}$, les nœuds répéteurs voisins r_i, r_j apprennent lesquels des liens parallèles $S(\mathcal{N}_{ij})$ ont réussi leur distribution d'intrication pendant la phase externe. Puis durant la phase interne du même intervalle de temps de cycle, des échanges d'intrication (mesures BSM) sont tentés localement au niveau de chaque nœud répéteur entre des paires de mémoires de qubits. Nous associons ces tentatives de BSM à des liens internes, c'est-à-dire des liens entre des mémoires internes à un nœud répéteur, représentés par des lignes pointillées à l'intérieur des répéteurs sur la figure. Si $T > 1$, un nœud répéteur peut tenter un BSM entre des qubits contenus dans des registres correspondant à deux intervalles de temps différents. Pour minimiser les exigences en matière de temps de cohérence de la mémoire et pour éviter de nécessiter une commutation temporelle, nous supposerons $T = 1$. Ainsi, les mesures BSM seront toujours tentés entre deux qubits dans des mémoires distinctes qui ont été intriquées avec leurs homologues respectifs au niveau de leurs nœuds voisins respectifs dans le même créneau horaire. Chacune de ces tentatives de lien interne réussit avec une probabilité q. »

Des méthodes plus généralistes sont proposées par [4] [18] [19], utilisant trois phases successives (dynamique, statique et adaptative) :

« Dans la phase dynamique, qui est la première phase, les dispositifs du réseau quantique utilisent les canaux quantiques pour répartir les états intriqués les uns entre les autres. Une fois cette phase terminée, les dispositifs du réseau quantique partagent certains états quantiques intriqués, ce qui aboutit à la phase statique. Au cours de cette phase, les dispositifs du réseau quantique stockent localement ces états intriqués pour de futures demandes. Enfin, dans la phase adaptative, les périphériques réseau manipulent et adaptent les états intriqués de la phase statique. Cela peut être dû soit à des demandes de clients dans les réseaux, mais également à des pannes d'appareils dans un réseau quantique. » [18]

Des études comme [20] examinent même la possibilité de déléguer le calcul des routes à des algorithmes quantiques.

Ces protocoles donneront lieu à une présentation plus détaillée dans le chapitre 6.

3.4 Taux d'intrication de bout en bout

Une des fonctions principales sous-tendant l'Internet quantique sera de générer des intrications quantiques entre émetteurs et récepteurs distants (Alice_i, Bob_i). Comme vu précédemment, les protocoles de routage de l'intrication comprennent plusieurs étapes i) la génération et distribution des intrications locales, ii) le calcul des routes optimales et iii) le routage ou transformation (*swapping*) des intrications locales en intrication de plus longue portée au niveau des répéteurs quantiques.

Le taux d'intrication d'une connexion de bout en bout, entre une source s_i et une destination d_i, quantifie le nombre de paires intriquées établies par seconde, associées à la fidélité particulière demandée ; le taux sera noté ou E.

Les connexions intriquées peuvent être caractérisées par une fonction de coût, qui est pratiquement l'inverse du débit d'intrication d'une connexion donnée. Par conséquent, il est important de trouver le chemin intriqué le plus court (un ensemble de liaisons quantiques mises bout à bout) dans le réseau QCN, par rapport à la fonction de coût particulière.

Un nœud quantique donné, dans le réseau QCN, peut stocker plusieurs systèmes intriqués dans ses mémoires quantiques locales, lesquels sont parfois aussi appelés des ports intriqués ; l'objectif est donc de trouver le chemin le plus court entre les ports enchevêtrés du réseau. L'opération de commutation par intrication est donc analogue au problème d'affectation de ports intriqués.

Ainsi, l'équivalent quantique de la couche RESeau fournit les services suivants à la couche du dessus :

- ✓ intégrer les requis en matière de taux d'intrication, de latence ;
- ✓ calculer les itinéraires optimaux entre source s_i et destination d_i ;
- ✓ transmettre les informations locales pertinentes à chaque répéteur.

La section suivante présentera la couche TRANSport.

4. COUCHE TRANSPORT : UN PROTOCOLE QTCP ?

Dans l'Internet classique, les deux protocoles fondamentaux qui servent de méthodologie pour des livraisons unifiées, fiables, ordonnées et vérifiées contre les erreurs du flux d'informations classique entre les applications sur Internet sont le protocole de contrôle de transmission (TCP) et le protocole Internet (IP).

La couche transport du modèle OSI classique est responsable de la livraison de l'intégralité du message, de processus à processus, c'est-à-dire de la livraison de la source à la destination de l'intégralité des paquets IP. Elle garantit que l'ensemble du message arrive intact et dans l'ordre, assurant à la fois le contrôle des erreurs et le contrôle du flux au niveau source destination. Ses fonctions principales sont de :

- ✓ segmenter et réassembler ; elle divise chaque message en paquets à la source et réassemble ensuite à la destination ;
- ✓ adresser des points de service. L'en-tête de couche de transport H4 comprend un point de service pour fournir un processus spécifique de la source à un processus spécifique à la destination ;
- ✓ contrôler le mode de connexion : la couche peut être soit sans connexion (*connectionless*), soit orientée connexion (*connection-oriented*) ;

- ✓ contrôler le flux ; elle fournit un contrôle de flux de bout en bout plutôt que sur un seul lien ;
- ✓ contrôler les erreurs ; la couche garantit que l'intégralité du message arrive à la couche de transport de réception sans erreur.

On pourrait s'attendre à la possibilité de protocoles de transport quantique analogues, permettant à des ordinateurs quantiques sur différentes plates-formes de s'interconnecter. Cependant, les paquets et trames du protocole TCP/IP classique ne peuvent pas être directement appliquées à un réseau de communications quantiques comme nous l'avons vu dans les chapitres précédents. En particulier, la retransmission est l'un des mécanismes de base utilisés dans un réseau à commutation de paquets pour une communication fiable, alors que la retransmission de messages quantiques est généralement impossible en raison du théorème de non-clonage. D'autres opérations du protocole TCP/IP telles que *checksum* ou *handshake* sont également difficiles.

Les deux protocoles de transport quantique que nous allons étudier ici seront le protocole de téléportation, qui s'assure du transport d'un seul qubit applicatif, et le protocole qTCP.

4.1 Protocole de téléportation

Comme nous l'avons déjà détaillé au chapitre 2, § 6.5. Types de transmission par un canal quantique $\mathcal{N}$, p. 86, nous présenterons le protocole de téléportation, ici, selon la synthèse suivante, utilisant les services en couche :

- ✓ demande d'établissement d'une intrication de bout en bout entre source s_i et destination d_i, à la couche RESeau ;
- ✓ à réception du succès (ACK), application des opérations quantiques CNOT sur le couple (qubit applicatif a|0> + b|1>, qubit local intriqué avec le qubit distant) puis Hadamard sur le qubit applicatif ;
- ✓ mesure de ces deux qubits selon Pauli-Z, toujours par s_i ;
- ✓ envoi du résultat des deux mesures (deux bits classiques) à d_i ;
- ✓ transformations unitaires sur d_i (e.g. opérations de Pauli) pour modifier le qubit local et ainsi obtenir le qubit applicatif a|0> + b|1>.

Ainsi, le protocole de téléportation permet de transmettre un qubit applicatif pour le coût d'une paire intriquée de bout en bout et deux bits classiques de communication du résultat de la mesure. Transmettre un paquet de *n* qubits coûtera alors *n* paires intriquées et 2^n bits de signalisation. Et ce protocole ressemble à un protocole basé sur la commutation de circuits virtuels, le circuit virtuel de bout en bout étant la distribution d'une paire intriquée de bout en bout.

Peut-on faire mieux ? Est-ce que la commutation de paquets quantiques peut faire sens ?

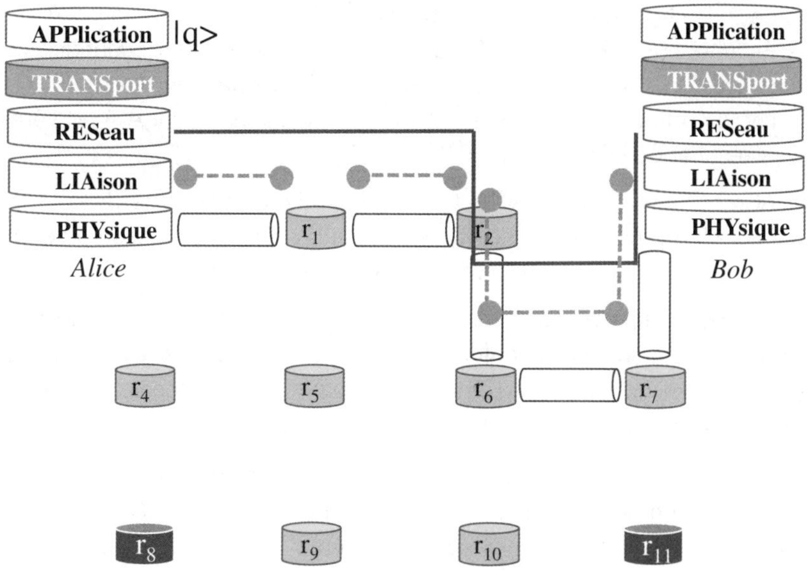

Figure 5.19 – L'établissement de liaisons quantiques tout le long d'au moins un itinéraire reliant Alice et Bob permet la téléportation du qubit applicatif $|q>$.

4.2 Vers un protocole qTCP ?

Au sein d'Internet, la commutation de paquets IP est une technique permettant de transmettre des données de manière fiable et efficace dans les communications à travers un réseau TCP/IP et certains [21] proposent d'utiliser aussi cette fonctionnalité dans l'Internet quantique.

Dans ce cadre, un message quantique est divisé en paquets, qui seront ensuite envoyés à destination via le réseau de routeurs et de répéteurs. Puisque les canaux quantiques sont inévitablement bruités, un tel protocole de commutation de paquets quantiques nécessite que les paquets soient protégés par des codes correcteurs d'erreurs quantiques (QECC ; voir le chapitre 2, § 3.3. Encodage d'un même qubit logique dans plusieurs qubits, p. 45). Dans la proposition [21], un paquet qTCP consiste en $n + k$ qubits.

1. La **première phase** consiste à créer une connexion logique entre le processus Source (hôte A) et le processus Destination (hôte B), reprenant la phase *three-way handshake* du protocole TCP :
   - ✓ SYN : l'hôte A établit *m* paires EPR locales $|\Phi+>_{A1A2}$. L'hôte A envoie SYN à l'hôte B, ainsi que l'état quantique de A_2 (stocké sous B_2 par l'hôte B) dans un paquet qTCP.
   - ✓ SYN-ACK : l'hôte B reçoit le paquet qTCP. Tout d'abord, il applique la correction de Pauli à B_2, puis envoie SYN+1 à l'hôte A, ainsi que l'état quantique

de B_2 (stocké sous A_2 par A). L'hôte B établit *m* paires EPR locales $|\Phi+>_{B_3B_4}$. Ensuite, l'hôte B envoie ACK à l'hôte A, ainsi que l'état quantique de B_3 (stocké sous A_3 par A) dans un paquet qTCP. Après avoir vérifié SYN+1, l'hôte A effectue une mesure de Bell multipliée par *m* sur A_1A_2 et vérifie si le résultat de la mesure est 0^{2m}.

- ✓ ACK : l'hôte A envoie ACK+1 et transfère l'état quantique de A_3 à B_3 de l'hôte B. Après avoir vérifié ACK+1, l'hôte B effectue une mesure de Bell *m* fois sur B_3B_4 et vérifie si le résultat de la mesure est 0^{2m}.

À ce stade, les deux hôtes ont reçu un accusé de réception de la connexion. On peut observer que le canal quantique entre les deux hôtes n'est pas bruité si et seulement si la distribution des EPR n'est pas bruitée. Ce protocole peut détecter avec précision les bruits des canaux.

2. Puis peut avoir lieu la phase de transfert des données quantiques. Pour ce faire, il est utilisé un schéma de partage de secrets quantiques (*Quantum Secret Sharing Scheme*) [22]. Par exemple un schéma[29] ayant pour seuil (*l*, *m*) avec $m < 2l$ code un état quantique secret arbitraire et le divise en *m* parts de telle sorte que :

   a. à partir de *l* actions ou plus, le secret peut être récupéré ;

   b. et à partir de n'importe quel $l - 1$ ou moins de partages, aucune information sur l'état quantique secret ne peut être déduite.

   Par exemple, le message quantique A est codé en trois partages $A_1A_2A_3$ ($m = 3$), au moins deux partages réussis sont nécessaires pour récupérer le message initial A. Les partages A_2 et A_3 sont envoyés séquentiellement, en fonction de l'accusé de réception du partage précédent. Si le premier partage A_2 est acquitté, le partage A_3 est alors envoyé. Si A_3 est également reconnu, cette phase est terminée puisque A_2A_3 suffit à récupérer A. Cependant, si A_2 se perd, A_1 doit être envoyé avec précaution. À cette fin, A_1 est à nouveau encodé en trois parts par le schéma de partage de secret, avec seuil (2, 3), et la procédure se déroule de manière récursive.

3. Enfin, un protocole de terminaison ferme les circuits virtuels établis et libère toutes les ressources allouées. Pour terminer une connexion, les auteurs de [21] proposent d'utiliser la négociation à quatre voies comme dans le protocole TCP classique, où chaque côté de la connexion est terminé et chaque tampon est libéré indépendamment.

Notez que chaque paquet qTCP est protégé par un code correcteur d'erreur quantique et que chaque message quantique A est divisé en plusieurs partages selon le schéma de partage de secret quantique retenue (trois dans l'exemple plus haut). Par conséquent :

29. L'exigence de $m < 2l$ vient du théorème de non-clonage.

- ✓ élément positif : le message quantique est protégé par la concaténation d'un code quantique et d'un schéma de partage de secret ;
- ✓ point plus ennuyeux : les ressources nécessaires sont encore très importantes et les répéteurs requis, au moins de la troisième génération.

> Le protocole de transmission le plus utilisé dans un premier temps sera probablement la téléportation simple, à 1 qubit.

4.3 Adressage quantique

Le protocole TCP/IP inclut aussi un schéma d'adressage Internet qui permet aux utilisateurs et aux applications d'identifier un réseau ou un hôte spécifique avec lequel communiquer. Une adresse Internet fonctionne comme une adresse postale, permettant le routage des données vers la destination choisie. TCP/IP fournit des normes pour l'affectation d'adresses à des réseaux, des sous-réseaux, des hôtes et des sockets, et pour l'utilisation d'adresses spéciales pour les diffusions et le bouclage local.

Toute adresse Internet est faite d'une adresse réseau et d'une adresse hôte (ou locale). Par exemple l'adresse IP décimale 192.168.123.132 (en notation binaire : 11000000.10101000.01111011.10000100) correspond au réseau 192.168.123 et à l'hôte 132 de ce réseau.

Qu'en est-il pour l'adressage dans l'Internet quantique ?

Des adresses quantiques ont déjà été proposées dans la littérature [23] mais dans un contexte très différent, pour mettre en œuvre la superposition de chemins et de tâches. D'une manière différente, il est fait ici référence à l'adresse quantique comme l'équivalent quantique de l'adressage univoque fourni par IP, par exemple à l'équivalent quantique de l'adresse 192.168.123.132 ou 11000000.10101000.01111011.10000100.

Compte tenu des propriétés non conventionnelles de l'information quantique, tout état quantique agissant comme adresse hôte serait intrinsèquement privé, donnant naissance au concept de réseau privé virtuel quantique, où non seulement le contenu – crypté via des protocoles de cryptographie quantique – mais également l'identité de la source et de la destination du message – crypté dans un état quantique – seraient privés. De toute évidence, l'adressage quantique représente un sujet de recherche totalement inexploré.

4.4 Itinéraire quantique

Par ailleurs, si les supports d'information quantique sont traités de manière quantique dans un réseau QCN, les itinéraires par lesquels ils se propagent restent pour l'instant très classiques, obéissant aux lois de la causalité classique. La proposition d'adressage quantique peut alors être généralisée dans la mesure où non seulement les informations ou les canaux, mais aussi les trajectoires peuvent être quantiques [24] (voir aussi § 1.4. Trajectoires quantiques, p. 166).

Un placement non conventionnel des canaux $\mathcal{N}$ sur le chemin entre Source et Destination a été vérifié théoriquement et expérimentalement, et il s'est avéré capable de décrire des configurations puissantes pour la transmission d'informations classiques et quantiques. Ce véritable phénomène quantique joue un rôle primordial pour atteindre des capacités de transfert d'informations sans précédent, et il doit être pleinement compris et exploité pour la conception de l'Internet quantique.

À cet égard, notons que, pour tenir compte des particularités des trajectoires quantiques au sein d'une pile protocolaire, le canal quantique ne doit pas être confiné à la couche la plus basse, comme le suggèrent les modèles de Van Meter *et al.* ou de Wehner *et al.*, et comme nous l'avons vu au § 1.4. En fait, la capacité des particules quantiques à se propager simultanément entre plusieurs trajectoires spatio-temporelles affecte l'ensemble des fonctionnalités de la pile.

Par conséquent, il n'est pas possible de tracer une frontière claire entre les couches mettant en œuvre les communications quantiques et les couches exploitant uniquement le fonctionnement, comme dans les modèles de Van Meter *et al.* ou de Wehner *et al.* Les couches PHYsique et de LIAison quantiques ne peuvent pas être les seules couches requises pour s'interfacer avec le canal quantique physique.

On comprend bien aussi que le calcul de l'itinéraire optimal entre chaque couple de Source-Destination reste un sujet totalement ouvert.

Ainsi, l'équivalent quantique de la couche TRANSport peut fournir les services suivants à la couche du dessus :

✓ livrer l'intégralité des bits quantiques d'un même ensemble (une clé par exemple) de la source à la destination ;

ou

✓ téléporter un seul qubit applicatif de la source à la destination ;

✓ mettre en œuvre un adressage quantique.

La couche session, responsable de la gestion des sessions dans le réseau, et la couche de représentation, responsable de la représentation des données de manière appropriée, ne semblent pas utiles pour le modèle quantique. Aucun modèle ne le propose, ni ne l'intègre.

La section suivante présentera la couche APPlication.

5. LA COUCHE APPLICATIVE ET SES QUBITS UTILISATEURS

Dans le modèle OSI standard, la couche application est surtout le point d'accès aux services réseaux sous-jacents. Comme le modèle n'a pas pour rôle de spécifier les applications, cette couche fournit les seuls services suivants :

- ✓ s'assurer que la partie tierce est identifiée et accessible ;
- ✓ le cas échéant, authentifier soit le destinataire, soit l'expéditeur du message, soit les deux ;
- ✓ s'assurer que les ressources de communication nécessaires existent ;
- ✓ garantir un accord aux deux extrémités de la communication quant aux procédures de reprise en cas d'erreur, à l'intégrité des données et à la confidentialité ;
- ✓ déterminer un protocole et des règles de syntaxe des données au niveau application (par exemple, http).

Tout modèle quantique équivalent procèdera de même : s'assurer que les parties sont identifiées, voire authentifiées, s'assurer que le réseau sous-jacent met à disposition des ressources intriquées et un protocole de transport comme la téléportation, déterminer le protocole de niveau applicatif, comme la distribution quantique de clés cryptographiques ou la demande de calcul quantique en aveugle (voir le chapitre 3, § 2. Calculs quantiques distribués, plus ou moins aveugles, p. 106).

Une application particulière sur laquelle nous nous appesantirons ici est l'**authentification d'identité quantique**. Evidemment de tels protocoles d'authentification peuvent s'appuyer sur le partage classique d'une clé secrète. Cependant, certaines informations peuvent fuir, et pour éviter cela, il faut des canaux classiques authentifiés. Peuvent alors être proposés d'autres protocoles [25] qui génèrent des nombres aléatoires pour convenir de la clé de session. La clé secrète est rafraîchie à la fin du protocole, ce qui améliore la sécurité mais affecte l'efficacité du protocole en raison des surcharges associées. Le protocole d'authentification d'identité quantique le plus attendu utilisera la distribution quantique de clés (QKD) [26] [27] pour rafraîchir régulièrement la clé d'authentification entre les participants.

En résumé

Quels que soient les efforts de recherche en cours, nous sommes encore loin de disposer d'un **modèle à plusieurs niveaux, complet et univoque, pour l'Internet quantique**. En fait, les particularités non conventionnelles de l'information quantique et de l'intrication en tant que ressource de communication rendent difficile l'établissement d'un lien clair entre les fonctionnalités des réseaux quantiques et classiques. Les conséquences de ce nouveau concept de connectivité – ainsi que les phénomènes non conventionnels caractérisant la physique quantique – déforment complètement les hypothèses fondamentales de plusieurs couches.

Par ailleurs, la conception d'une pile de protocoles quantiques doit prendre en compte la connectivité virtuelle et physique. Ces deux paradigmes de communication différents – la transmission d'informations via une connectivité physique ou la téléportation via une connectivité basée sur l'intrication virtuelle – nécessitent une coopération et une coordination étroites entre les nœuds du réseau, qui impliquent une signalisation classique. Pour cela, il est peu probable que l'Internet quantique soit fonctionnellement autonome et indépendant de l'Internet classique. En fait, l'Internet quantique et l'Internet classique interagissent et s'influencent mutuellement.

Une telle coordination de paradigmes rend la cartographie biunivoque entre les couches de réseau classiques OSI ou TCP/IP et les couches de réseau quantique difficile à définir.

Néanmoins architecturer au sein d'un modèle en couches les services de traitement du signal quantique (QSP), de génération et distribution de paires intriquées, d'opérations locales (LO) quantiques et de communications quantiques est possible. Dans la section 1, nous avons vu qu'au niveau physique, le traitement du signal classique devient le traitement du signal quantique (QSP), le signal physique portant un ou plusieurs qubits. La section 2 a décrit la ressource majeure de ces réseaux, à savoir l'intrication, ainsi que les codes de correction d'erreur quantique (QECC). La section 3, au niveau RESeau, a traité des protocoles de routage de l'intrication : calcul des itinéraires et transmission de ces informations aux répéteurs-routeurs. Nous avons évoqué deux protocoles de TRANSport. Tout ceci permet au niveau APPlicatif de ne se focaliser que sur le protocole ...applicatif.

Actuellement, il existe plusieurs projets et efforts de normalisation internationaux (par exemple à l'UIT, l'IETF, l'IEEE, GSMA, l'ETSI) qui visent à définir une telle architecture, avec ses interfaces et ses protocoles. Ils devraient garantir l'interopérabilité entre les réseaux quantiques, c'est-à-dire leur interfonctionnement transparent avec les infrastructures de télécommunications actuelles [28] [29].

6 Protocoles de routage de l'intrication

Objectifs

Ainsi l'intrication (bi- ou multipartite) sera au cœur de la facette quantique du réseau des réseaux, en support de la sécurisation des communications comme du calcul quantique distribué. Des paires intriquées seront distribuées en continu ou à la demande sur chaque lien physique d'un réseau local (*Local Area Network*), métropolitain (*Metropolitan Area Network*) ou lingue distance (*Wide Area Network*).

Un protocole de routage de l'intrication quantique définit la séquence des opérations effectuées globalement par le réseau et localement par les routeurs / répéteurs, afin de transformer la série de paires intriquées le long du chemin en une seule paire intriquée longue distance, ayant les caractéristiques demandées.

Que ce soit pour établir un réseau de communications quantiques de taille métropolitaine ou sur de longues distances, il faudra savoir répondre à des défis majeurs : perte des photons selon une fonction exponentielle de la distance, nécessité de router les paires intriquées en un temps inférieur à leur (faible) durée de vie, multiples utilisateurs demandeurs en concurrence sur des ressources non partageables.

Ce chapitre présente les principaux protocoles de routage d'intrication, et leurs avantages et inconvénients vis-à-vis de ces défis.

Comme pour tout réseau (classique ou quantique), le plan de contrôle ou de signalisation permet d'échanger des bits classiques entre les nœuds de façon à :

- ✓ optimiser la configuration du réseau de communications quantiques QCN ;
- ✓ estimer la fidélité moyenne F des canaux quantiques reliant les nœuds du réseau ;
- ✓ améliorer la qualité de l'intrication en demandant la distillation de plusieurs paires intriquées en une seule ;

- ✓ calculer les chemins optimaux reliant la Source et la Destination de chaque ensemble d'utilisateurs (Alice et Bob sur la figure 6.1 ci-dessous) et transmettre les informations locales pertinentes ;
- ✓ définir les ebits à router au niveau des répéteurs pour obtenir un ebit longue distance entre Source et Destination.

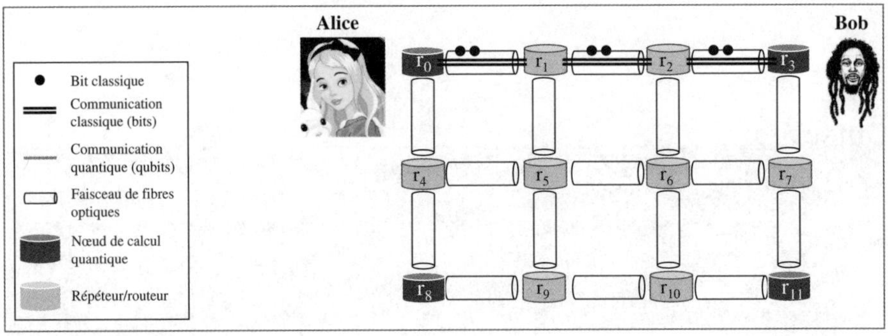

Figure 6.1 – Deux bits classiques (par exemple) sont échangés entre les nœuds adjacents, dans le plan de contrôle ou de signalisation.

Pour ces communications classiques dans le plan de contrôle, différentes échelles de temps et divers types de protocoles sont nécessaires. Afin de les comparer, nous proposons un cadre global constitué de quatre phases, et de leurs fenêtres temporelles respectives : ce fera l'objet de la prochaine section.

1. CADRE GÉNÉRAL POUR LES COMPARAISONS

Les protocoles de routage de l'intrication, publiés ces vingt dernières années et simulés, utilisent des terminologies encore très hétérogènes. Pour les décrire de façon homogène et éventuellement permettre des comparaisons entre eux, nous avons choisi le cadre suivant, articulé en quatre phases : celle initiale de la configuration du réseau (phase 1), la phase adaptative (phase 2), la troisième phase de distribution des paires intriquées, puis la phase dynamique de mesures des états de Bell selon une « route » calculée (phase 4).

1.1 Phase 1 : phase de configuration

Cette première phase, très en amont du routage des paires intriquées, vise à établir la topologie du réseau quantique., c'est-à-dire à positionner de manière optimale les nœuds répéteurs dans une infrastructure de fibre optique existante. Elle permet aussi de pré-estimer la fidélité des canaux entre chaque nœud (nœud hôte ou répéteur quantique). Sa fenêtre temporelle est en mois ou en années.

Par exemple, il a été calculé que le réseau constitué des quatre nœuds utilisateurs de la figure 6.1 nécessitaient huit répéteurs, placés à proximité des chambres de l'infrastructure optique déjà existante.

Une telle phase s'appuie sur des algorithmes comme celui décrit en référence [1].

1.2 Phase 2 : phase adaptative

Durant cette phase adaptative, les meilleurs chemins possibles connectant deux à deux l'ensemble des nœuds hôtes (Alice, Bob,...) sont précalculés. Par exemple, sont calculé ici les dix premiers chemins connectant la source $s_1 = r_0$ et la destination $d_1 = r_{11}$, en partant du plus court : {(A, r_1, r_2, r_3, r_7, B), (A, r_1, r_2, r_6, r_7, B), (A, r_1, r_5, r_6, r_7, B),...),...} ; puis sont calculés les dix premiers chemins connectant la source $s_2 = r_0$ et la destination $d_2 = r_3$... Au total cette phase établit les *p* meilleurs chemins des C_2^N combinaisons de paires parmi un ensemble de *N* nœuds hôtes.

Cette phase permet aussi éventuellement de calculer le nombre d'opérations de purification d'intrication nécessaires pour obtenir un seuil de fidélité donné.

Ces informations sont envoyées à tous les nœuds répéteurs. Sont concernés des algorithmes comme l'algorithme de calcul du chemin le plus court conçu par Dijkstra [2], l'algorithme de calcul des *p* plus courts chemins conçu par Yen [3] ou le protocole de configuration d'un réseau quantique (*Quantum Network Configuration Protocol* ou QNCP) [4].

La fenêtre temporelle correspondante, et nommée ici *T* (en minutes), concerne la durée pendant laquelle les *N* utilisateurs pourront téléporter des qubits par l'intermédiaire du réseau d'intrication.

1.3 Phase 3 : génération et distribution

Pendant la phase de génération et de distribution des paires intriquées, un grand nombre de paires intriquées (ebits) sont générées et distribuées. Il s'agit de la phase externe dans la proposition de protocole décrit dans [5].

Ce qui est en cœur des enjeux ici, ce sont les schémas de multiplexage permettant de distribuer le maximum de paires intriquées le long de chaque lien (r_i, r_j) [6].

La fenêtre temporelle (en millisecondes) associée à cette phase est liée à τ et $\tau_{\text{décoh}}$, qui sont respectivement la durée d'une communication classique unidirectionnelle entre deux nœuds adjacents et celle de la décohérence quantique en mémoire.

Enfin, tous les nœuds sur le chemin doivent impliquer simultanément les moitiés de toutes les paires avec leur prédécesseur et leur successeur. La synchronisation temporelle est donc absolument nécessaire (elle peut être réalisée par les protocoles de synchronisation actuels).

1.4 Phase 4 : routage ou fusion (*swapping*)

Cette dernière est la phase de routage quantique proprement dite, impliquant des opérations locales quantiques ou des appareils optiques sur chaque nœud répéteur. Ce routage de l'intrication quantique vise à « acheminer » les ebits, comme indiqué dans les informations locales connues du répéteur. À l'issue de la quatrième phase, la plupart sinon toutes les sources peuvent finaliser le protocole de téléportation en appliquant le protocole de téléportation sur leur qubit et sur la moitié locale de la paire intriquée partagée, puis en envoyant les deux bits classiques concernant le résultat vers les destinations.

1.5 Synthèse des quatre phases

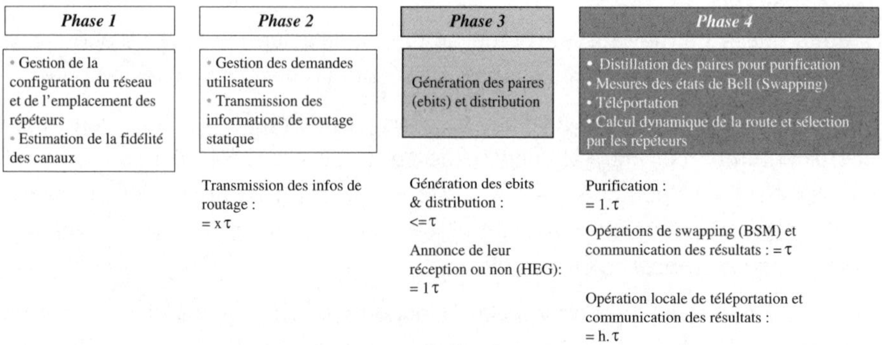

Figure 6.2 – Les quatre phases en jeu pour les réseaux de communications quantiques QCN (τ est la durée moyenne d'une communication classique unidirectionnelle entre deux nœuds adjacents).

Ce qui sera ici dénommé T_{cycle}, le temps d'un cycle du protocole, correspondra au temps séparant :

- ✓ la réception d'une demande de connexion entre une Source et sa Destination à t_0 ;
- ✓ la notification de la génération d'une paire intriquée de bout en bout, ayant le niveau de fidélité éventuellement requis et prête pour l'opération de téléportation, à $t_0 + T_{cycle}$.

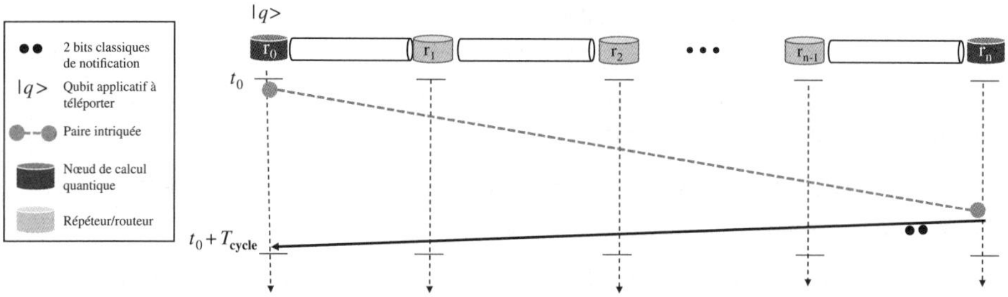

Figure 6.3 – T_{cycle}, le temps séparant la réception d'une demande de connexion et la notification de la génération réussie d'une intrication de bout en bout (par deux bits classiques).

1.6 Des métriques comme objectif

Que l'algorithme calculant la meilleure route pour les intrications soit exécuté pendant la phase 2 adaptative ou la phase 4 de routage, que son temps de cycle T_{cycle} soit de quelques secondes ou de dizaines de microsecondes, le protocole de routage quantique sera associé à :

1. un objectif, par exemple une **métrique** permettant de décider si l'algorithme répond aux besoins ou non ;

2. une fonction permettant de **calculer l'itinéraire** des chemins $P^{d,i}$ pour chaque demande D^d de connexion entre une Source et une(des) Destination(s), ainsi que la valeur de la **métrique** retenue en [1].

En d'autres termes, de tels protocoles de routage quantique, et leurs algorithmes associés, doivent être capables de :

✓ calculer un ou plusieurs **chemins** $P^{d,i}$, $i \in [1, n]$ reliant les partenaires communicants (Source, Destination) de la demande D^d, et la **métrique** servant d'objectif ;

✓ décider de certaines opérations (locales) de distillation/purification lorsqu'un seuil minimum est attendu pour la fidélité de l'intrication de bout en bout ;

✓ prendre en compte les transmissions probabilistes (probabilité p) et les mesures locales (probabilité q) afin de garantir un débit de bout en bout d'au moins 1 ebit par chemin $P^{d,i}$ entre les partenaires communicants ;

✓ sans déstabiliser la région du réseau, c'est-à-dire sans la surcharger de requêtes non adressées ;

✓ et en effectuant toutes les opérations locales (distillation, mesure des états de Bell) ainsi que les communications des résultats (par des bits classiques), en un laps de temps inférieur au temps de décohérence des qubits.

« Les phases protocolaires correspondantes doivent être courtes afin que les intrications réussies ne se dégradent pas. Par conséquent, il peut être peu pratique pour un nœud de connaître les états globaux des liens dans un délai aussi court, car le réseau classique a des latences… » [5]

Comme il est fait dans [7], on peut donc clairement poser le problème algorithmique de la manière suivante. Il s'agit de :

- ✓ choisir, pour l'algorithme de routage, un objectif, c'est-à-dire une **métrique** indiquant si l'algorithme répond ou pas aux besoins ; par exemple le taux d'intrication par seconde $\mathcal{E}$ entre la Source et la Destination le plus élevé ;
- ✓ $\mathcal{E}$(nombre d'intrications de bout en bout)/T_{cycle}(temps d'un cycle du protocole) ;
- ✓ identifier les variables de **coût** de la fonction à optimiser ;
- ✓ calculer la **fonction** pour chaque chemin (un chemin étant un ensemble ordonné des liaisons quantiques qui couvrent la distance entre la Source et la Destination) et la valeur de la métrique.

Les métriques-objectifs souvent utilisées sont données dans le tableau suivant :

Tableau 6.1 – Exemples de métriques pour comparer les protocoles de communications quantiques.

Métrique	Définition	Valeurs exemples
$E_{max}^{(S,D)}$	Le taux d'intrication le plus élevé entre une Source et sa Destination	Voir sections suivantes
$W_{min}^{(S,D)}$	Le travail minimal le long du chemin	

Concevoir un algorithme de routage quantique peut donc être également formulé comme un problème d'optimisation. Les auteurs de [8] par exemple proposent de le présenter comme un problème d'optimisation de flux multi-utilisateurs (*Multicommodity Flow Optimisation Problem*).

Un **protocole pratique** doit permettre à chaque nœud n_i de connaître les états de liens de ses $d(n_i)$ voisins, $d(n_i)$ avec $d \geq 1$, mais pas les états de liens sur tout le réseau. Au vu du type de problème, il est évident que, sans connaissance globale de l'état des liens, la sélection du chemin de routage sera sous-optimale.

Dans les sections suivantes, et pour chaque protocole, seront comparés :

- ✓ son objectif, par exemple le nombre maximum d'ebits ($E_{max}^{(S,D)}$) par chemin de bout en bout, la garantie d'une valeur minimale de l'intrication de bout en bout ou de sa fidélité F ;
- ✓ sa fonction de calcul de chemin (généralement une fonction de coût avec des variables de coût sélectionnées) ;
- ✓ son besoin d'information sur l'état du réseau global versus l'information sur l'état des liens locaux, donc sa capacité à respecter un intervalle de temps donné (ou latence maximale) ;

✓ la nécessité de distinguer les différents nœuds/dispositifs de réseau quantique, et ses exigences techniques vis-à-vis des répéteurs (à variable continue ou à variable discrète ? Avec des fonctionnalités de routage ou de commutation ?) ;

✓ son indépendance vis-à-vis des topologies de réseaux ;

✓ sa prise en compte des exigences concurrentes source-destination (s_j d_j) et de l'équité.

2. PROTOCOLES SIMPLE LIAISON, SIMPLE CHEMIN (TYPE I)

Le premier protocole de routage de l'intrication a été proposé par Briegel *et al.* [9] en 1998, et est aussi connu sous les noms de « protocole pour répéteurs quantiques de première génération », ou « Simple Liaison-Simple Chemin (SLSP) ». Des auteurs appellent aussi ce schéma l'approche « Purifier et échanger » (*purify and swap*).

Un tel protocole de type (I) se compose des trois phases suivantes :

✓ la distribution de l'intrication le long de chaque lien de transmission entre les nœuds ;

✓ les fusions ou *swaps* des intrications…

✓ …effectuées selon un protocole de purifications imbriquées.

Le nombre de nœuds entre, et incluant, la Source et Destination, est $n + 1$; le nombre de liens de transmission est donc de n. Pour ce protocole, n doit être une puissance de 2 : $n = 2^h$. Par ailleurs le nombre de paires initialement distribuées sur chacun des n liens de transmission dépendra à la fois du nombre de nœuds le long de l'itinéraire connectant la Source r_0 à la Destination r_n, et de la fidélité requise pour la paire finale. Les différentes étapes de ce protocole peuvent être liées aux phases introduites dans la section précédente de la manière suivante.

Phase 3 de distribution : le protocole de Briegel commence par distribuer une paire intriquée et M copies entre chaque paire de nœuds. Par exemple, sur la figure 6.4, une paire et trois copies ($M = 3$) sont distribuées sur chacun des liens séparant r_0 et r_4.

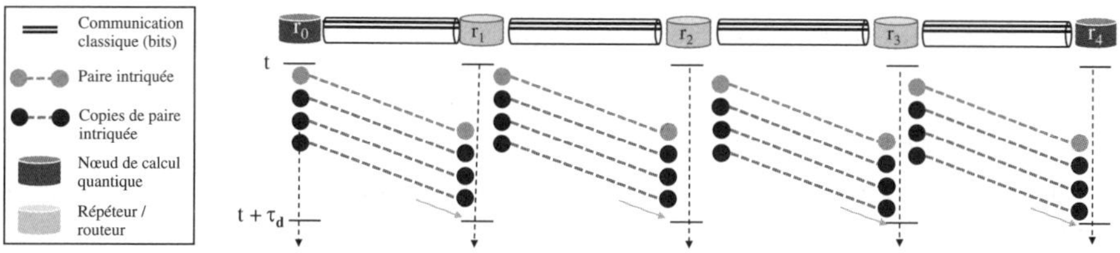

Figure 6.4 – Une paire intriquée et trois copies sont distribuées sur chaque lien (r_i, r_j).

Phase 4 – première série de routage : une première série de mesures des états de Bell est ensuite effectuée sur les 1er, 3e, 5e... (n – 1)e nœuds répéteurs ; les résultats de ces mesures sont ensuite envoyés via le canal de communication classique (le plan de contrôle).

Reprenant l'exemple donné sur la figure 6.4, cette phase-ci consiste à effectuer des mesures de Bell sur les routeurs r_1 et r_3 et à notifier les résultats aux éléments de la chaîne. La figure 6.5 expose une situation où les mesures de Bell ont réussi pour le répéteur r_1 (une paire intriquée reliant r_0 et r_2 a été obtenue), ainsi que pour le répéteur r_3 (une paire intriquée reliant r_2 et r_4 a été obtenue).

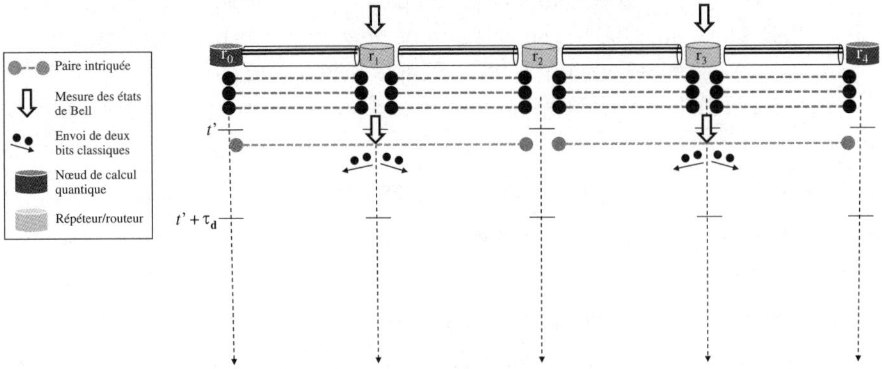

Figure 6.5 – Mesure des états de Bell (*swapping*) par les répéteurs 1 et 3 (les copies de paires étant stockées en attente de la distillation).

S'ensuit un cycle de distillation en utilisant les copies déjà distribuées. Quelques paires intriquées améliorent ainsi leur fidélité F qui peut reprendre une valeur au-dessus d'une valeur minimale F_{min}.

Phase 4 – seconde série de routage : un deuxième tour de mesures des états de Bell est effectué sur les 2e, 4e, 6e, etc. nœuds répéteurs, les résultats étant envoyés via des communications classiques. Et ainsi de suite, jusqu'à ce que tous les répéteurs aient effectué une mesure sur leurs qubits intriqués locaux.

Dans notre exemple, le second tour de mesures de Bell ne concerne que le répéteur r_2 et le résultat permet d'obtenir, avec une probabilité que l'on formalisera plus loin, une paire intriquée effectivement distribuée sur les nœuds r_0 er r_4.

Si on additionne le temps τ_d de notification de bonne distribution des paires intriquées et le temps correspondant aux communications classiques requises à chaque étape du protocole (h fois le temps de transmission le long des 2^h nœuds), si l'on néglige le temps de calcul ou de mesure effectué par les répéteurs, le temps de cycle de ce protocole est de l'ordre de :

$$T_{\text{cycle}} = \mathcal{O}(\tau_d + h2^h\tau_d).$$

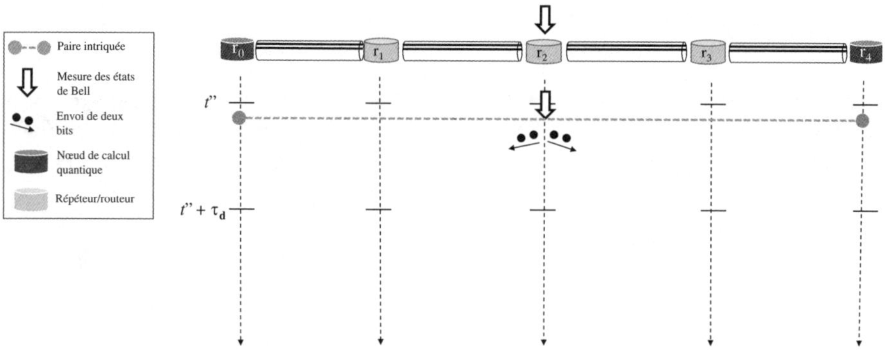

Figure 6.6 – Mesure des états de Bell (*swapping*) par le répéteur 2.

Si la probabilité de bonne transmission d'une paire intriquée aux deux extrémités d'un lien physique comme (r_1, r_2) est en moyenne $p \approx e^{-\alpha L}$ (L étant la longueur moyenne des liens en kilomètres), la probabilité P de réussir une distribution ($X = 1$) est :

$$P(X = 1) = p.$$

Considérons que le protocole de distillation de paires est déterministe et sans erreur, que le taux de réussite des mesures des états de Bell est homogène sur chaque répéteur, valant en moyenne q, alors la probabilité d'obtenir une paire intriquée ($Y = 1$) entre la Source et la Destination, séparées par 2^h liens ($h = 2$ sur les figures 6.5 et 6.6) est :

$$P(Y = 1) = p^{2^h} \; . \; q^{2^h - 1}.$$

Le taux $\mathcal{E}$ d'intrication par seconde de ce protocole, correspondant à l'obtention d'**1** intrication, multipliée par la probabilité ***P*(*Y* = 1)** de l'obtenir, divisée par le temps de cycle T_{cycle} décrit plus haut, s'écrit :

$$\mathcal{E} = \mathbf{1} * P(Y = 1)/T_{cycle}.$$

Si le plus long des liens physiques qui connectent les deux nœuds hôtes est de 20 kilomètres, le plus long délai τ_d de transmission de l'information classique est de τ_d = 20/200 000 = 0,1 µsecondes. Le temps de cycle de ce protocole est un multiplicateur entier du temps unitaire τ_d et du nombre (2^h) de liens entre les nœuds hôtes.

Le tableau suivant donne le résultat du calcul de $P(Y = 1)$ pour quelques valeurs de p, q et h.

La probabilité de délivrer une intrication entre les deux nœuds hôtes est faible : moins de 0,1 pour des liens de 15-20 kilomètres. Quant au taux $\mathcal{E}$ d'intrications par seconde, ce protocole permet seulement d'établir quelques dizaines de paires de Bell par seconde.

Tableau 6.2 – Taux E de distribution d'une paire de bout en bout (entre deux nœuds reliés par 2^h liens).

p	q	h	$P(X = 1)$	$P(Y = 1)$	E
0,5	0,95	2	0,5	0,05358594	**66,98242188**
0,55	0,95	2	0,55	0,07845517	**98,06896387**
0,6	0,95	2	0,6	0,1111158	**138,89475**
0,6	0,95	3	0,6	0,01172938	**4,887243733**
0,6	0,95	4	0,6	0,0001307	**0,020421804**

Ainsi, les avantages (+) et inconvénients (–) d'un protocole de type I sont les suivants :

Avantages (+)	Inconvénients (–)
La fidélité de l'intrication quantique de bout en bout est améliorée mais il n'est pas garanti qu'elle soit au-dessus de la valeur minimale exigée par l'application.	Sur chaque lien physique, le générateur d'intrications n'envoie qu'une seule paire intriquée à la fois.
	Pour chaque couple de nœuds hôtes (Source, Destination), le réseau ne prend en compte qu'un seul chemin (*path*), qui plus est précalculé de façon statique, lors de la phase 2.
	La conduite et les performances d'un tel protocole dans le cas d'un très grand nombre de demandes de connexions n'ont pas été étudiées.

3. PROTOCOLES SIMPLE LIAISON, MULTIPLES CHEMINS (TYPE II)

Le protocole de routage de l'intrication quantique de type II (celui conçu par Towsley *et al.* [5] par exemple) est parfois qualifié « simple liaison-multiples chemins (SLMP) ». Il vise à améliorer les précédents de deux façons :

✓ sur chaque lien physique, le générateur d'intrications envoie une largeur S de paires intriquées, pour augmenter les chances de transmission réussie d'au moins une paire (d'au moins une « simple liaison ») ;

✓ pour chaque couple de nœuds hôtes (Source, Destination), le réseau prend en compte divers chemins ou *paths* (*Multi Paths*), ce qui augmente encore le taux d'intrication de bout en bout $\mathcal{E}$.

De tels protocoles de routage *Single-Link Multi-Paths* sont basés sur des modes de multiplexage des photons sur chacun des liens physiques d'une part, et sur des chemins multiples entre chaque couple Source-Destination d'autre part. Reste la question du routage de l'intrication, c'est-à-dire du calcul de la route entre chaque couple (Source, Destination). Les auteurs de [5] par exemple décrivent deux schémas de routage de l'intrication par les répéteurs/routeurs :

✓ à partir d'informations globales sur l'état des liaisons quantiques (ebits) ;

✓ ou à partir des seules informations connues localement, concernant l'état de ces liaisons.

Le premier type de protocole correspond à un algorithme très gourmand en ressources et s'appuie sur un calcul des routes/chemins de façon dynamique, lors de la phase 4 (voir § 1. Cadre général pour les comparaisons, p. 194) ; le second s'appuie sur un pré-calcul des routes en phase 2, sans mise à jour en phase 4.

Chaque temps de cycle T_{cycle} de ce protocole est divisé en deux phases, la phase externe et la phase interne :

Phase 3, ici phase externe : $S_{i,j}$ paires intriquées sont distribuées sur chacun des liens physiques (r_i, r_j), pour tenter d'obtenir une paire intriquée (une paire EPR ou un ebit) effectivement partagée entre r_i et r_j.

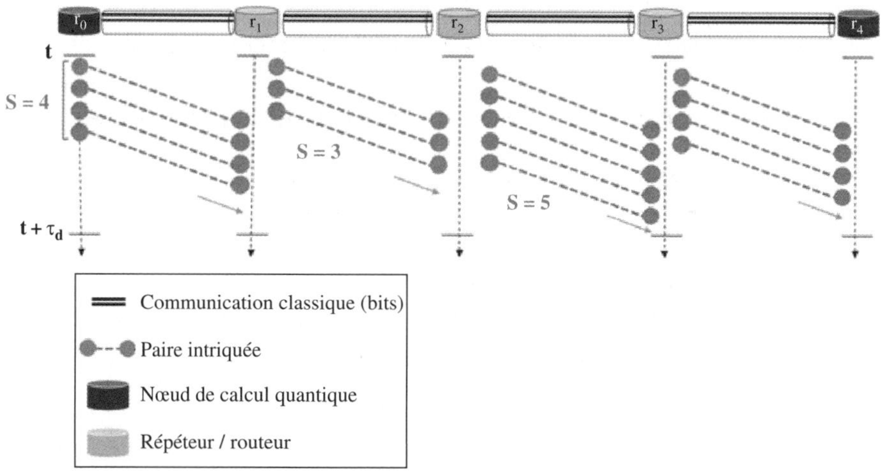

Figure 6.7 – Distribution de $S_{i,j}$ paires intriquées sur chaque lien physique (r_i, r_j).

Phase 4, ici phase interne : des mesures des états de Bell (*Bell State Measurements* ou BSM) sont tentées localement au niveau de chaque répéteur r_i entre les deux qubits terminant deux paires intriquées sur le nœud r_i. Ces tentatives de mesures BSM sont considérées comme des liens internes aux nœuds répéteurs. Des évolutions comme [10] étendent le protocole de routage SLMP en permettant aux mémoires quantiques de conserver des qubits intriqués pendant plusieurs temps de cycle T_{cycle} avant de décider sur quelles paires de qubits les BSM seront effectuées.

Le temps de cycle T_{cycle} d'un protocole de type II est de l'ordre de :

$$T_{cycle} = \mathcal{O}(2^h \tau_d).$$

Si la probabilité de bonne transmission d'une paire intriquée aux deux extrémités d'un lien physique comme (r_1, r_2) reste en moyenne $p \approx e^{-\alpha L}$ (L étant la longueur moyenne des liens en kilomètres), la probabilité X de réussir k distributions sur la génération de S paires intriquées est :

$$P(X = k) = C_S^k \; p^k \; (1-p)^{S-k}.$$

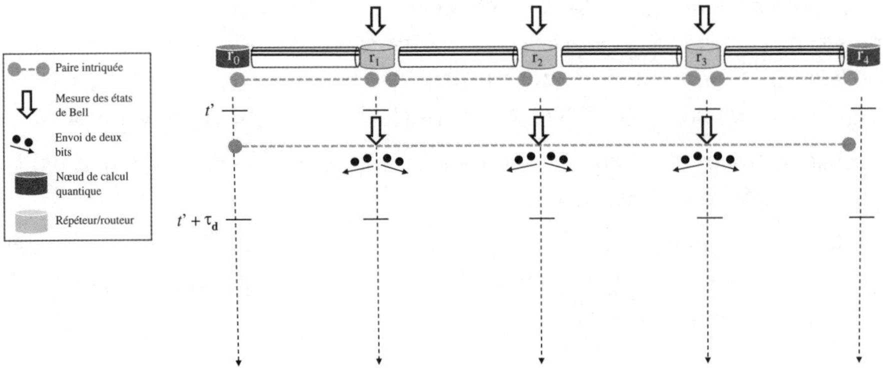

Figure 6.8 – Mesures des états de Bell sur chaque répéteur quantique r_i.

La probabilité d'en transmettre au moins un sur un lien physique donné est :

$$P(X > 0) = \sum_{k=1}^{N} (C_S^k \; p^k \; (1 - p)^{S-k}) = 1 - (1 - p)^S.$$

Considérons à nouveau que le taux de réussite des mesures des états de Bell soit homogène sur chaque répéteur (et en moyenne de valeur q), alors la probabilité d'obtenir une paire intriquée ($Y = 1$) entre la Source et la Destination, séparées par 2^h liens ($h = 2$ sur les figures précédentes), est :

$$P(Y = 1) = P(X > 0)^{2^h} \, . \; q^{2^h - 1}.$$

Le tableau ci-dessous donne le résultat du calcul de $P(Y = 1)$ pour quelques valeurs de p, q, h et S :

Tableau 6.3 – Probabilité $P(Y = 1)$ de distribution réussie d'une paire entre deux nœuds reliés par 2^h liens.

p	*q*	*h*	*P*(*X* = 1)	*P*(*Y* = 1)	*E*
0,5	0,95	2	0,99902344	0,85403078	**8 540,307817**
0,55	0,95	2	0,99965949	0,85620783	**8 562,0783**
0,6	0,95	2	0,99989514	0,85701545	**8 570,154474**
0,6	0,95	3	0,99989514	0,6977517	**6 977,517033**
0,6	0,95	4	0,99989514	0,46251457	**4 625,145674**

La probabilité de délivrer une intrication entre les deux nœuds hôtes est meilleure, et le taux $\mathcal{E}$ d'intrications par seconde de ce protocole peut s'approcher de $\sim 1/T_{cycle}$, pour une profondeur de multiplexage S élevée, soit $\mathcal{E} \approx \frac{200\,000}{20.2^h}$ pour des liens de transmission d'en moyenne 20 kilomètres et des générations S de paires intriquées élevées.

Les avantages (+) et inconvénients (–) d'un protocole de **type II** (SLMP) sont les suivants :

Avantages (+)	Inconvénients (–)
Sur chaque lien physique, le générateur d'intrications envoie cette fois S > 1 paires intriquées à la fois (en les multiplexant dans le temps, dans l'espace ou en fréquences).	La fidélité de l'intrication quantique de bout en bout n'est pas garantie.
Pour chaque couple de nœuds hôtes (Source, Destination), le réseau prend en compte multiples chemins (*path*), qui sont soit précalculés de façon statique lors de la phase 2 (routage à partir d'informations locales), soit calculés de façon dynamique à partir de l'information globale sur les liaisons intriquées distribuées avec succès.	la conduite et les performances d'un tel protocole dans le cas d'un très grand nombre de demandes de connexions ont été à peine étudiées.

4. PROTOCOLES MULTI-LIAISONS, MULTI-CHEMINS BIDIRECTIONNELS (TYPE III)

Pour faire progresser les performances des protocoles de routage d'un réseau de communications quantiques QCN basé, les actuels travaux de recherche en matière de protocoles de routage de l'intrication :

- ✓ visent l'utilisation des multiples liaisons quantiques ou ebits qui ont été distribuées avec succès $P(Y \geq 1)$ et que les mémoires quantiques multi-registres réussiraient à conserver ;
- ✓ en fixant des règles d'ordonnancement (*scheduling*) des opérations locales effectuées par les répéteurs.

C'est ce que cherchent à faire des protocoles de type III comme ceux décrits dans [11], [12] et [13]. Ceux-ci, que l'on pourrait nommer « multi-liaisons multi-chemins (MLMP) », nécessitent donc l'arrivée de mémoires quantiques multiplexées ou multi-registres, capables d'indexer les qubits mémorisés et d'agir sur le m^e en tant que de besoin. Chaque lien physique (r_i, r_j) est terminé par une mémoire quantique de S_{ij} registres sur le nœud r_i et une mémoire quantique de S_{ij} registres sur le nœud r_j. Sur la figure 6.9, $S_{ij} = 4$.

Au terme de la phase 3 de distribution des paires, chaque répéteur r_i informe ses nœuds voisins r_j des qubits affectivement bien reçus, sous la forme par exemple d'un vecteur de dimension S_{ij}. Alors que r_0 pourrait informer r_1 du bon enregistrement des quatre qubits sous la forme d'un vecteur (1, 1, 1, 1), r_1 envoie l'information (1, 1, 0, 1) à r_0 – le troisième qubit ne lui est pas parvenu – et l'information (1, 1, 1, 0) à r_2 – le générateur n'a réussi à créer que trois paires.

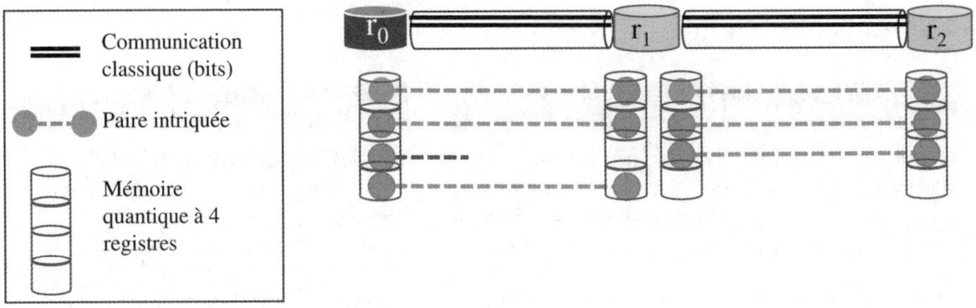

Figure 6.9 – Chaque lien physique (r_i, r_j) est terminé par une mémoire quantique de S_i registres sur le nœud r_i et une mémoire quantique de S_j registres sur le nœud r_j (S_{ij} = 4 ici).

Ensuite, les deux schémas de routage sont possibles : soit les chemins entre Sources et Destinations sont précalculés en phase 2 et transmis aux routeurs, constituant leurs informations locales statiques ; soit les chemins sont réactualisés après la phase 3, sur la base des informations montantes, comme (1, 1, 1, 1) ou (1, 1, 0, 1) plus haut, puis retransmis aux répéteurs routeurs. Le fait d'avoir sur le nœud r_i potentiellement $S_{i,j}$ qubits intriqués dans des liaisons (*i*, *j*) et potentiellement $S_{i,k}$ qubits intriqués dans des liaisons (*i*, *k*) rend possible le traitement par le répéteur r_i de :

- ✓ plusieurs demandes D^d de connexion entre une Source et une Destination[30] ;
- ✓ plusieurs liaisons quantiques ou ebits pour une même demande D^d;
- ✓ ou plusieurs chemins $P^{d,p}$ connectant la Source et la Destination de la demande D^d.

La figure ci-dessous illustre l'exemple simple de deux demandes de connexion : D^1 pour connecter r_0 à r_3, D^2 pour connecter r_8 à r_3 ; un seul chemin $P^{1,1}$ a été calculé pour la demande D^1, reliant r_0 et r_3 par les répéteurs r_1 et r_2 ; deux chemins $P^{2,1}$ et $P^{2,2}$ ont été calculés pour satisfaire D^2 et relier r_8 et r_3, l'un passant par r_4, r_0, r_1 et r_2, l'autre par r_9, r_{10}, r_{11} et r_7.

Des outils de simulation comme NetSquid ou ASPEQT (voir § 7. Outils de simulation des protocoles de communications quantiques, p. 213) permettent d'obtenir des mesures approximatives du taux $\mathcal{E}$ d'intrications par seconde permis par de

30. Une diffusion vers plusieurs destinations est possible et nécessite une intrication entre *m* parties : $m > 2$. Nous n'étudions et n'utilisons ici que les paires intriquées ($m = 2$).

tels protocoles. Le débit par cycle et par demande (Source, Destination) peut être d'**1** intrication de bout en bout et le taux $\mathcal{E}$ par seconde relativement homogène pour chaque demande.

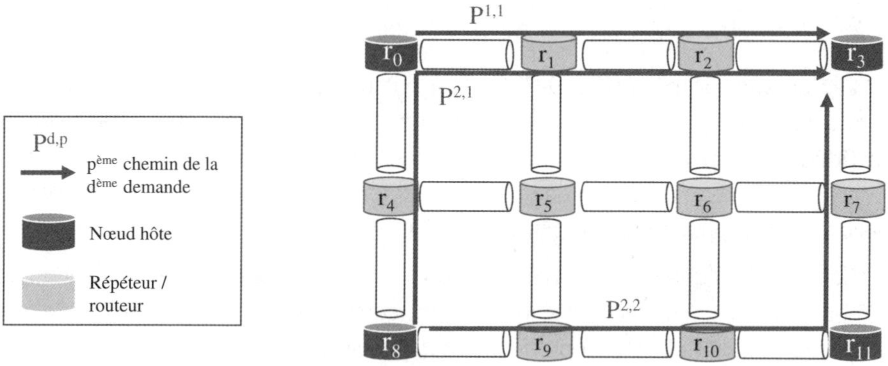

Figure 6.10 – La demande de connexion D^1 satisfaite par un chemin $P^{1,1}$, la seconde par deux chemins $P^{2,1}$, $P^{2,2}$.

Les avantages (+) et inconvénients (–) d'un protocole de **type III** (MLMP) sont les suivants :

Avantages (+)	Inconvénients (–)
Sur chaque lien physique, le générateur d'intrications envoie cette fois $S > 1$ paires intriquées à la fois (en les multiplexant dans le temps, dans l'espace ou en fréquences).	La fidélité de l'intrication quantique de bout en bout n'est pas garantie.
Pour chaque couple de nœuds hôtes (Source, Destination), le réseau prend en compte multiples chemins (*path*), qui sont soit précalculés de façon statique lors de la phase 2 (routage à partir d'informations locales), soit calculés de façon dynamique à partir de l'information globale sur les liaisons intriquées distribuées avec succès.	
La conduite et les performances d'un tel protocole dans le cas d'un très grand nombre de demandes de connexions ont été étudiées et dépendent des règles d'ordonnancement mises en place.	

5. PROTOCOLES GARANTISSANT LA FIDÉLITÉ (TYPE IV)

La fidélité F de la paire intriquée reliant la Source S et la Destination D, caractérisée par l'opérateur densité $\rho_{(S,D)}$, est parfois capitale. Si l'écart F entre l'intrication initiale $|\phi^+\rangle_{(r_i,r_j)}$ et le degré d'intrication obtenue au final $\rho_{(S,D)}$, mesurée par

$$F = \langle\phi^+_{(r_i,r_j)}|\rho_{(S,D)}|\phi^+\rangle_{(r_i,r_j)}$$

est inférieure à 0,5, voire même 2/3 pour certaines applications, la paire obtenue n'est d'aucune utilité. Or les opérations de mesure des états de Bell (BSM) effectuées le long d'une chaîne de $n = 2^h$ répéteurs conduisent inexorablement à la baisse de la fidélité (voir le chapitre 5, § 1.6. Fidélité et distillation, p. 169) :

$$F = (1 + 3W^n)/4.$$

Les auteurs du protocole Q-PATH [14] ont probablement apporté le premier travail proposant un protocole de routage de l'intrication quantique **garantissant la fidélité** pour plusieurs demandes de connexions entre sources et destinations. Mais compte tenu de la grande complexité informatique de l'algorithme Q-PATH, ils ont aussi proposé une simplification : Q-LEAP.

Dans le cas d'une seule demande de connexion de la Source S à la Destination D, et après la distribution des intrications (correspondant à la phase 3), l'algorithme Q-PATH/Q-LEAP comprend les étapes suivantes :

Initialisation : une table des coûts de la purification est calculée pour chaque lien physique. Puisque la contrainte de fidélité $F \geq F_{min}$ doit être satisfaite pour le chemin de routage, si une arête ou lien physique ne peut pas fournir de paires intriquées satisfaisant $F \geq F_{min}$ même après une distillation, cette arête sera supprimée du graphe $G = (V, E)$ des nœuds et arêtes.

Procédure de sélection du chemin : pour obtenir le chemin de routage optimal avec un coût minimum de ressources requises pour garantir la fidélité, les auteurs conçoivent une méthode itérative qui utilise le coût comme métrique dans chaque boucle de calcul et de recherche des chemins. L'algorithme des k plus courts chemins conçu par Yen [3] est utilisé pour obtenir plusieurs chemins avec le même coût minimal.

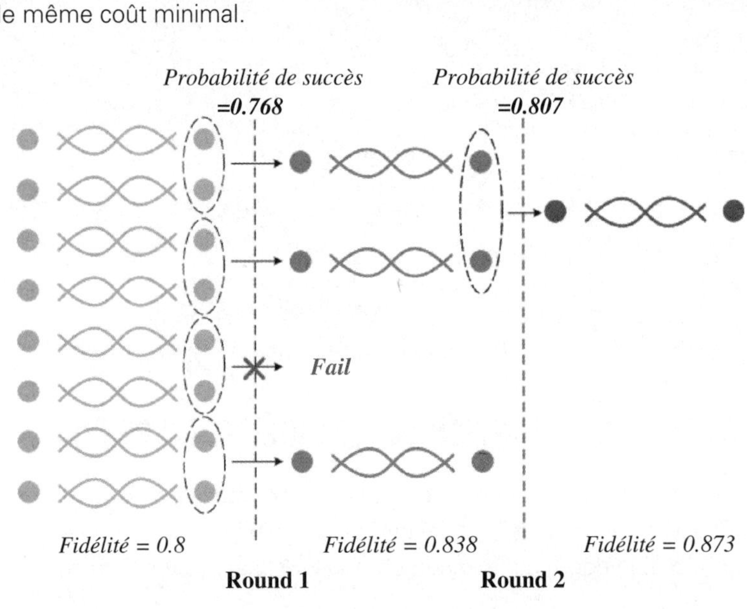

Figure 6.11 – Calcul des coûts de deux rounds de distillation/purification.

Mise à jour des coûts de périphérie : étant donné que le défi le plus important est la contrainte de fidélité, la conception du routage doit vérifier si la fidélité de la connexion par intrication est satisfaite pour chaque chemin.

Mise à jour du débit : l'algorithme calcule la décision de purification du débit maximum réalisable.

Les auteurs du protocole [7] visent la même chose : « nous proposons un objectif pour le système de délivrance de paires de Bell utiles à la téléportation, avec une fidélité cible de $F = 0{,}98$. Les phénomènes présentés ici sont indépendants de la valeur exacte choisie, mais cette valeur sera adéquate pour diverses utilisations et permettra une comparaison assez directe avec nos travaux antérieurs. Évaluer le travail pour un chemin particulier n'est pas un problème simple. Intuitivement, nous voulons que notre mesure du travail reflète l'utilisation d'une ressource rare. Nous évaluons ci-dessus deux candidats évoqués comme fonctions clés dans les répéteurs : les opérations de mesure totales et le nombre total d'impulsions. Sans une idée raisonnable du trafic global (que nous n'avons pas encore), l'évaluation du succès mondial est difficile, c'est pourquoi nous évaluons dans un premier temps la corrélation entre le travail total sur le chemin, le débit de connexion atteint et notre définition du coût du chemin. »

À propos de la fidélité, les mêmes auteurs de [7] expliquent que : « Pour un chemin classique constitué d'une série de liens identiques, le débit (au moins dans le cas idéal et soutenu) peut correspondre au débit d'un lien, indépendamment du nombre de sauts. Cependant, le débit maximum d'une chaîne symétrique de répéteurs de purification et d'échange diminue de manière polynomiale avec la longueur, en raison de la nécessité d'une purification supplémentaire. Ainsi, il peut être souhaitable d'attribuer un coût de chemin qui augmente de manière plus qu'additif. »

Les avantages (+) et inconvénients (–) d'un protocole de **type IV** sont les suivants :

Avantages (+)	Inconvénients (–)
Sur chaque lien physique, le générateur d'intrications envoie $S > 1$ paires intriquées à la fois (en les multiplexant dans le temps, dans l'espace ou en fréquences).	Le point faible est essentiellement la durée de son temps de cycle T_{cycle} et donc la contrainte technologique qu'il impose sur les mémoires quantiques.
Pour chaque couple de nœuds hôtes (Source, Destination), le réseau prend en compte multiples chemins (*path*), qui sont soit précalculés de façon statique lors de la phase 2 (routage à partir d'informations locales), soit calculés de façon dynamique à partir de l'information globale sur les liaisons intriquées distribuées avec succès.	

Avantages (+)	Inconvénients (–)
La fidélité de l'intrication quantique de bout en bout n'est pas garantie.	
À notre connaissance, la conduite et les performances de tels protocoles dans le cas d'un très grand nombre de demandes de connexions n'ont pas été simulés, pour confirmer le modèle.	

6. PROTOCOLES DE TYPE (V)

Les protocoles de type (III) consistaient à distribuer S_{ij} paires intriquées par arête (i, j) le long du chemin $P^{d,p}$ connectant la Source et la Destination de la demande D^d, et à implémenter un schéma **bidirectionnel** permettant de générer des paires intriquées de bout en bout. Pour tenir compte de l'exigence de fidélité, certains d'entre eux ont été étendus aux protocoles de type (IV). Ici, ceux de type (V) codent les paires physiques intriquées en paires logiques ; aucune purification n'est requise. C'est le meilleur schéma pour garantir la latence parce qu'il ne nécessite pas de communications des résultats dans les deux directions (vers la Source et vers la Destination) ; il est **unidirectionnel**.

Décrivons un protocole de type (V) : les répéteurs quantiques codent un qubit logique en qubits physiques en utilisant un des codes de correction d'erreur quantique (QECC) vus au chapitre 2, § 3.3. Encodage d'un même qubit logique dans plusieurs qubits, p. 45, par exemple le code Calderbank-Shor-Steane [15] [16] ; ils appliquent ensuite une connexion d'intrication entre les qubits encodés, ils obtiennent des qubits intriqués encodés et utilisent la correction d'erreur quantique pour améliorer la fidélité de ces connexions d'intrication et se protéger contre la perte lorsque des signaux quantiques sont envoyés aux nœuds.

Dans ce schéma remplaçant les qubits physiques intriqués par des qubits logiques encodés et intriqués, le travail des répéteurs consiste à décoder et réencoder. Des exemples de tels protocoles, également appelés protocoles *Forward Quantum Error-Correction,* peuvent être trouvés dans [17] [18] [19] ; pour illustrer le schéma, les auteurs de [17] considèrent d'abord un exemple qui utilise le code de répétition de trois qubits pour coder un qubit logique : $|0>_L = |000>$ et $|1>_i = |111>$ Ils utilisent six qubits pour chaque nœud extrémité du lien physique : trois pour les qubits de mémoire et trois pour les qubits auxiliaires.

La suite se fait en trois étapes :

1. Préparer localement l'état codé $\frac{1}{\sqrt{2}}(|0>_0 + |1>_0)$ et $|0>_1$ sur les nœuds n_0 et n_1, et les stocker dans les qubits mémoire.
2. Générer trois copies des paires physiques de Bell $\frac{1}{\sqrt{2}}(|0>_0|0>_1 + |1>_0|1>_1)^{\otimes 3}$ entre qubits auxiliaires.

3. Utiliser les ressources d'intrication de trois paires physiques de Bell pour implémenter trois portes CNOT basées sur la téléportation, appliquées transversalement entre les qubits de mémoire stockant les états codés $\frac{1}{\sqrt{2}}$ $(|0>_0 + |1>_0)$ et $|0>_1$.

Cette séquence aboutit à la génération de la paire intriquée souhaitée, constituée des états de Bell encodés :

$$\frac{1}{\sqrt{2}}(|000>_0|000>_1 + |111>_0)\,|111>_1) = |\Phi^+>_{01}.$$

De même, le protocole génère des paires de Bell codées $|\Phi^+>_{j,j+1}$ entre les stations voisines j et $j + 1$, pour j de 1 à $h - 1$. Enfin, il connecte les paires de Bell codées $|\Phi^+>_{j,j+1}$ et $|\Phi^+>_{j+1,j+2}$ au moyen de mesures des états de Bell codés, pour obtenir la paire de Bell codée la plus longue $|\Phi^+>_{j,j+2}$. Ainsi les stations finales n_0 et n_h peuvent partager la paire de Bell codée $|\Phi^+>_{0,h}$, dont la trame de Pauli est déterminée par les $2(h-2)$ bits classiques annoncés par toutes les stations intermédiaires.

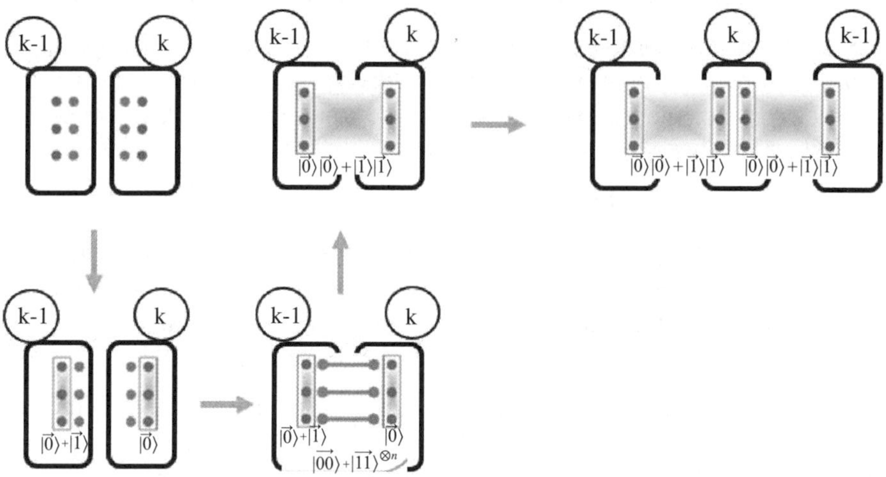

Figure 6.12 – Encodage en trois qubits suivi de l'intrication.

Les auteurs de [18] soulignent que « la procédure fastidieuse de purification des intrications des paires de Bell est désormais remplacée par un encodage local utilisant un simple code CSS et une correction d'erreur classique. Le nouveau protocole fonctionne en mode de communication **unidirectionnel**, de sorte que le taux de génération est indépendant de la distance de communication et limité uniquement par le temps de cycle pour la génération de paires de Bell codées et la connexion par intrication. »

Supposons que n soit le nombre de qubits logiques générés par un tel protocole et m soit le nombre de qubits physiques dans chaque qubit logique ($m = 3$ et

$n = 1$ dans l'exemple ci-dessus). La probabilité qu'aucun photon n'arrive, pour un qubit logique codé en m photons, est :

$$1 - p_{logique} = (1 - p)^m$$

où p est la probabilité moyenne qu'un seul photon traverse avec succès l'un des canaux de transmission. Nous visons à ce qu'au moins un des n qubits logiques arrive sans perte. Avec n qubits logiques, la probabilité de recevoir au moins un qubit logique sans erreur est :

$$p_{logique1+} = 1 - (1 - p_{logique})^n = 1 - (1 - \mathrm{p})^{mn}.$$

Une fois que l'on définit le taux d'erreur de défaillance cible t_{err} ($t_{err} = 1 - p_{logique1+}$), on peut déterminer les n et m minimum requis pour rester inférieur à ce taux t_{err}. Les auteurs de [18] donnent l'exemple d'un taux $t_{err} = 0{,}3$ et estiment le nombre maximum de connexions $L \simeq 9$ sans codage et $L \simeq 1{,}4.10^2$, $L \simeq 3{,}7.10^4$ pour deux différents codages. De tels protocoles consistent à fixer n et m afin d'obtenir un taux d'intrication de bout en bout d'au moins 1 ebit/temps de cycle.

Pour les opérations locales rapides (les systèmes quantiques tels que les pièges à ions et les centres NV peuvent atteindre un débit proche du MHz pour les opérations locales), le temps de cycle est alors dominé par la création de paires de Bell purifiées entre les stations voisines :

$$T_{cycle} \simeq \kappa . L_0/\mathrm{c}.\mathrm{e}^{\alpha . L0}/\eta^2 \qquad \text{avec } L_0/\mathrm{c} = \tau_d$$

la constante sans dimension κ étant le temps système nécessaire pour garantir que n paires de Bell purifiées sont obtenues entre les stations voisines. Les auteurs [18] démontrent que κ n'est pas sensible au choix de n ; $\kappa \simeq 7$. Donc $T_{cycle} \simeq 7$ ms ; $\mathcal{E} \simeq 100$ ebits/s sur de longues distances.

Ce que ce type de protocoles fournit clairement, c'est une fenêtre de temps de traitement plus courte T_{cycle} car la procédure fastidieuse de purification de l'intrication des paires de Bell distantes est désormais remplacée par un codage local avec un code simple et une correction d'erreur classique. Néanmoins, de telles propositions visant à permettre la communication quantique par communication directe utilisant la correction d'erreur quantique ont sans doute des exigences beaucoup plus strictes en termes de matériel, « les plaçant dans un avenir technologique plus lointain » [20].

Les avantages (+) et inconvénients (–) d'un protocole de **type V** sont les suivants :

Avantages (+)	Inconvénients (–)
Sur chaque lien physique, le générateur d'intrications envoie $S > 1$ paires intriquées à la fois (en les multiplexant dans le temps, dans l'espace ou en fréquences).	À notre connaissance, la conduite et les performances de tels protocoles dans le cas d'un très grand nombre de demandes de connexions n'ont pas été simulés, pour confirmer le modèle.

Avantages (+)	Inconvénients (–)
Pour chaque couple de nœuds hôtes (Source, Destination), le réseau peut prendre en compte multiples chemins (*path*), qui sont soit précalculés de façon statique lors de la phase 2 (routage à partir d'informations locales), soit calculés de façon dynamique à partir de l'information globale sur les liaisons intriquées distribuées avec succès.	Les répéteurs sont au moins de génération 3G, avec des capacités d'encodage, de décodage et de correction d'erreur QECC.
La fidélité de la transmission du qubit applicatif est très élevée et proche de 1, grâce à l'encodage dans des qubits physiques.	
Un autre point fort est essentiellement la plus courte durée de son temps de cycle T_{cycle}, grâce à des communications unidirectionnelles.	

◆ *En synthèse*

Les protocoles de communications quantiques, basés sur le routage de l'intrication, peuvent être classés en types, du plus simple (type I) au plus sophistiqué (type V). Leur mise en œuvre implique le développement de 3 générations de répéteurs 1G, 2G, 3G.

Quand le choix entre tous ces protocoles est possible (quand les répéteurs sont au moins de génération 3G, avec des capacités d'encodage), ils se distinguent selon les avantages ou inconvénients suivants :

- ✓ le nombre *S* de paires intriquées générées et distribuées sur chaque lien physique ;
- ✓ pour chaque couple de nœuds hôtes (Source, Destination), la prise en compte ou non de multiples chemins (*path*) les reliant ;
- ✓ la fidélité possible du qubit applicatif transmis ;
- ✓ la durée de son temps de cycle T_{cycle} ;
- ✓ les performances dans le cas d'un très grand nombre de demandes de connexions.

7. OUTILS DE SIMULATION DES PROTOCOLES DE COMMUNICATIONS QUANTIQUES

Après les descriptions données dans les chapitres précédents, on se rend compte à quel point les comportements de la physique quantique sont différents des comportements classiques, y compris dans les domaines des télécommunications et de l'informatique. Cela signifie que même la conception et la configuration des outils d'évaluation/émulation des protocoles de routage de l'intrication ne sont pas simples. La simulation et l'émulation, notamment en informatique et en télécommunications, sont des outils fondamentaux pour concevoir les technologies du futur et pour évaluer leurs performances.

La simulation classique, antérieure au développement et au déploiement réels, permet notamment d'économiser du temps et de l'argent. De nos jours, un univers de simulateurs et d'émulateurs est disponible pour les réseaux classiques et les calculs informatiques. Leur logiciel est très fiable et, la plupart du temps, est basé sur des modèles mathématiques précis du comportement de l'objet modélisé et de sa physique.

Cependant, il est encore impossible d'affirmer la même chose pour l'Internet quantique (les communications), comme pour l'informatique basée sur cette nouvelle physique. Au moment de l'écriture de cet ouvrage :

- ✓ la réalisation de composants très basiques d'un tel réseau de communications quantiques reste un problème de recherche ouvert, et il existe de nombreuses solutions non standardisées (voir le chapitre 4, p. 125 et suivantes) ;
- ✓ de plus, le modèle décrivant les couches d'un réseau de communications quantiques (QCN) est en cours de standardisation (voir le chapitre 5, p. 159 et suivantes) ;
- ✓ enfin, un cadre de développement logiciel pour l'écriture des applications de réseaux quantiques est aussi attendu.

Ainsi, la communauté des chercheurs a commencé à mettre en œuvre des simulateurs de réseaux de communications **quantiques**, basés sur des logiciels **classiques**. Cependant, si la réalité classique du plan de contrôle de tels réseaux peut être simulée par un logiciel d'informatique classique, la réalité quantique devrait être simulée par un logiciel spécifique fonctionnant sur du matériel quantique. La dimensionnalité infinie permis par le quantique rendra extrêmement coûteuse la simulation de grands systèmes quantiques arbitraires, et ainsi la simulation de grands systèmes entraînera soit des restrictions fondamentales, soit de grandes inexactitudes.

L'objectif de la recherche dans la simulation pour calculs et communications quantiques consiste alors à évaluer ces inexactitudes et à prendre conscience des hypothèses classiques qui se trouvent derrière les modèles qui imiteront les comportements quantiques. La simulation classique des réseaux de communications quantiques est donc un domaine de recherche en soi, l'analyse numérique étant un domaine fondamental pour résoudre des problèmes mathématiques numériques.

Dans un tel contexte, un défi important consiste à fournir une *softwarisation* précise des systèmes quantiques et en particulier de l'intrication quantique, qui prend en compte non seulement le point de vue algébrique mais aussi d'autres [21].

Les auteurs de [22] préviennent aussi que la simulation des réseaux de communications quantiques est un défi, ils en donnent quatre raisons :

✓ Premièrement, bien que des travaux récents aient fourni des informations importantes sur les futures architectures de réseaux quantiques, l'absence de consensus sur les principes architecturaux nécessite de faire abstraction de certains détails et d'envisager de nombreuses alternatives.

✓ Deuxièmement, les protocoles de réseau quantique sont généralement décrits comme des algorithmes, et des efforts importants sont nécessaires pour mapper chacun de ces algorithmes à la bonne couche réseau et définir son comportement et ses interactions avec d'autres protocoles.

✓ Le troisième ensemble de défis vient des différences fondamentales entre les réseaux quantiques et classiques. Par exemple, alors que les réseaux classiques utilisent des paquets, les réseaux quantiques transportent des informations à l'intérieur de photons générés à des fréquences en mégahertz.

✓ Le quatrième défi est l'évolutivité du simulateur. Les simulations de réseaux de tailles croissantes et la nécessité de maintenir et de manipuler des états quantiques multi-qubits nécessitent de nouvelles méthodes pour améliorer l'évolutivité ; l'outil de simulation pourrait échouer en raison de la gestion des ressources en jeu (des millions d'objets qubit) ; la parallélisation du simulateur pour une utilisation sur des supercalculateurs ou sur un environnement distribué pourrait être prévue pour des travaux futurs.

Nous ajoutons un cinquième défi : la possibilité de simuler plusieurs demandes concurrentes et leur impact sur la performance globale. Pour ce faire, l'utilisation des fonctionnalités des agents (logiciels) pourrait s'avérer prometteuse...

Demain idéalement, nous pourrions souhaiter obtenir un outil de simulation permettant de comparer différents protocoles de routage par intrication, exécutés pour la même topologie de réseau et avec le même type de répéteurs quantiques. Et pour une telle comparaison, deux principales métriques seraient utilisées :

1. **le taux d'intrication de bout en bout $\mathcal{E}$** (voir le chapitre 5, § 3.4. Taux d'intrication de bout en bout, p. 184) pour les chemins représentatifs (éventuellement ceux permettant une fidélité de bout en bout satisfaisante et supérieure à une valeur minimale) ;

2. **la latence moyenne ℓ d'établissement de l'intrication** le long de ces chemins, étant donné les paramètres caractérisant le réseau de communications quantiques comme :

✓ le nombre de Nœuds $|V|$;

✓ l'unité de temps τ, c'est-à-dire le temps de transmission d'une information le long d'un canal de transmission ;

✓ la probabilité de distribution p sur chaque arête (de transmissivité en moyenne égale à η) ;

- ✓ la largeur ou la profondeur *S* des canaux (le nombre d'ebits générés par canal, au cours d'un cycle) ;
- ✓ le taux *q* de réussite des opérations quantiques (par exemple la probabilité de réussite de la mesure des états de Bell) ;
- ✓ éventuellement, la fidélité pré-estimée apportée par chaque front, ou une valeur moyenne.

Le simulateur idéal pourrait aussi intégrer des paramètres liés aux demandes de connexion :

- ✓ essentiellement ici, le nombre de demandes concurrentes d_{max} de communications quantiques entre Sources et Destinations ;
- ✓ voire les exigences de ces demandes en termes de latence ou de fidélité.

Enfin, comment choisir entre outil analytique, outil statistique ou à événements discrets ?

Les outils analytiques n'offrent qu'une solution limitée à nos besoins. Des outils statistiques ont été utilisés pour faire des prédictions sur certains aspects des grands réseaux réguliers à l'aide de modèles simplifiés, mais sont d'une utilité limitée pour des études plus détaillées :

- ✓ E. Shchukin, F. Schmidt et P. van Loock, « Temps d'attente dans les répéteurs quantiques avec échange d'intrication probabiliste », *Phys. Rév. A*, vol. 100, p. 032322, septembre 2019.
- ✓ S. E. Vinay et P. Kok, « *Analyse statistique de la génération de réseaux quantiques intriqués* », *Phys. Rév. A*, vol. 99, p. 042313, avril 2019.
- ✓ G. Vardoyan, S. Guha, P. Nain et D. Towsley, « Sur l'analyse stochastique d'un commutateur d'intrication quantique », *SIGMETRICS Perform. Évaluer. Rév.*, vol. 47, pp. 27-29, décembre 2019.

La théorie de l'information peut être utilisée pour comparer les implémentations aux performances idéales. Cependant, elle ne donne aucune information sur les performances d'une proposition spécifique. En conséquence, les méthodes numériques sont d'une grande utilité pour aller au-delà de ce qui est réalisable dans une étude analytique.

La suite de cette section consiste à passer en revue certains simulateurs bien connus de réseaux de communications quantiques et leurs principales caractéristiques :

- ✓ SeQUENCe [22] ;
- ✓ SQUANCH [23] ;
- ✓ NetSquid [24] ;
- ✓ QuNetSim [25] ;
- ✓ QuISP [26].

Cette liste ne vise pas à être exhaustive mais tente de fournir au lecteur quelques connaissances sur les principales plateformes de simulation existantes qui peuvent être utilisées. De plus, elle a pour objectif de mettre en évidence les problèmes et les limites (dues aux hypothèses prises) qui surviennent dans la simulation classique des réseaux de communications quantiques.

Puisque chacun de ces outils de simulation se concentre sur un aspect particulier du problème complexe, nous les étudions, dans ce qui suit, relativement à :

- ✓ leur modularité, permettant ainsi (ou non) de modifier une ou deux parties de l'outil ; existe-t-il notamment un module spécialement en charge des algorithmes de routage de l'intrication ?
- ✓ leur capacité à intégrer une topologie de réseau donnée (la même topologie pour tous les protocoles de routage d'intrication à comparer), différente de celle programmée dans l'outil ;
- ✓ leur évolutivité ; la capacité d'évoluer vers des centaines de réseaux régionaux interconnectés, et donc à des millions de nœuds ; ainsi que la possibilité de tester plusieurs demandes de connexion ;
- ✓ leur façon de simuler des phénomènes probabilistes (par exemple distribution de paires intriquées) ;
- ✓ les métriques qu'ils calculent.

7.1 SeQUenCE

Sa description est donnée dans [22]. Selon les auteurs, les simulations de réseaux quantiques peuvent aider à comprendre les compromis des architectures de réseaux quantiques alternatives, à optimiser les éléments matériels quantiques et à développer un plan de contrôle robuste. Ils n'imposent pas une structure de stratification rigide. Au lieu de cela, ils introduisent une conception modulaire du simulateur qui sépare les fonctionnalités des différentes couches du réseau en modules.

Les auteurs de SeQUeNCe souhaitaient les caractéristiques suivantes pour leur simulateur :

- ✓ **Réalisme des états quantiques** : le simulateur doit être capable de retracer avec précision les états quantiques, comme l'intrication, ainsi que leur fidélité. La qualité de l'intrication est une mesure clé des performances du réseau quantique, et les pertes et décohérences qui l'affectent doivent être modélisées. Dans SeQUeNCe, ils fournissent des représentations Bra-Ket et matricielles de densité d'états quantiques. Les modèles matériels enregistrent la fidélité de l'intrication.

✓ **Réalisme du temps** : les événements de simulation doivent être exécutés avec précision à leurs horodatages respectifs avec leur ordre exact pour éviter les erreurs de causalité. Les réseaux quantiques sont des systèmes sensibles au temps, et les heures d'arrivée des photons qui codent les informations quantiques déterminent leur identité. De plus, la durée de vie des qubits dans les mémoires est limitée, ce qui nécessite que certaines opérations soient effectuées avec une latence la plus faible possible. Ce simulateur fonctionne avec une précision picoseconde, ce qui offre une granularité adaptée aux technologies actuelles et à court terme tout en permettant un temps de simulation suffisamment long.

✓ **Flexibilité** : afin de prendre en charge le développement des futurs réseaux quantiques, le simulateur doit être capable de simuler des architectures de réseau alternatives et de nouveaux protocoles et applications et permettre des topologies et des traces de trafic reconfigurables.

✓ **Évolutivité** : enfin, l'outil doit être capable de réaliser des études de réseaux étendus, à grande échelle et comportant de nombreux composants, ainsi que de suivre les états quantiques au niveau des photons individuels.

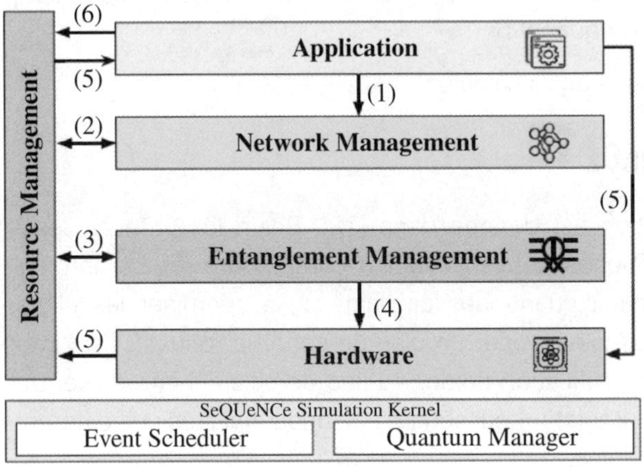

Figure 6.13 – Architecture logicielle du simulateur SeQUeNCe.

Pour ce faire, les concepteurs ont articulé SeQUeNCe comme suit :

✓ **Noyau/kernel** : le noyau du simulateur est le cœur de SeQUENCe et contient un planificateur d'événements ainsi qu'un gestionnaire quantique. Le planificateur d'événements permet la simulation d'événements discrets. Le temps de simulation avance par sauts discrets et les événements générés par les modèles de simulation dans tous les autres modules sont stockés dans une file d'attente prioritaire (c'est-à-dire un tas min) triés par horodatage des événements. Le planificateur d'événements exécute en permanence l'événement le plus important du tas et avance le temps de simulation jusqu'à cet horodatage particulier. Cette procédure se répète jusqu'à ce que la file d'attente prioritaire soit vide ou qu'une condition de fin de simulation soit remplie. Le planificateur d'événements donne aux utilisateurs un contrôle extrême sur les ordres d'exécution des événements pour un réalisme temporel et fournit des interfaces pour une future implémentation parallélisée pour une amélioration de l'évolutivité. Le gestionnaire quantique est chargé de suivre tous les états quantiques pendant la simulation.

- ✓ **Gestion de l'intrication** : le module de gestion de l'intrication de SeQUENCe comprend des modèles de protocoles pour une distribution de bout en bout fiable et haute-fidélité de paires de qubits intriquées entre les nœuds du réseau. Plus précisément, ce module comprend des protocoles pour la génération d'enchevêtrement, la purification d'enchevêtrement et l'échange d'enchevêtrement. SeQUENCe modélise ces protocoles et suit le quantum état, durée de vie et fidélité de l'intrication. Ce module est autorisé à modifier l'état quantique du matériel et libère des ressources matérielles une fois le protocole terminé.
- ✓ **Topologie du réseau** : le simulateur SeQUENCe est hautement reconfigurable. L'utilisateur est autorisé à spécifier la topologie du réseau et une variété de paramètres de réseau et de protocole dans un fichier JSON. Réalisme des états quantiques : au sein du gestionnaire de ressources, le gestionnaire de mémoire trace les états des mémoires quantiques. Les mémoires quantiques peuvent être dans l'un des trois états suivants : brutes, intriquées ou occupées. L'état brut signifie que la mémoire n'est pas liée à d'autres mémoires et n'est pas utilisée. L'état intriqué signifie que la mémoire est intriquée à une ou plusieurs autres mémoires ; l'état occupé signifie que la mémoire a été allouée à une instance de protocole d'intrication, ce qui évite les conflits d'allocation de mémoire.
- ✓ **Gestion du réseau** : ce module a deux missions, la réservation et le routage. La réservation est responsable de la réalisation de la réservation des ressources locales. Le routage fournit un chemin de distribution d'intrication pour satisfaire la réservation de bout en bout. Les protocoles de réservation et de routage sont conçus pour satisfaire à ces obligations. Multi-produits ou demandes multiples : dans ce travail, les auteurs créent une abstraction d'une application unique avec des requêtes aléatoires. Ces requêtes choisissent aléatoirement un nœud répondeur (avec initiateur supposé être le nœud hôte) ainsi qu'une fidélité cible pour l'intrication. Sont également attribués aléatoirement le nombre de mémoires et la durée de la réservation. Au cours des simulations, les applications exécutées sur tous les nœuds demandent des ressources de réseau quantique à plusieurs reprises pendant 1 000 s de temps de simulation, et des mesures de performances telles que le débit d'intrication et l'utilisation de la mémoire sont enregistrées.

Les avantages (+) et inconvénients (–) de SeQUeNCe semblent être, selon nous :

Avantages (+)	Inconvénients (–)
Sa flexibilité concernant les éventuels matériels/dispositifs quantiques.	Sa scalabilité, encore attendue.
Sa possibilité de simuler plusieurs requêtes.	La réelle capacité de modifier ou non la machine à états finis représentant le protocole de routage de l'intrication et ses algorithmes.
Son développement en Python.	Le fait que les protocoles soient des classes assignées aux nœuds du réseau.

Les auteurs ont plus récemment publié un article [27] décrivant la version SeQUeNCe avec parallélisation et communication (MPI) entre les processus. Cela commence à ressembler au meilleur outil qui soit, à date…

Tableau 6.4 – Analyse de l'outil SeQUeNCe.

Outil	SeQUeNCe
Modularité	Modularité dans la gestion du réseau ; l'outil implémente le protocole de Barrett-Kok[31] pour la génération d'intrication et la purification BBPSSW[32]
Topologie du réseau	Initiée par un fichier JSON
Tenue à l'échelle	Attendre la version de l'outil avec multiprocesseurs et parallélisation
Probabilisme	Intégration d'un paramètre d'atténuation
Métriques proposées	Métriques de performance : le nombre d'intrications par seconde et l'utilisation de la mémoire Précision temporelle : la picoseconde

7.2 SQUANCH

Cet outil de simulation des communications quantiques est décrit dans [23] ; il présente les principales différences suivantes, par rapport aux plateformes de simulation quantique similaires :

- ✓ il est conçu pour simuler des réseaux quantiques où les parties sont connectées par des canaux quantiques avec bruit et un modèle d'erreurs configurable ;

31. Sean D. Barrett and Pieter Kok. "Efficient high-fidelity quantum computation using matter qubits and linear optic", *Physical Review* A 71, 6, 2005.

32. Charles H. Bennett, Gilles Brassard, Sandu Popescu, Benjamin Schumacher, John A. Smolin, and William K. Wootters. "Purification of noisy entanglement and faithful teleportation via noisy channels", *Physical Review Letters* 76, 5, 1996.

✓ il utilise des notions programmatiques bien définies, les agents, capables de manipuler des sous-ensembles d'un état quantique distribué ;

✓ il est optimisé sur le plan informatique pour gérer les grands flux d'informations quantiques qui seraient nécessairement présents dans un réseau quantique de grande taille ;

✓ les simulations sont entièrement parallélisées, chaque nœud de réseau exécutant son propre processus, reflétant la structure distribuée d'un réseau quantique ;

✓ le framework met l'accent sur la facilité d'utilisation, imposant une surcharge syntaxique minimale.

La classe la plus fondamentale de l'outil de simulation est le QSystem, qui représente l'état d'un système quantique multi-corps et intriqué au maximum. Un QSystem est une paire de qubits intriqués. Un ensemble de QSystems séparables, tel qu'un million de paires d'états de Bell, est représenté par un *Quantum Stream*, ou QStream, qui stocke l'état collectif de ses QSystems dans un bloc contigu de mémoire pré-alloué pour optimiser la localisation du cache.

Ensuite, les classes de niveau supérieur qui fournissent la plus grande abstraction sont les agents et les canaux, qui implémentent respectivement les nœuds et les connexions entre nœuds d'un réseau quantique :

✓ Les agents disposent d'un processeur sous la forme d'une méthode run() qui implémente la logique d'exécution. De plus, les agents maintiennent des horloges internes qui sont mises à jour lorsqu'ils s'envoient ou reçoivent des informations entre eux ; cela permet aux utilisateurs de quantifier grossièrement les performances de divers protocoles réseau en termes de temps écoulé simulé. Pendant les simulations, les agents s'exécutent parallèlement à partir de processus séparés, synchronisant les horloges et transmettant des informations entre eux via des canaux utilisant qsend/qrecv et csend/crecv.

✓ Les canaux sont des files d'attente multi traitées qui permettent aux routines de communiquer entre les processus. Les canaux suivent les temps de transmission et les délais de vitesse de la lumière (via un paramètre de longueur facultatif qui peut spécifier la taille physique du canal en kilomètres) et appliquent des modèles d'erreur personnalisables aux informations transmises.

Un nœud dans SQUANCH peut exécuter un seul ensemble d'instructions à la fois et pas plusieurs en parallèle. Cela n'est peut-être pas si restrictif, mais dans les protocoles multipartites, il peut devenir difficile de développer l'ensemble du comportement avec un seul jeu d'instructions.

Les avantages (+) et inconvénients (–) de SQUANCH semblent être, selon nous :

Avantages (+)	Inconvénients (–)
Son parallélisme, grâce à une conception basée sur des agents logiciels autonomes.	Son évolutivité, encore attendue.
Son développement en Python.	Sa flexibilité protocolaire.

Tableau 6.5 – Analyse de l'outil SQUANCH.

Outil	SQUANCH
Modularité	À base d'agents
Topologie du réseau	Analyse de l'outil à refaire
Tenue à l'échelle	Seulement pertinent pour démontrer les concepts
Probabilisme	Intégration de modèles d'erreur de transmission
Métriques proposées	Métriques locales : ce qui sort du nœud Source

7.3 NetSquid

La description de cet outil de simulation se trouve dans [24]. Les auteurs recherchaient une plateforme de simulation qui satisfasse au moins aux trois caractéristiques suivantes :

1. Premièrement, la précision : l'outil devait permettre de modéliser la physique pertinente. Cela incluait la capacité de modéliser le bruit et le comportement du réseau en fonction du temps.
2. Deuxièmement, la modularité : il devrait permettre d'empiler des protocoles et des modèles afin de construire des simulations de réseau complexes à partir de composants simples.
3. Troisièmement, l'évolutivité : l'outil devrait permettre d'étudier de grands réseaux.

NetSquid y parvient en intégrant plusieurs technologies clés :

- ✓ un moteur de simulation à événements discrets ;
- ✓ une bibliothèque spécialisée en informatique quantique ;
- ✓ un cadre modulaire pour la modélisation des dispositifs matériels quantiques ;
- ✓ un framework de programmation asynchrone pour décrire les protocoles quantiques.

Quant aux avantages (+) et inconvénients (–) de NetSquid, ce sont :

Avantages (+)	Inconvénients (–)
Fonctionnalités de haut niveau, facile à utiliser pour les débutants.	La méthode de configuration de la topologie du réseau semble difficile à mettre à l'échelle... Et nous ne voyons pas si d'autres choses que des chaînes de répéteurs peuvent être implémentées.
Focus sur les technologies quantiques d'ensemble atomique et de diamant à cavité NV.	Les protocoles sont attribués aux nœuds du réseau pour décrire le comportement prévu. Est-ce la meilleure façon de procéder ? Où est la logique globale du protocole ?
Les formalismes KET, DM, STAB et GSLC font respectivement référence à l'utilisation de vecteurs ket, de matrices de densité, de tableaux stabilisateurs et d'états de graphes avec des opérations de Clifford locales.	L'outil ne peut pas tester des algorithmes de routage.

Tableau 6.6 – Analyse de l'outil NetSquid.

Outil	Netsquid
Modularité	Les fonctions du protocole sont définies dans le module protocole
Topologie du réseau	Pas de fichier avec un format d'information standard
Tenue à l'échelle	Simulation de réseaux jusqu'à 1 000 nœuds
Probabilisme	La simulation s'exécute un très grand nombre de fois pour collecter des statistiques
Métriques proposées	La fidélité moyenne des paires intriquées distribuées

7.4 QuNetSIM

L'outil a été développé par l'Université Technologique TU de Munich ; sa description peut être trouvée dans [25]. QuNetSim est un simulateur événementiel dans lequel les événements sont déclenchés par les paquets du réseau. Les objets hôtes ont leur propre file d'attente de paquets et la surveillent en permanence avec une fréquence réglable, vérifiant la présence de nouveaux paquets dans leur file d'attente.

Lorsqu'un paquet est trouvé dans la file d'attente, il est traité via la couche de transport qui est un ensemble de fonctions de codage et de décodage, soit préparant les paquets pour le réseau, soit décompressant les paquets afin que l'hôte puisse ensuite accéder à la charge utile. En un mot, les hôtes effectuent une action basée sur le protocole défini dans l'en-tête du paquet (ceci est simulé via le *multithreading* et le traitement de file d'attente).

L'hypothèse que les auteurs ont formulée est que les informations quantiques (les qubits) arrivent avec des informations d'en-tête classiques (des bits). Bien que les informations de contrôle doivent être envoyées séparément des informations quantiques, pour simplifier le processus de synchronisation, ceci permet d'attacher des informations d'en-tête au paquet d'informations quantiques.

Dans QuNetSim, il est également possible d'intégrer ses propres informations de contrôle à l'aide de messages classiques et de transmissions quantiques via deux connexions différentes. Naturellement, le nœud hôte traitant les données reste parfois inactif, attendant les paquets entrants.

Les concepteurs utilisent la bibliothèque de threads du langage Python pour implémenter ce comportement. Chaque nœud hôte est implémenté sous forme d'une file d'attente dans un *thread.* Lorsqu'un hôte effectue une action au niveau de l'application, un objet paquet est généré et placé dans une file d'attente pour traitement. Les protocoles constituent la fonctionnalité d'un hôte ; ils sont très flexibles, à la seule exception que la fonction « protocole » doit prendre l'hôte comme premier paramètre.

Selon les auteurs, les avantages (+) et inconvénients (–) de QuNetSIM sont :

Avantages (+)	Inconvénients (–)
QuNetSim doit permettre le développement de simulations suffisamment réalistes pour que des applications de communications quantiques soient effectivement développées, testées et déboguées en amont, comme preuves de principe.	Les modèles de canaux quantiques sont actuellement simplistes.
L'outil peut tester les algorithmes de routage.	« L'outil n'est pas adapté aux grandes simulations » (*dixit*).
QuNetSim permet de développer des protocoles multipartites et de les exécuter en parallèle.	Cela suppose un réseau quantique basé sur des paquets uniquement.
	QuNetSim s'appuie sur des simulateurs de qubits existants (par exemple ProjectQ) qui ne fonctionnent pas toujours bien.

Tableau 6.7 – Analyse de l'outil QuNetSim.

Outil	QuNetSim
Modularité	Les protocoles sont définis comme des méthodes orientées-objet des nœuds hôtes et des composants du réseau. Pas de purification intégrée ; simulation de réseaux de commutation de paquets.
Topologie du réseau	
Tenue à l'échelle	Outil développé pour des simulations à petite échelle (5-10 nœuds)
Probabilisme	Ce n'est pas l'objectif
Métriques proposées	Aucune

7.5 QuISP

Cet outil [26], également basé sur le moteur à événements discrets (OMNet++), semble être conçu pour l'interconnexion tout en conservant un réalisme physique total. Selon les auteurs, certains domaines dans lesquels QuISP sera inestimable sont :

- ✓ la conception du protocole, en particulier les tests de conception détaillée du protocole pour valider le bon fonctionnement et l'étude de l'interaction entre les parties classiques et quantiques d'un réseau ;
- ✓ l'architecture de connexion et la prédiction des performances ; les générations proposées de réseaux quantiques présentent un comportement complexe rendant difficile la prédiction analytique de leurs performances avec des paramètres réalistes ;
- ✓ son comportement dynamique ; des questions ouvertes importantes concernent la stabilité des réseaux quantiques à mesure que les conditions changent au fil du temps et la réponse des protocoles à une topologie de réseau en évolution dynamique.

Les concepteurs de QuISP partent du principe que l'état quantique souhaité est connu et qu'il suffit de suivre les écarts par rapport à cet état idéal sous la forme d'erreurs qui l'affectent. Cette approche est adaptée de la correction d'erreurs quantiques et représente une nouvelle façon de simuler les réseaux quantiques.

L'état quantique au temps t est représenté par un vecteur de probabilité d'erreur d'élément $(m + 1)$ (perte de photons, erreurs de Pauli-X, Y et Z, erreurs de relaxation et d'excitation). La configuration de la connexion dans QuISP est l'étape nécessaire pour rassembler toutes les informations nécessaires à la création de *RuleSets* à exécuter pour les nœuds qui participeront à la génération de paires

Bell de bout en bout. Le processus de configuration de connexion utilisé dans QuISP est adapté du protocole décrit par Van Meter et Matsuo (groupe de travail IETF).

QuISP renvoie les statistiques de performances en fin de simulation lorsque la configuration cible contient de la tomographie. Les fichiers de sortie 1 contiennent les informations suivantes :

- ✓ la fidélité ; calculée par le processus de tomographie logicielle, elle indique la qualité des paires de Bell entre deux nœuds d'extrémité ;
- ✓ le nombre de paires d'états de Bell par seconde (nombre de paires intriquées générées en une seconde du temps de simulation) ;
- ✓ le temps de tomographie, le temps jusqu'à ce que l'ensemble du processus de tomographie se termine ;
- ✓ les mesures tomographiques.

Les auteurs mettent en évidence les grands principes qui les ont guidés lors de la conception de QuISP :

- ✓ Le **réalisme** : la simulation devrait fournir des informations précises sur les états physiques distribués dans le réseau quantique. Cela fournit à son tour des informations précises sur la fidélité des états distribués. Dans la conception de QuISP, l'accent a été mis sur des modèles de bruit réalistes. La mise en œuvre de la simulation de la couche physique doit être clairement séparée de la mise en œuvre du logiciel pour les nœuds eux-mêmes.
- ✓ L'**évolutivité** : l'un des principaux objectifs de ce simulateur est l'étude des réseaux quantiques à grande échelle et de leur comportement complexe émergent. Les problèmes d'évolutivité se présentent sous deux formes : le nombre de qubits impliqués dans un seul état quantique et le nombre de nœuds, de liens et de connexions dans l'ensemble du réseau. Les états généraux multi-qubits sont difficiles à simuler de manière classique. Leur nouvelle approche consistant à travailler sur la base d'erreur discutée leur permet de simuler des réseaux quantiques au prix de seulement quelques bits classiques par qubit, et rend QuISP adapté à la simulation de réseaux quantiques à véritablement grande échelle de toute génération.
- ✓ La **flexibilité** : ce simulateur a été conçu pour offrir à l'utilisateur une grande personnalisation. Il existe actuellement un certain nombre de systèmes physiques considérés comme des candidats prometteurs pour la mise en œuvre de la couche physique d'un réseau quantique. Cependant, tous ces systèmes candidats diffèrent sensiblement en termes de paramètres tels que le temps de cohérence quantique de la mémoire et les fréquences d'horloge en fonctionnement sur chaque nœud. QuISP permet à l'utilisateur de personnaliser les types d'erreurs qui pourraient affecter les couches physiques ainsi que les paramètres individuels correspondant aux taux d'erreur.

Tableau 6.8 – Analyse de l'outil QuISP.

Outil	QuISP
Modularité	L'outil supporte plusieurs schémas de purification des paires intriquées. Les protocoles sont intégrés dans l'ensemble de règles.
Topologie du réseau	QuISP fournit l'interface graphique reprise d'OMNet++ IDE pour manipuler la topologie du réseau, stockée dans un fichier NED, et définissant les éléments de réseau de façon très structurée.
Tenue à l'échelle	Jusqu'à 100 réseaux de 100 nœuds chacun.
Probabilisme	Intégré dans le vecteur d'erreur de l'état quantique
Métriques proposées	Fournies dans le fichier de sortie : la fidélité ; le nombre de paires EPR par seconde ; le temps tomographique

7.6 ASPEQT

Cet outil a été développé par une équipe française dirigée par l'INSA de Lyon ; sa description n'est pas encore publiée mais peut être demandée à [28].

ASPEQT (*A Smart Protocol Evaluation tool for Quantum Transmissions*) est un outil de simulation modulaire, développé en Python ; il implémente une architecture logicielle en couches :

- ✓ quelques fichiers de topologie de réseau, de celui représentant une chaîne de répéteurs à celui simulant un réseau métropolitain de 80 kilomètres de diamètre de 30 nœuds et plus ;
- ✓ un module PHYsique, contenant les principaux paramètres physiques (valeurs de probabilité p et q, durée de vie moyenne des qubits quantiques τ_m) et la description de la matrice Mémoire quantique M ;
- ✓ un module LIAison, décrivant les matrices de files d'attente des ebits et ses principales fonctions ;
- ✓ un module NETwork, englobant différents algorithmes de politique d'ordonnancement et des procédures de calcul d'itinéraire (par exemple, les algorithmes de Dijkstra ou de Yen pour le calcul du chemin le plus court) ;
- ✓ le module APPlication, modélisant les Demandes, les chemins possibles et leur poids ou coût configurable ;
- ✓ une classe Protocole permettant de décrire un protocole de communication quantique et sa logique dans le plan de contrôle classique, ainsi que des sous-classes : les protocoles de transmission directe à commutation de circuits, à commutation de paquets ou codée, avec plusieurs chemins ou un seul chemin

par demande de communication, permettant plusieurs liaisons intriquées par canal ou une seule.

Ainsi, il est possible de mettre en œuvre les fonctions de routage et d'ordonnancement au moyen d'un ensemble d'algorithmes globaux ou locaux :

- ✓ des algorithmes globaux permettent par exemple de prendre en compte la contrainte de fidélité en sélectionnant les chemins délivrant une fidélité ebit de bout en bout supérieure à la borne inférieure requise, ou de mettre en tête de la file d'attente les chemins prioritaires, ou encore de calculer des solutions approchées au problème MWM correspondant ;
- ✓ des algorithmes locaux (exécutés sur les répéteurs) permettent des politiques telles que répondre en premier aux demandes prioritaires ou répondre équitablement/proportionnellement à chaque demande.

Il a été implémenté les algorithmes locaux suivants concernant les politiques de planification :

- ✓ algorithme 1 *No Local Scheduling* ou NLS : chaque répéteur exécute les opérations de routage local (par exemple, BSM dans le cas d'un protocole à commutation de circuits) dans un ordre particulier spécifié ; premier dans la file d'attente, premier servi ;
- ✓ algorithme 2 *Fair Share Policy* ou FSP : chaque répéteur obtient les informations concernant le nombre de demandes de passage et partage équitablement sa capacité ebit réelle (pas encore proportionnellement, comme dans (PS) ci-dessus) entre les chemins de diverses demandes ;
- ✓ algorithme 3 « Servir la priorité en premier » ou SPF : chaque répéteur obtient les informations concernant la priorité de la demande (par exemple, la latence requise) et opère d'abord les opérations de routage local pour la demande la plus prioritaire.

Un tel outil, une fois industrialisé et étendu à un traitement multi-tâche, permettrait un choix plus facile entre protocole orienté-connexions ou protocole orienté-paquets, en fonction de l'exigence de la demande (temps de latence, niveau de fidélité…).

En résumé

L'intrication quantique, au cœur du futur réseau de communications quantiques QCN, est d'abord distribuée sur chaque lien de transmission entre les nœuds du réseau. Alors le réseau, par le biais de son plan de contrôle, choisit une succession de paires intriquées qui, mises bout à bout, pavent le chemin entre toute Source et sa(ses) Destination(s) (entre l'émetteur d'une demande de connexion et le récepteur), puis il effectue leur *routage*. Router des paires intriquées n'a pas le même sens que router des paquets IP dans un réseau Internet ; il s'agit d'effectuer des mesures des états de Bell tout le long de la chaîne formée par les paires, ce qui les transforme alors en une seule paire intriquée reliant la Source et la Destination.

Les protocoles permettant d'effectuer ce **routage** de l'intrication ont beaucoup évolué en vingt ans, partant des protocoles n'utilisant qu'une seule liaison quantique par lien de transmission et un seul chemin par demande applicative, à ceux utilisant de multiples liaisons ou ebits et de multiples chemins.

Les deux métriques clés permettant de les comparer et de choisir celui qui convient le mieux sont : 1) le taux de génération d'intrication source-destination par seconde que ces protocoles permettent et 2) le temps de latence nécessaire pour l'établissement d'une intrication de bout en bout.

Dans ce cadre, l'utilisation d'un ou de plusieurs outils de simulation des protocoles reste clé, dans la mesure où la conception de tels réseaux sera complexe, très dépendante des équipements quantiques utilisés (de première, deuxième ou troisième génération) et s'appuyant sur une physique et un paradigme nouveaux.

7 Des réseaux au banc d'essai

Objectifs

Nous l'avons vu, l'Internet d'aujourd'hui distribue des bits et des octets classiques d'informations sur des distances mondiales, voire interstellaires, alors que l'Internet Quantique de demain, une facette de l'Internet d'aujourd'hui, permettra la communication, le traitement et le stockage à distance d'informations quantiques. Ceci grâce à la distribution de l'intrication quantique entre des nœuds physiquement distants et au sein de réseaux optiques métropolitains, régionaux ou longue distance. Les opportunités sont intéressantes et apparaissent déjà pour la science, la sécurité nationale et l'économie dans son ensemble.

En exploitant les principes de la physique quantique – superposition, intrication et théorème du « non-clonage » par exemple – ces réseaux de communications quantiques QCN permettront toutes sortes d'applications uniques qui ne sont pas possibles avec les technologies de réseau classiques (voir le chapitre 3, p. 98 et suivantes). Prenez par exemple i) les systèmes de communication cryptés quantiquement pour le gouvernement, les finances, les soins de santé et l'armée, ii) la détection et la métrologie quantiques à ultra haute résolution pour la recherche scientifique ou la médecine, et à terme, iii) la mise en œuvre de ressources de calcul quantique, reliées en toute sécurité à travers des réseaux mondiaux.

L'objectif de ce chapitre est de partager les premiers développements à date de tels réseaux de communications quantiques, les bancs d'essai du futur Internet quantique.

De nombreux symposiums sont tenus depuis quelques années seulement pour partager les avancées, les obstacles, les perspectives des déploiements de tels réseaux de communications quantiques (QCN). Par exemple, le programme du symposium *Quantum Networking* de 2023 (QNetworks2023) qui eut lieu à Glasgow (Ecosse) comprenait un certain nombre d'exposés donnés par des chercheurs issus du monde universitaire et de l'industrie. Les présentations ont couvert un large éventail de sujets, et notamment les efforts de la Chine vers un Internet quantique mondial (Jianwei Pan, USTC), la portée et les progrès de l'infrastructure EURQCI (Hanne Hübel, AIT), la convergence entre les communications quantiques et la métrologie (Davide Calonico, INRIM), le projet pilote d'infrastructure de réseau de communications quantiques au Royaume-Uni (Jonathan Legh-Smith, UK Quantum), des scénarios d'utilisation réelle par l'industrie (Cathy White, BT), et le déploiement de réseaux quantiques évolutifs (Andrew Shields, Toshiba).

Pour évoquer les avancées de ces initiatives et leur finalité, nous utiliserons ici la même catégorisation que celle proposée par Marc Wippish [1] :

✓ les réseaux quantiques universitaires, généralement sur financement étatique ;

✓ les réseaux gouvernementaux, à des fins de sécurité nationale ;

✓ les réseaux commerciaux.

1. RÉSEAUX UNIVERSITAIRES SUR FINANCEMENT ÉTATIQUE[33]

À l'heure actuelle, les réseaux de communications quantiques en sont encore à leurs balbutiements ; la communauté des chercheurs, les grandes entreprises technologiques (des entreprises comme IBM, Amazon, Google et Microsoft) et une vague de start-ups financées par du capital-risque poursuivent toutes diverses voies de R & D pour mettre en œuvre les premières fonctionnalités pratiques.

1.1 Réseau métropolitain de HEFEI en Chine

Le réseau de communications quantiques à l'échelle de la ville de Hefei, en Chine, qui fonctionne depuis début 2019, constitue à ce jour la plus grande démonstration du fonctionnement possible du futur Internet quantique. Le réseau, créé par Teng-Yun Chen de l'Université des Sciences et Technologies de Chine (USTC) et ses collègues, utilise à date du matériel commercial à fibre optique pour connecter quarante ordinateurs situés dans des bâtiments gouvernementaux, des banques et des universités, regroupés en trois sous-réseaux, chacun séparé d'environ 15 kilomètres.

1.2 Réseau du consortium QUANT-NET, autour de Berkeley

Une étude de cas intéressante est QUANT-NET [2], une initiative de R & D de 12,5 millions de dollars sur cinq ans, soutenue par le Département américain de l'Énergie (DOE), dans le cadre du programme *Advanced Scientific Computing Research*, et dans le but de construire une « preuve de principe » d'un réseau quantique dont la finalité sera le déploiement d'applications de calcul quantique distribué.

33. Centres de recherche et de développement financés par les États et Fédérations (FFRDC).

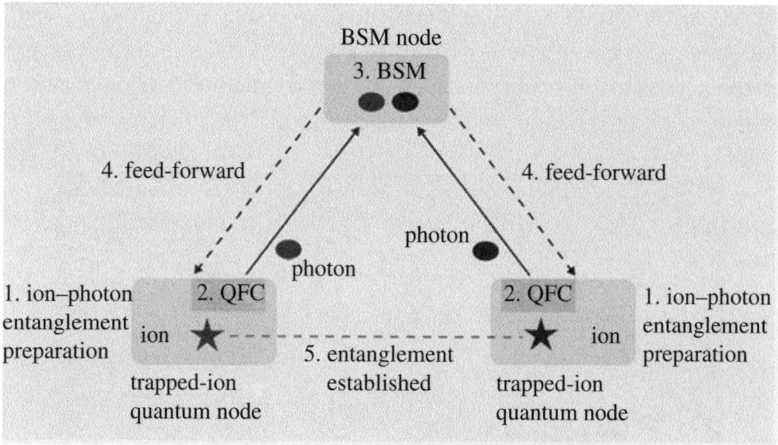

Figure 7.1 – Réseau QUANT-NET.

Collectivement, les quatre partenaires de recherche au sein du consortium QUANT-NET – Berkeley Lab (Berkeley, Californie), l'Université de Californie à Berkeley (UC Berkeley, Californie), Caltech (Pasadena, Californie) et l'Université d'Innsbruck (Autriche) – cherchent à établir un réseau d'informatique quantique distribuée à trois nœuds entre deux sites (Berkeley Lab et UC Berkeley). De cette manière, chacun des nœuds quantiques sera relié via un protocole de communications basé sur l'intrication quantique et des fibres de télécommunications préinstallées, toute l'infrastructure étant gérée par une pile logicielle développée spécialement pour le « banc d'essai ».

1.3 Réseau de Boston, BARQNET

Avec BARQNET [3], deux tronçons de 42,5 km de fibres de télécommunications monomodes relient le MIT-LL à Lexington, dans le Massachusetts, au campus principal du MIT à Cambridge, dans le Massachusetts. De là, deux tronçons supplémentaires de 7,9 km de fibres de télécommunications monomodes relient le MIT à l'Université Harvard, également à Cambridge, dans le Massachusetts.

Toutes les fibres sont des installations commerciales, comprenant diverses combinaisons de fibres commerciales SMF-28 et de fibres à dispersion décalée non nulle qui ont été épissées ensemble. Une partie de la fibre est enterrée, tandis que d'autres travées sont en surface sur des poteaux téléphoniques. En conséquence, les performances de la liaison sont inférieures à l'idéal réalisable à l'aide d'une bobine de laboratoire ou d'une connexion fibre sur mesure, mais sont plutôt représentatives des performances attendues sur les liaisons fibre déployées existantes et disponibles qui constitueront de nombreux bancs d'essai de réseaux quantiques émergents.

La disposition en trois nœuds permet d'accéder à un certain nombre de configurations pour caractériser la fibre et effectuer des démonstrations de réseau quantique ; le réseau peut être utilisé pour envoyer des informations quantiques sur une fibre et des informations classiques sur une autre pour éviter la diaphonie, ou les deux peuvent être utilisés pour des informations quantiques afin d'augmenter simplement la bande passante du canal.

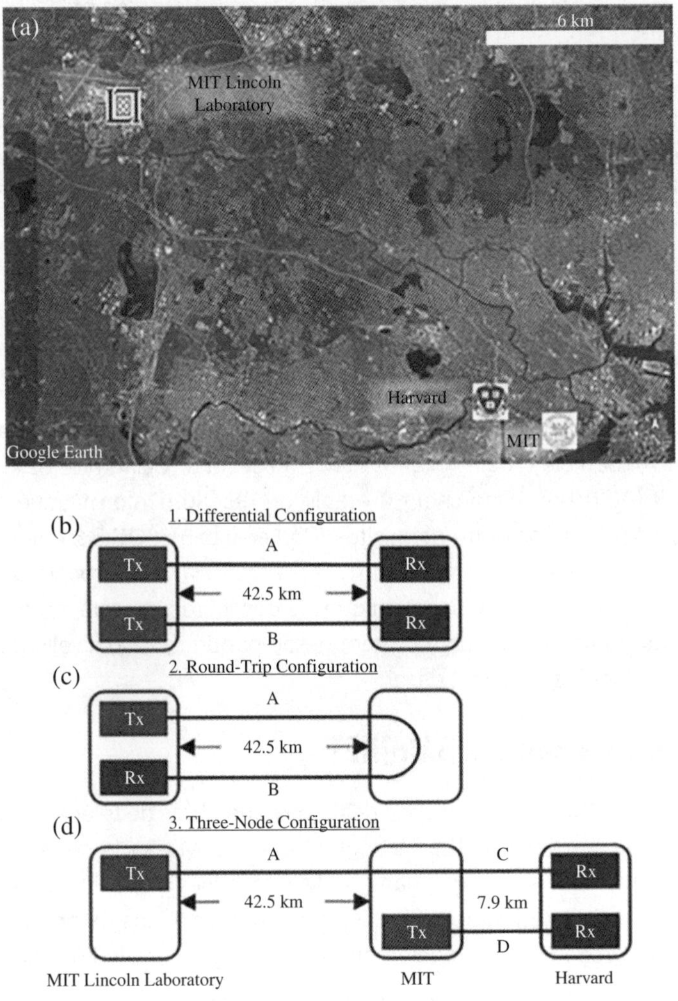

Figure 7.2 – Réseau BARQNET.

1.4 Réseau IEQNET de l'Illinois

Le réseau IEQNET [4] dans l'Illinois se compose de plusieurs sites géographiquement dispersés dans la zone métropolitaine de Chicago avec des sites au Laboratoire (FNAL), au Laboratoire national d'Argonne (ANL) et à un centre de données basé à Chicago (StarLight).

Chaque site possède un ou plusieurs nœuds quantiques (*Q-nodes*), qui peuvent communiquer des données et générer et/ou mesurer des signaux quantiques. Les nœuds Q seront connectés à des commutateurs optiques compatibles SDN (*Software-Defined Networking*) via des fibres optiques. Les commutateurs optiques sont en outre connectés les uns aux autres pour former un réseau entièrement optique maillé.

IEQNET contient trois logiquement indépendants réseaux locaux quantiques : Q-LAN1 chez FNAL, Q-LAN2 chez NU et StarLight et Q-LAN3 chez ANL. Les Q-LAN sont connectés par des canaux de communication dédiés et des fibres noires supplémentaires entre FNAL, ANL et StarLight. De plus, IEQNET dispose d'une ou plusieurs sources de photons intriqués (EPS) partagées et de nœuds de mesure d'état de Bell (nœuds BSM), qui sont également connectés à des commutateurs optiques compatibles SDN via des fibres optiques. La source EPS génère des paires de photons intriqués à *N* longueurs d'onde, permettant à un maximum de *N*/2 paires d'utilisateurs de partager simultanément des photons intriqués bipartites. Un nœud BSM effectue des mesures d'état de Bell et des opérations de qubit locales pour les paires de photons entrantes.

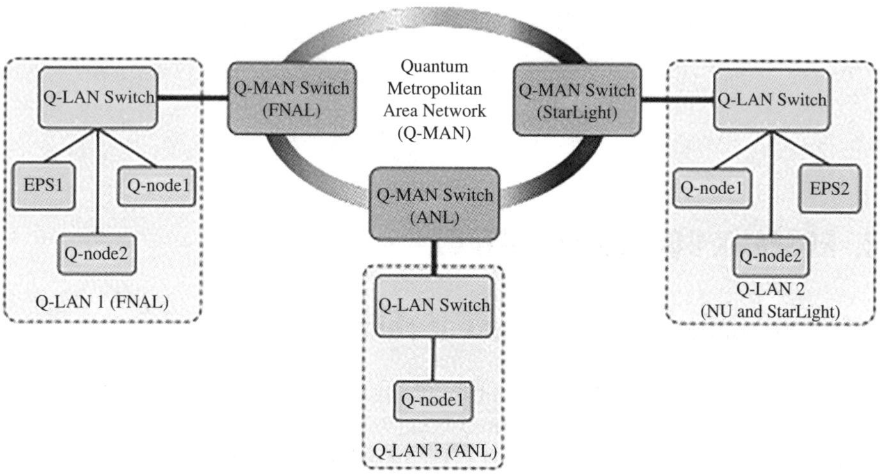

Figure 7.3 – Réseau IEQNET.

1.5 Réseau de nos voisins hollandais, SURFnet

Les équipes de l'Université de Delft et de l'Institut Quantique QuTech étudient le calcul quantique et les communications quantiques depuis 2013. Leur réseau banc d'essai s'appuie sur le réseau central fourni par SURFnet, un fournisseur de réseau pour les établissements d'enseignement et de recherche néerlandais. Comme nœuds d'extrémité du réseau, ils ont choisi les villes de Delft, Enschede, Groningen et Maastricht. Ils considèrent un réseau quantique basé sur l'intrication utilisant un multiplexage massif et une fidélité des liaisons au minimum de 0,93.

SURFnet leur permet de tester des programmes de calcul de localisation optimale des répéteurs [5], des protocoles de routage d'intrication et une pile logicielle NetQASM.

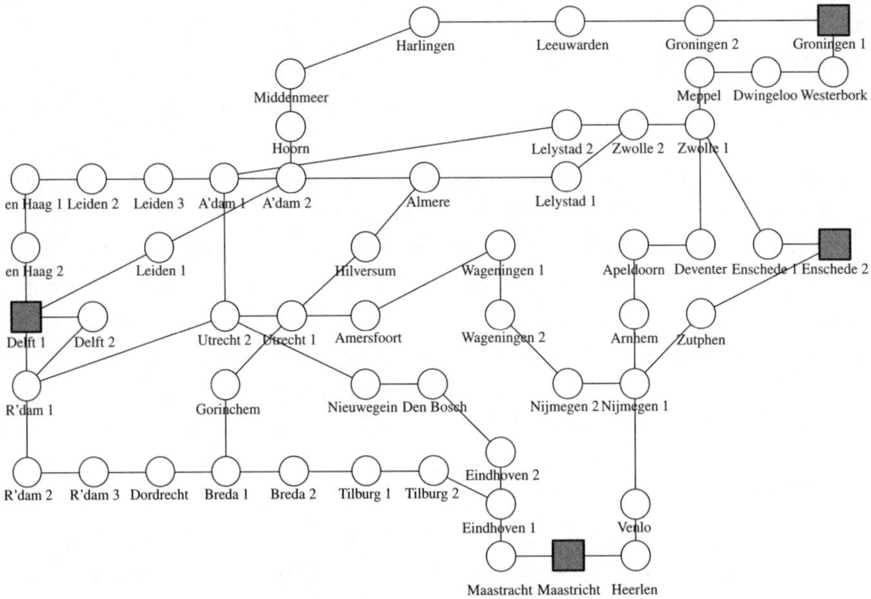

Figure 7.4 – Réseau SURFnet.

2. RÉSEAUX GOUVERNEMENTAUX

2.1 L'avancée du gouvernement chinois

En 2021, les scientifiques chinois [6] ont dévoilé ce qui reste encore probablement le premier réseau de communications quantiques au monde, composé de 700 fibres optiques s'étendant sur 2 000 km entre Pékin et Shanghai. Combiné avec le satellite chinois Quantum, le réseau complet couvre une distance de 4 600 km.

Les scientifiques travaillent depuis plusieurs années sur la manière d'améliorer la distribution quantique des clés (QKD). Pour les parties au sol, ils ont développé une nouvelle technologie appelée Twin-Field QKD qui permettait la transmission des clés quatre fois plus loin que les records précédents. Sur la partie satellite-sol du réseau, les tests et améliorations menés ces dernières années avec le satellite Micius ont permis de produire un QKD de 47,8 kilobits par seconde, soit quarante fois plus rapide que leur précédent record. L'équipe souligne que la perte de canal est comparable à celle observée dans les satellites géostationnaires réels, de sorte qu'il pourrait être possible à l'avenir de déployer des satellites quantiques en orbite géostationnaire.

« Nos travaux montrent que la technologie de communication quantique est suffisamment mature pour des applications pratiques à grande échelle », indique un communiqué sur l'étude. La Chine envisage déjà d'étendre son réseau et de collaborer avec des partenaires internationaux en Autriche, en Italie, en Russie et au Canada.

2.2 Les expérimentations de l'OTAN

Dans le domaine de la défense et de la sécurité, deux applications vont avoir, sur le court à moyen terme, des conséquences particulièrement importantes.

« Il s'agit premièrement des capteurs quantiques, qui ont quelques applications militaires prometteuses et qui pourraient par exemple être utilisés pour détecter les sous-marins et les avions furtifs, ou pour le positionnement, la navigation et la datation (PNT). Ainsi, des dispositifs de PNT quantiques pourraient être employés en tant que systèmes de navigation inertielle parfaitement fiables, avec lesquels la navigation sans éléments externes tels que le GPS deviendrait possible. Une telle capacité changerait la donne en matière de navigation des sous-marins par exemple, mais pourrait aussi servir de système de navigation de secours à bord d'autres plateformes en cas de perte du signal GPS. » (source OTAN)[34]

« Deuxièmement, le calcul quantique est porteur d'une **menace quantique**. La factorisation des entiers est l'un des types de problèmes que les ordinateurs quantiques permettent de résoudre avec une grande efficacité. La plus grande partie de l'infrastructure numérique des membres de l'OTAN, comme pratiquement tout ce qui est fait *en ligne* – participation à des visioconférences, envoi de courriels, accès à nos comptes bancaires – est protégée par des protocoles cryptographiques basés sur la difficulté à résoudre ce type de problèmes. Même s'il n'existe pas encore d'ordinateur quantique utilisable en pratique, l'algorithme quantique permettant de résoudre les problèmes de factorisation d'entiers et ainsi de déchiffrer nos communications numériques, c'est-à-dire l'algorithme de Shor, existe depuis 1994 et n'attend plus que l'ordinateur quantique qui sera capable de l'exécuter. »

Il y a là une menace imminente pour la société en général, mais plus particulièrement pour les militaires étant donné l'importance des communications et des informations sécurisées pour la défense et la sécurité.

2.3 Le réseau expérimental du Département de l'Énergie (USA)

Des scientifiques du laboratoire national de Brookhaven (ESnet), relevant du Département de l'Énergie (DoE) et de l'Université de Stony Brook travaillent sur une expérience [7] qui devrait maintenir la recherche américaine sur les réseaux quantiques dans la carte internationale.

---

34. https://www.nato.int/docu/review/fr/articles/2021/06/03/technologies-quantiques-defense-et-securite/index.html

Ils ont construit un réseau quantique banc d'essai qui relie plusieurs bâtiments du campus à l'aide de sources d'intrication quantiques portables et d'un réseau existant de communications par fibres optiques, ESnet. C'est une étape importante vers la construction d'un réseau quantique à grande échelle capable de transmettre des informations sur de longues distances.

« En mécanique quantique, les propriétés physiques des particules intriquées restent associées, même lorsqu'elles sont séparées par de grandes distances », explique Kerstin Kleese van Dam, directrice de l'initiative au sein du Brookhaven Lab. À ce jour, des résultats probants ont été obtenus avec des photons intriqués séparés d'environ 18 km. Il s'agirait de l'expérience d'intrication sur la plus longue distance aux États-Unis.

Un aspect du travail de l'équipe qui le distingue de ceux effectués en Chine et en Europe est que les sources d'intrication sont portables et peuvent être facilement montées dans les racks de serveurs informatiques standards, interconnectés par des fibres classiques. L'équipe a réussi à installer une source portable de photons intriqués quantiquement dans un rack de serveurs hébergé au sein du centre de données et de calcul scientifique de BNL, où se trouve l'orchestration centrale du réseau du laboratoire.

Grâce à cette connectivité, les photons intriqués peuvent désormais être distribués dans chaque bâtiment du campus du laboratoire via l'infrastructure fibre ESnet. Les fibres d'ESnet ont été placées le long des chemins entre les bâtiments pour permettre la distribution et l'étude de l'enchevêtrement sur des distances de plus en plus longues. Les sources d'intrication portables sont également compatibles avec les mémoires quantiques existantes (cellules de verre remplies d'atomes pouvant stocker des informations quantiques). Normalement conservées à des températures très froides, ces cellules peuvent être stimulées à l'aide de lasers pour contrôler les états atomiques qu'elles contiennent. Le réseau test de Brookhaven comprend des mémoires quantiques portables qui fonctionnent à température ambiante. De telles mémoires, conçues pour les réseaux quantiques à grande échelle, constituent leur « projet favori » de longue date. « La démonstration vise à combiner l'intrication avec des mémoires quantiques atomiques compatibles », explique Eden Figueroa. « Nos mémoires quantiques ont l'avantage de fonctionner à température ambiante plutôt que de nécessiter un froid glacial. Il est donc naturel d'étendre le test aux principes des répéteurs quantiques, qui sont les clés technologiques de la communication quantique sur des centaines de kilomètres. »

« Le réseau quantique avec des sources de photons intriqués montées dans des racks de serveurs, des mémoires quantiques portables et des répéteurs opérationnels marquera le premier véritable réseau de communication quantique au monde qui connecte véritablement les processeurs et les mémoires informatiques quantiques en utilisant l'intrication quantique photonique », déclare encore Eden Figeroa.

2.4 Réseau Numana dans la province du Québec

Cette plateforme de banc d'essai indépendante sera gérée par Numana [8], un organisme à but non lucratif basé à Montréal. L'infrastructure du banc d'essai comprendra des liaisons fibres dédiées, disponibles sur les infrastructures de réseau de télécommunications existantes, des salles techniques dans divers sites pour héberger les équipements et des éléments de base quantiques (systèmes de distribution de clés quantiques QKD comme offre de base) qui pourraient être interconnectés dans divers topologies de réseau pour répondre aux exigences des utilisateurs du banc d'essai pour les essais sur le terrain.

Le banc d'essai de Numana vise à faciliter l'intégration des protocoles de cryptographie post-quantique (PQC) et des protocoles QKD, et à intégrer des capacités de réseau classiques (optique terrestre et aérienne) pour prendre en charge les réseaux quantiques hybrides. Le déploiement de la distribution d'intrication sur des liaisons de fibre optique pourrait également être envisagé dans un avenir proche.

L'initiative de Numana en matière de réseau de communications quantiques a été initialement financée par le gouvernement provincial du Québec et ses partenaires. Le premier banc d'essai a été rendu opérationnel en été 2023 (dans la ville de Sherbrooke) avec une configuration à trois nœuds et des liaisons fibre dédiées s'étendant de 2 km à 40 km pour accueillir diverses topologies de réseau pour les essais de projets des utilisateurs. Un deuxième centre est prévu à Montréal et la ville de Québec devrait accueillir le troisième en 2024.

3. RÉSEAUX COMMERCIAUX

3.1 Réseau France QCI

Déployer des réseaux d'infrastructure de communication quantique (*Quantum Communication Infrastructure*), c'est le but du projet FranceQCI. L'enjeu : édifier les bases du système à venir de communication quantique français.

Orange, l'opérateur historique de télécommunications, coordonne le projet, la Commission européenne cofinance. Le CNRS, les industriels Airbus, Thales et Thales Alenia Space, les start-ups Cryptonext Security, VeriQloud et Welinq sont parties prenantes. L'Université de la Sorbonne, Télécom Paris, Université Côté d'Azur et la Direction générale de l'aviation civile (DGAC) sont également impliquées dans le consortium de partenaires sélectionnés.

« L'objectif du consortium FranceQCI est de donner une impulsion significative vers une infrastructure européenne de communication quantique (pour) protéger les données sensibles et les communications critiques des entités gouvernementales, des centres de données, des hôpitaux, des réseaux d'énergie, et plus encore », a déclaré Michaël Trabbia, CEO d'Orange Wholesale en 2023.

L'ambition est de déployer des réseaux d'infrastructure de communications quantiques (QCI) en France et de les expérimenter en vue de leur intégration dans les réseaux existants. Pour atteindre cet objectif, FranceQCI s'appuiera sur les infrastructures existantes en Île-de-France (ParisRegionQCI) et à Nice/Côte d'Azur [9]. L'objectif est d'évoluer vers des services opérationnels de distribution quantique de clé (*Quantum Key Distribution* – QKD).

Un réseau quantique sera également activé à Toulouse, dans le laboratoire de la Direction générale de l'aviation civile française DGAC/DSNA/DTI. Un test utilisateur impliquera l'échange de données opérationnelles de contrôle du trafic aérien sécurisées par QKD.

Ainsi, la France compte parmi les vingt-six États membres qui disposeront de leur propre programme de déploiement QCI. En outre, FranceQCI fait partie de l'initiative EuroQCI (*European Quantum Communication Infrastructure*). Cette dernière vise à créer des réseaux de communication quantique sécurisés dans l'Union européenne et les territoires d'outre-mer qui lui sont liés. Elle s'inscrit, plus largement, dans la stratégie de cybersécurité de l'UE.

3.2 Réseau du fournisseur d'électricité américain EPB

EPB est le fournisseur d'électricité et de communications par fibre optique de la ville de Chattanooga dans le Tennessee. EPB et Qubitekk se sont associés pour lancer le premier réseau quantique américain disponible dans le commerce [10] et dirigé par l'industrie, conçu pour faire fonctionner des équipements et des applications dans un environnement de fibre optique établi : EPB Quantum Network© optimisé par Qubitekk. Nous sommes prêts à travailler avec vous pour accélérer la commercialisation des technologies quantiques. EPB Quantum Network est conçu pour générer, distribuer et mesurer des qubits sur un réseau de fibre optique établi reliant les entreprises, les entrepreneurs, les chercheurs, le gouvernement et les universités à l'avenir quantique. Disponible pour les secteurs public et privé, EPB Quantum Network peut être configuré pour exécuter des applications existantes, tester de nouvelles technologies quantiques ou valider les performances des équipements. Conçu spécifiquement pour accélérer le développement, l'adoption et l'intégration de produits quantiques, il est flexible, privé, facile à utiliser et vous permet de garder un contrôle total sur votre propriété intellectuelle.

3.3 Projet d'Amazon

L'entreprise Amazon Web Services ambitionne aussi de faire un pas en avant dans le domaine encore peu exploré de l'informatique quantique : la mise en réseau des ordinateurs quantiques. « L'AWS Center for Quantum Networking (CQN) va tenter de relever les défis scientifiques et techniques liés à la création de matériels, logiciels et applications pour les réseaux quantiques », a déclaré l'entreprise américaine.

Le centre développera d'autres travaux sur les réseaux quantiques menés par AWS au sein de l'AWS Center for Quantum Computing, et du centre Amazon Quantum Solutions Lab. Ce dernier propose un environnement de développement pour créer des algorithmes quantiques, les tester sur des simulateurs de circuits quantiques et les exécuter sur différents matériels quantiques, notamment les ordinateurs Rigetti et D-Wave.

Pour exploiter tout le potentiel des ordinateurs quantiques, il est nécessaire de les connecter entre eux au sein d'un réseau quantique. « S'ils ne suscitent pas autant d'intérêts que les ordinateurs quantiques, les réseaux quantiques ont des applications potentielles fascinantes », ont déclaré les chercheurs d'un des centres d'AWS. « Elles permettent par exemple des communications mondiales protégées par la distribution de clés quantiques avec des niveaux de confidentialité et de sécurité impossibles à atteindre avec les techniques de chiffrement conventionnelles », ont encore écrit les scientifiques. « Les réseaux quantiques pourront également fournir des serveurs quantiques puissants et sécurisés dans le cloud en connectant ensemble et en amplifiant les capacités des processeurs quantiques individuels ».

Outre AWS, la communauté quantique ne cesse de s'étendre. Elle comprend Cisco, Juniper, IBM, Intel, Microsoft, Google, Baidu, Honeywell et Quantinuum. Pour sa part, Cisco a annoncé la préparation d'un environnement de réseau hybride capable de prendre en charge les signaux classiques et d'autres technologies utilisant la photonique pour transmettre des qubits de serveur à serveur. Selon Cisco, la photonique, qui utilise la lumière pour transmettre des données et contrôler divers mécanismes de mise en réseau, jouera également un rôle important dans la plupart des environnements quantiques. Certains disent que l'industrie n'adoptera pas le quantique de manière significative avant cinq à dix ans, mais l'intérêt est bel et bien là. Gartner prévoit que près de 40 % des grandes entreprises auront mis en place des initiatives quantiques d'ici à 2025, et IDC estime que le marché mondial de l'informatique quantique représentera 16,4 milliards de dollars en 2027. Selon IDC, ces investissements vont se traduire par des vagues d'innovations et de percées technologiques qui permettront aux entreprises d'appliquer l'informatique quantique à un ensemble de cas d'usage divers et toujours plus riche, impliquant l'analyse d'énormes ensembles de données, un nombre exponentiel de variables et un nombre inépuisable de résultats possibles.

En résumé

Depuis une petite dizaine d'années, de modestes réseaux de communications quantiques locaux, à l'échelle d'un campus ou d'une ville, voient le jour et servent de bancs d'essai aux chercheurs et ingénieurs qui mettent en œuvre les réseaux quantiques de demain, basés sur l'intrication.

De premières infrastructures de communications quantiques (QCI) existent peut-être déjà en Chine et seront disponibles commercialement en Europe à l'aube des années 2030.

Conclusions et perspectives

Ce que l'on commence à appeler « Internet quantique » peut être considéré en fait comme l'introduction de l'informatique quantique dans l'infrastructure support d'Internet. Avec un Internet quantique, deux parties d'un grand réseau pourraient communiquer via une liaison quantique composée de qubits « volants », tout comme l'Internet conventionnel permet à deux parties de communiquer à l'aide d'un circuit virtuel composé de paquets. Avec un réseau de communications quantiques (QCN), toute source (Alice) pourrait communiquer avec n'importe quelle destination (Bob) en utilisant des états quantiques intriqués, ce qui leur permettrait de bénéficier de la protection de la cryptographie quantique et leur donnerait la possibilité de s'engager dans des protocoles quantiques ou d'effectuer un calcul quantique distribué.

Réussir cette seconde révolution quantique et introduire l'informatique quantique passent par le contrôle des états quantiques d'un système quantique unitaire (*e.g.* un photon, un électron...) dans un environnement ouvert, c'est-à-dire le contrôle de la cohérence, de la résilience, le maintien de l'intrication et la qualité des interférences. Une fois maîtrisée la gestion résiliente des états quantiques intriqués (sur des nœuds distants), trois avancées applicatives pourraient alors en découler.

Premièrement, la maîtrise des réseaux quantiques permettrait d'assembler un ***cluster* (plateforme) d'informatique quantique**. Ainsi, les réseaux quantiques pourraient modifier la stratégie par laquelle les organisations envisagent de construire de grands ordinateurs quantiques. Au lieu de maîtriser la gestion d'un seul appareil doté de nombreux qubits, un réseau quantique permettrait aux organisations de connecter ensemble plusieurs appareils plus petits, peut-être moins coûteux et plus faciles à gérer, dans un *cluster* doté de plus de qubits et de volume que n'importe quel concurrent. Un tel réseau quantique pourrait résider dans un seul bâtiment. Mais même si des entreprises comme IBM, avec son laboratoire de recherche rempli d'appareils quantiques, semblent bien placées pour le faire, il n'existe (pour l'instant) aucune preuve publique qu'IBM ou d'autres adoptent cette approche.

Deuxièmement, un réseau quantique pourrait permettre une **informatique quantique aveugle**. Rappelons que l'informatique quantique, en raison de son coût et de sa complexité, sera probablement disponible sous forme de service cloud plutôt que sous forme d'ordinateurs quantiques déployés sur le site demandeur. Actuellement, les utilisateurs d'ordinateurs quantiques basés sur le cloud proposé par tel ou tel fournisseur accèdent à ces appareils via des ordinateurs et le réseau de communications et de contrôles classiques. Dans un monde doté d'un Internet quantique fonctionnel, cet accès au cloud pourrait devenir quantique de bout en bout. À ce stade, le fournisseur du service de calcul quantique offert en cloud sera aveugle des actions de l'utilisateur. Être aveugle limitera les options, le fournisseur de l'informatique quantique ne sera pas en mesure de détecter et de dissuader les utilisations indésirables de l'appareil, telles que la cryptanalyse ou un comportement nuisible actuellement inimaginable.

Enfin, troisièmement, selon la manière dont il est mis en œuvre, un Internet quantique peut priver les adversaires de la possibilité d'**espionner les métadonnées**. Actuellement, les métadonnées (les données sur les données du réseau de communications), telles que « qui appelle qui et quand », sont un outil clé des agences de renseignement.

Les applications quantiques qui en découleront peuvent être regroupées en trois catégories : 1) les applications associées à la génération de nombres aléatoires quantiques et à la distribution quantique de clés, 2) les capteurs quantiques, améliorés par les fonctionnalités d'un réseau de communications quantiques QCN, pour transmettre et stocker ce qu'ils détectent, 3) les technologies qui permettront la mise en grappe (cloud) d'une énorme capacité de calcul quantique.

La génération de nombres aléatoires quantiques et la distribution de clés sont toutes deux des technologies en pleine maturité. De premiers systèmes sont déjà commercialisés et utilisés aujourd'hui, sans un réseau de communications quantiques à base d'intrication. Quand passera-t-on à un QCN multi-applications, toujours basé sur l'intrication ? Les avantages liés à la détection quantique comme la synchronisation temporelle, les mesures géologiques ou l'astronomie, semblent tellement liés aux utilisateurs scientifiques et techniques qu'il est difficile de voir comment ces applications pourraient inciter à dépenser de l'argent pour leur seule finalité. Pris isolément, le pari de chaque catégorie n'est pas gagné, mais le potentiel d'une seule architecture « Internet quantique » permettant à la fois de sécuriser les communications de bout en bout, d'éliminer la surveillance des métadonnées et d'offrir les services d'une grappe de calcul, pourrait être le facteur qui incitera les États-nations à investir dans cette technologie.

La meilleure utilisation d'un tel réseau QCN à l'avenir sera l'interconnexion de petits ordinateurs quantiques existants en un cluster d'une puissance sans précédent : le calcul quantique distribué. C'est d'ailleurs le sens du partenariat annoncé par Pasqal et Weling en avril 2024 : « Pasqal et Welinq s'associent pour développer des interconnexions quantiques sur mesure pour l'informatique quantique à atomes neutres. »

Bibliographie

Chapitre 1

[1] AULETTA G., FORTUNATO M., PARISI G., *Quantum mechanics (1st ed.)*, Cambridge University Press, 2009.

[2] BOCHE H., MATHAR R., BASSOLI R., DEPPE C., FERRARA R., FITZEK F. H. P., JANSSEN G., SAEEDINAEENI S., *Quantum Communication Networks*, Springer, 2021.

[3] EINSTEIN A., PODOLSKY B., ROSEN N., "Can Quantum-Mechanical Description of Physical Reality Be Considered Complete?", *Phys. Rev.*, vol. 47, p. 777-780, 1935.

[4] GREENBERGER D. M., HORNE M. A., ZEILINGER A., "Bell's Theorem, Quantum Theory, and Conceptions of the Universe", édité par M. Kafatos, Kluwer Academics, 1989.

[5] DÜR W., VIDAL G., CIRAC J. I., "Three qubits can be entangled in two inequivalent ways", *Phys. Rev.*, A 62:062314, 2000.

[6] BELL J., "On the Einstein Podolsky Rosen Paradox", *Physics* 1, 1964.

[7] ASPECT A., GRANGIER P., ROGER G., "Experimental realization of Einstein-Podolsky-Rosen-Bohm Gedankenexperiment: a new violation of Bell's inequalities", *Physical Review Letters* 49, 91, 1982.

Chapitre 2

[1] VEDRAL V., *Decoding Reality. The Universe as Quantum Information,* Oxford University Press, 2010.

[2] GREENBERGER D. M., HORNE M. A., ZEILINGER A., "Bell's Theorem, Quantum Theory, and Conceptions of the Universe", édité par M. Kafatos, Kluwer Academics, 1989.

[3] DÜR W., VIDAL G., CIRAC J. I., "Three qubits can be entangled in two inequivalent ways", *Phys. Rev.*, A 62:062314, 2000.

[4] Walter M., Gross D., Eisert J., *Multi-partite entanglement*, Stanford University, 2017.

[5] Hein M., Eisert L., Briegel H. J., "Multi-party entanglement in graph states", arXiv:quant-ph/0307130, 2008.

[6] Wootters W. K., Zurek W. H., "A Single Quantum Cannot be Cloned", *Nature*, 299, pp. 802-803, 1982.

[7] Ezratty Olivier.

[8] Calderbank A. R., Shor P. W., "Good quantum error-correcting codes exist", AT&T Bell Laboratories, *Physical Review A*, vol. 54, pp. 1098-1105, août 1996.

[9] https://quantuminstitute.yale.edu/publications/promising-ways-encode-and-manipulate-quantum-information.

[10] Chatterjee A., Phalak K., Ghosh S., "Quantum Error Correction For Dummies", arxiv.org/pdf/2304.08678.pdf, 2023.

[11] Chana Eldar Y., "Quantum Signal Processing", Thesis, MIT, 1973.

[12] Martyn J. M., Rossi Z. M., Tan A. K., Chuang I. L., "Grand Unification of Quantum Algorithms", Center for Theoretical Physics, Massachusetts Institute of Technology, 2021.

[13] À propos de **fusion** :

- Kempe J., *Phys. Rev.*, A, 60, 910, 1999 ;
- Murao M., Jonathan D., Plenio M. B., Vedral V., *Phys. Rev.*, A, 59, 156, 1999 ;
- Eisert J., Briegel H. J., *Phys. Rev.*, A 64, 022306, 2001 ;
- Meyer D., Wallach N., Math J., *Phys.*, 43, 4273, 2002 ;
- Park Y. J., Oh S., Kim J., *New J. Phys.*, 5, 136, 2003.

[14] Hoofnagle C. J., Garfinkel S. L., *Law and Policy for the Quantum Age*, Cambridge University Press, 2021.

[15] DiVincenzo D. P., "The Physical Implementation of Quantum Computation", IBM T. J. Watson Research Center, février 2008.

[16] Kadowaki T., Nishimori H., "Quantum Annealing in the transverse Ising model", *Physical Review E*, 58-5, APS, p. 5355, 1998.

[17] Montanaro A., "Quantum algorithms: an overview", *Nature Journal*, 2016.

[18] https://quantumalgorithmzoo.org/.

[19] Shor P. W., "Polynomial-Time Algorithms for Prime Factorization and Discrete Logarithms on a Quantum Computer", arXiv:quant-ph/9508027, 1994.

[20] Grover L. K, "A fast quantum mechanical algorithm for database search", Proceedings, 28th Annual ACM Symposium on the Theory of Computing, mai 1996.

[21] FARHI E., GOLDSTONE J., GUTMANN S., SIPSER M., "Quantum Computation by Adiabatic Evolution", arXiv:quant-ph/0001106, 2000.

[22] ROLAND J., CERF N. J., "Quantum search by local adiabatic evolution", *Physical Review*, A 65.4, ISSN: 1094-1622, DOI:10.1103/physreva.65.042308, 2002.

[23] SZEGEDY M., "Quantum speed-up of Markov chain-based algorithms", 45th Annual IEEE symposium on foundations of computer science, 2004.

[24] FARHI E., GOLDSTONE J., GUTMANN S., "A Quantum Approximate Optimization Algorithm", arXiv:1411.4028, novembre 2014.

[25] CHOI J., KIM J., "A Tutorial on Quantum Approximate Optimization Algorithm (QAOA): Fundamentals and Applications", *in* 2019 International Conference on Information and Communication Technology Convergence (ICTC), pp. 138-142, octobre 2019.

[26] ZHOU L., WANG S.-T., CHOI S., PICHLER H., LUKIN M. D., "Quantum Approximate Optimization Algorithm: Performance, Mechanism, and Implementation on Near-Term Devices", *Phys. Rev.*, X, 10(2):021067, juin 2020.

[27] STREIF M., YARKONI S., SKOLIK A., NEUKART F., LEIB M., "Beating classical heuristics for the binary paint shop problem with the quantum approximate optimization algorithm", *Phys. Rev.*, A, 104(1):012403, juillet 2021.

[28] BORLE A., ELFVING V., LOMONACO S. J., "Quantum approximate optimization for hard problems in linear algebra", *SciPost Phys. Core*, 4(4):031, novembre 2021.

[29] PRESKILL J., "Quantum computing and the entanglement frontier", Technical Report Caltech authors, 20120516-084322874, California Institute of Technology, 2012.

[30] AHARONOV D., AMBAINIS A., KEMPE J., VAZIRANI U., "Quantum Walks on Graphs", arXiv:quant-ph/0012090, 2002.

[31] WERNER R. F., "Quantum states with Einstein-Podolsky-Rosen correlations admitting a hidden-variable model", *Phys. Rev.*, A, vol. 40, pp. 4277-4281, 1989.

[32] DEVETAK I., HARROW A. W., WINTER A., "A Resource Framework for Quantum Shannon Theory", arXiv:quant-ph/0512015, 2005.

[33] LLOYD S., "Capacity of the noisy quantum channel", *Phys. Rev.*, A, vol. 55, p. 1613, 1996.

[34] BANASZEK K., "Optimal quantum teleportation with an arbitrary pure state", arXiv:quant-ph/0002088v1, février 2000.

[35] YU N., LAI C.-Y., ZHOU L., "Protocols for Packet Quantum Network Intercommunication", arXiv:1903.10685, 2021.

[36] WILLIAMS B. P., SADLIER R. J., HUMBLE T. S., "Superdense coding over optical fiber links with complete Bell-state measurements", Quantum Computing Institute, 2016.

Chapitre 3

[1] *Communications of the ACM*, vol. 65, n° 8, août 2022.

[2] RIVEST R. L., SHAMIR A., ADLEMAN L., "A method for obtaining digital signatures and public-key cryptosystems", *Communications of the ACM*, vol. 21, n° 2, pp. 120-126, février 1978.

[3] WIESNER S., "Conjugate coding", *ACM SIGACT News*, vol. 15, n° 1, p. 78-88, DOI:10.1145/1008908.1008920, janvier 1983.

[4] LIAO S.-K., CAI W.-Q., LIU W.-Y., ZHANG L. *et al.*, "Satellite-to-ground quantum key distribution", *Nature*, 549(7670), août 2017.

[5] YIN J., CAO Y., LI Y. H., LIAO S.-K., ZHANG L. *et al.*, "Satellite-based entanglement distribution over 1200 kilometers", *Science*, 356, juin 2017.

[6] ZENG G.-J., CHEN K.-H., CHANG Z.-H., YANG Y.-S., CHOU Y.-H., "Multiparty Quantum Key Agreement based on Quantum Secret Direct Communication with GHZ states", arXiv:1602.00832v1, 2016.

[7] NICKERSON N. H., LI Y., BENJAMIN S. C., *Nature communications* 4, 1756, 2013.

[8] DIVINCENZO D. P., "The Physical Implementation of Quantum Computation", IBM T. J. Watson Research Center, février 2008.

[9] DEGEN C. L., REINHARD F., CAPPELLARO P., "Quantum Sensing", *Reviews of Modern* Physics, 2017.

[10] YANG Y., YADIN B., XU Z.-P., "Quantum-Enhanced Metrology with Network States", *Physical Review Letters*, juillet 2023.

[11] GREENBERGER D. M., HORNE M. A., ZEILINGER A., "Bell's Theorem, Quantum Theory, and Conceptions of the Universe", édité par M. Kafatos, Kluwer Academics, 1989.

[12] DÜR W., VIDAL G., CIRAC J. I., "Three qubits can be entangled in two inequivalent ways", *Phys. Rev.*, A 62:062314, 2000.

[13] WEHNER S., ELKOUSS D., HANSON R., "Quantum Internet: A vision for the road ahead", *Science* 362(6412), https://pure.tudelft.nl/ws/portalfiles/portal/47533107/qim_final_V7_FINAL.pdf, octobre 2018.

[14] LEONE H., MILLER N. R., SINGH D., LANGFORD N. K., ROHDE P. P., "QuNet: Cost vector analysis & multi-path entanglement routing in quantum networks", décembre 2021.

[15] Hoofnagle C. J., Garfinkel S. L., *Law and Policy for the Quantum Age*, Cambridge University Press, 2021.

[16] Ezratty O., « Écosystème quantique en France et dans le monde », *Bulletin de la SiF*, n° 18, pp. 43-57, novembre 2021.

Chapitre 4

[1] Internet Research Task Force, "Architectural Principles for a Quantum Internet", mars 2023.

[2] Lloyd S., "The capacity of the noisy quantum channel", D'Arbeloff Laboratory for Information Systems and Technology, Massachusetts Institute of Technology, 1996.

[3] Meyer-Scott E., Silberhorn C., Migdall A., "Single-Photon Sources: Approaching the Ideal through Multiplexing", *Review of Scientific Instruments*, DOI:10.1063/5.0003320, 2020.

[4] Pu J., Zhang W., Matsuoka H., Kobayashi Y., Takaguchi Y., Miyata Y., Matsuda K., Miyauchi Y., Takenobu T., "Room-Temperature Chiral Light-Emitting Diode Based on Strained Monolayer Semiconductors", septembre 2021, DOI:10.1002/adma.202100601.

[5] Hofer P. P., Büttiker M., "Emission of time-bin entangled particles into helical edge states", *Phys. Rev*, B 88, 241308(R), décembre 2013.

[6] Lvovsky A. I., Sanders B. C., Tittel W., "Optical quantum memory", arXiv:1002.4659, 2010.

[7] Sangouard N., Dubessy R., Simon C., "Quantum Repeaters based on Single Trapped Ions", Laboratoire Matériaux et Phénomènes Quantiques CNRS, 2009.

[8] Caleffi M., "Optimal Routing for Quantum Networks", IEEE 2017.

[9] Duan L.-M., Lukin M., Cirac J. I., Zoller P., "Long-distance quantum communication with atomic ensembles and linear optics", Institut für Theoretische Physik, 2001.

[10] Li C., Zhang S., Wu Y.-K., Jiang N., Pu Y.-F., Duan L.-M., "Multicell Atomic Quantum Memory as a Hardware-Efficient Quantum Repeater Node", DOI:10.1103/PRXQuantum.2.040307, 2021.

[11] Lago-Rivera D., Grandi S., Rakonjac J. V., Seri A., de Riedmatten H., "Telecom-heralded entanglement between remote multimode solid-state quantum Memories", arXiv:2101.05097, 2021.

[12] Vinay S. E., Kok P., "Practical Repeaters for Ultra-Long Distance Quantum Communication", Department of Physics and Astronomy, University of Sheffield, 2017.

[13] Hou P.-Y., Huang Y.-Y., Yuan X.-X., Chang X.-Y., Zu C., He L., Duan L.-M., "Quantum teleportation from light beams to vibrational states of a macroscopic diamond", *Nature Communications*, 2016.

[14] Simon C., Niquet Y.-M., Caillet X., Eymery J., Poizat J.-P., Gérard J.-M., "Quantum Communication with Quantum Dot Spins", Laboratoire de Spectrométrie Physique, CNRS, arXiv:quant-ph/0609030 v2, novembre 2006.

[15] Moiseev S. A., Kröll S., "Complete Reconstruction of the Quantum State of a Single-Photon Wave Packet Absorbed by a Doppler-Broadened Transition", Zavoisky Physical-Technical Institute of the Russian Academy of Sciences, 2001.

[16] Narla A. *et al.*, "Robust Concurrent Remote Entanglement Between Two Superconducting Qubits", arXiv:1603.03742, 2016.

[17] Bayerbach M. J., D'Aurelio S. E., van Loock P., Barz S., "Bell-state measurement exceeding 50% success probability with linear optics", DOI:10.1126/sciadv.adf4080, 2023.

[18] Hoofnagle C. J., Garfinkel S. L., "Law and Policy for the Quantum Age", Cambridge University Press, 2021.

[19] Patil A., Jacobson J. I., Van Milligen E., Towsley D., Guha S., "Distance-Independent Entanglement Generation in a Quantum Network using Space-Time Multiplexed Greenberger–Horne–Zeilinger (GHZ) Measurements", *in* 2021 IEEE International Conference on Quantum Computing and Engineering (QCE), pp. 334-345, *IEEE*, arXiv:2108.09352, novembre 2021.

[20] Muralidharan S., Li L., Kim J., Lutkenhaus N., Lukin M. D., Jiang L., "Optimal architectures for long distance quantum communication", *Scientific reports*, 6(1):1–10, 2016.

[21] Einstein A., "Does the inertia of a body depend upon its energy content?", *Ann. Phys.*, 18, 639641, 1905.

[22] Eddington A. S., *The Mathematical Theory of Relativity (2nd ed.)*, Cambridge University Press, 1924.

[23] Alshowkan M., Williams B. P., Evans P. G., Rao N. S., Simmerman E. M., Lu H.-H., Lingaraju N. B., Weiner A. M., Marvinney C. E., Pai Y.-Y., Lawrie B. J., Peters N. A., Lukens J. M., "Reconfigurable quantum local area network over deployed fiber", *PRX Quantum* 2(4), 040304, 2021.

[24] Lewandowski W., Azoubib J., Klepczynski W. J., "GPS: Primary tool for time transfer", *Proceedings of the IEEE*, vol. 87, pp. 163–172. DOI:10.1109/5.736348, 1999.

[25] Anderson R., Vetharaniam I., Stedman G. E., "Conventionality of synchronisation, gauge dependence and test theories of relativity", *Physics Reports*, vol. 295(3-4), pp. 93-180, DOI:10.1016/S0370-1573(97)00051-3, 1998.

[26] IEEE, "IEEE standard for a precision clock synchronization protocol for networked measurement and control systems", IEEE Std 1588-2019 (Revision of IEEE Std 1588-2008), pp. 1-499, 2020.

[27] Jozsa R. *et al.*, "Quantum Clock Synchronization Based on Shared Prior Entanglement", *Physical Review Letters*, vol. 85, DOI:10.1103/PhysRevLett.85.2010, 2000.

[28] Krco M., Prabasaj P., "Quantum clock synchronization: a Multi-party Protocol", *Phys. Rev.* A 66(2), arXiv:quant-ph/0112111, 2002.

[29] Ben-Av R., Exman I., "Optimized Multi-party Quantum Clock Synchronization", *Phys. Rev.* A 84(1), arXiv:1105.0186, 2011.

[30] Zhang J., Long G. L., Deng Z., Liu W., Lu Z., "Nuclear Magnetic Resonance Implementation of a Quantum Clock Synchronization Algorithm", *Phys. Rev.* A 70(6), arXiv:quant-ph/0406208, 2004.

[31] Perdomo-Ortiz A., Benedetti M., Realpe-Gómez J., Biswas R., "Opportunities and challenges for quantum-assisted machine learning in near-term quantum computers", *IOP Science*, arXiv:1708.09757, juin 2018.

[32] Botsinis P., Alanis D., Babar Z., Nguyen H. V., Chandra D., Xin Ng S., Hanzo L., "Quantum Search Algorithms for Wireless Communications", *IEEE*, DOI:10.1109/COMST.2018.2882385, 2018.

[33] Habibie M. I., Hamie J., Goursaud C., "Adaptation of Grover's Quantum Algorithm to Multiuser Detection in an OCDMA System", *IEEE*, DOI:10.1109/SOFTT54252.2021.9673141, 2021.

[34] Witt A., Kim J., Körber C., Luu T., "ILP-based Resource Optimization Realized by Quantum Annealing for Optical Wide-area Communication Networks - A Framework for Solving Combinatorial Problems of a Real-world Application by Quantum Annealing", arXiv:2401.00826, 2024.

Chapitre 5

[1] Illiano J., Caleffia M., Manzalinic A., Cacciapuot A. S., "Quantum Internet Protocol Stack: a Comprehensive Survey", arXiv:2202.10894, 2022.

[2] Van Meter R., Ladd T. D., Munro W. J., Nemoto K., "System design for a long-line quantum repeater", *IEEE/ACM Transactions on Networking*, 17, 2008.

[3] Kozlowski W., Dahlberg A., Wehner S., "Designing a quantum network protocol", *in Proc. of the 16th International Conference on emerging Networking EXperiments and Technologies*, 2020.

[4] Pirker A., Dür W., "A quantum network stack and protocols for reliable entanglement-based networks", arXiv:1810.03556, 2019.

[5] Lloyd S., "The capacity of the noisy quantum channel", D'Arbeloff Laboratory for Information Systems and Technology, Massachusetts Institute of Technology, 1996.

[6] https://quantuminstitute.yale.edu/publications/promising-ways-encode-and-manipulate-quantum-information.

[7] Bennett C. H., Fuchs C. A., Smolin J. A., "Entanglement-Enhanced Classical Communication on a Noisy Quantum Channel", arXiv:quant-ph/9611006, 1996.

[8] Koudia S., Cacciapuoti A. S., Caleffi M., "How Deep the Theory of Quantum Communications Goes: Superadditivity, Superactivation and Causal Activation", *IEEE Communications Surveys & Tutorials*, 2022.

[9] Pusey M. F., "Quantum Correlations Take a New Shape", https://physics.aps.org/articles/v12/106, 2019.

[10] Pan J.-W., Simon C., Brukner Č., Zeilinger A., "Feasible Entanglement Purification for Quantum Communication", arXiv:quant-ph/0012026, 2000.

[11] Rabbie J., Chakraborty K., Avis G., Wehner S., "Designing quantum networks using preexisting infrastructure", *Journal Nature*, 2022.

[12] Zhuang Q., Zhang B., "Quantum communication capacity transition of complex quantum networks", arXiv:2011.07397, 2021.

[13] DiAdamo S., Qi B., Miller G., Kompella R., Shabani A., "Packet Switching in Quantum Networks: A Path to Quantum Internet", arXiv:2205.07507, 2022.

[14] Dijkstra E. W., "A Note on Two Problems in Connexion with Graphs", *Numerische Mathematik*, 1(1), pp. 269-271, 1959.

[15] Yen J. Y., "Finding the *K* Shortest Loopless Paths in a Network", *Management Science*, 17(11), pp. 712-716, 1971.

[16] Zeng Y., Zhang J., Liu J., Liu Z., Yang Y., "Entanglement Routing over Quantum Networks Using Greenberger-Horne-Zeilinger Measurements", arXiv:2306.16671, 2023.

[17] Pant M., Krovi H., Towsley D., Tassiulas L., Jiang L., Basu P., Englund D., Guha S., "Routing entanglement in the quantum Internet", *Nature npj*, 2021.

[18] Hein M., Eisert J., Briegel H. J., "Multi-party entanglement in graph states", arXiv:quant-ph/0307130, 2008.

[19] Dupuy F., Goursaud C., Guillemin F., "A Survey of Quantum Entanglement Routing Protocols - Challenges and issues for a Wide Area Network", *Advanced Quantum Technologies*, 2022.

[20] Alanis D., Botsinis P., Babar Z., Nguyen H. V., Chandra D., Xin Ng S., Hanzo L., "Quantum-aided Multi-Objective Routing Optimization Using Back-Tracing-Aided Dynamic Programming", *IEEE*, DOI:10.1109/TVT.2018.2822626, 2018.

[21] Yu N., Lai C.-Y., Zhou L., "Protocols for Packet Quantum Network Intercommunication", arXiv:1903.10685, 2021.

[22] Cleve R., Gottesman D., Lo H.-K., "How to share a quantum secret", *Physical Review Letters*, vol. 83, pp. 648-651, juillet 1999.

[23] Miguel-Ramiro J., Pirker A., Dür W., "Genuine quantum networks with superposed tasks and addressing", *npj Quantum Information, 7*, 2021.

[24] Chiribella G., Kristjánsson H., "Quantum shannon theory with superpositions of trajectories", *Proceedings of the Royal Society A*, 475 (2225), 2019.

[25] Zhu H., Wang L., Zhang Y., "An efficient quantum identity authentication key agreement protocol without entanglement", *Quantum Information Processing*, vol. 19, n° 10, p. 381, DOI:10.1007/s11128-020-02887-z, octobre 2020.

[26] Liu B. *et al.*, "Quantum Identity Authentication in the Counterfactual Quantum Key Distribution Protocol", *Entropy*, vol. 21, n° 5, DOI: 10.3390/e21050518, 2019.

[27] Chen Z., Zhou K., Liao Q., "Quantum Identity Authentication Scheme of Vehicular Ad-Hoc Networks", *International Journal of Theoretical Physics*, vol. 58, n° 1, pp. 40-57, DOI:10.1007/s10773-018-3908-y, janvier 2019.

[28] Manzalini A., "Quantum Networking and Service", GSMA, https://www.gsma.com/newsroom/wp-content/uploads/IG-11-Quantum-Computing-Networking-and-Security.pdf, 2021.

[29] GSMA Internet Group, IG.12 Resources, https://www.gsma.com/newsroom/resources/quantum-networking-and-service/, 2021.

Chapitre 6

[1] Rabbie J., Chakraborty K., Avis G., Wehner S., "Designing Quantum Networks Using Preexisting Infrastructure", *npj Quantum Information*, 2022.

[2] Dijkstra E. W., "A Note on Two Problems in Connexion with Graphs", *Numerische Mathematik*, 1(1), pp. 269-271, 1959.

[3] Yen J. Y., "Finding the *K* Shortest Loopless Paths in a Network", *Management Science*, 17(11), pp. 712-716, 1971.

[4] Pirker A., Wallnöfer J., Dür W., "Modular architectures for quantum networks", *New Journal of Physics*, DOI:10.1088/1367-2630/aac2aa, 2018.

[5] Pant M., Krovi H., Towsley D., Tassiulas L., Jiang L., Basu P., Englund D., Guha S., "Routing entanglement in the quantum Internet", *npj Quantum Information*, 2019.

[6] Meyer-Scott E., Silberhorn C., Migdall A., "Single-Photon Sources: Approaching the Ideal through Multiplexing", *Review of Scientific Instruments*, DOI:10.1063/5.0003320, 2020.

[7] Van Meter R., Satoh T., Ladd T. D., Munro W. J., Nemoto K., "Path Selection for Quantum Repeater Networks", arXiv:1206.5655, 2012.

[8] Chakraborty K., Elkouss D., Rusman B., Wehner S., "Multicommodity flow optimization", QuTech, Delft University of Technology, 2020.

[9] Briegel H.-J., Dür W., Cirac J. I., Zoller P., "Quantum repeaters: the role of imperfect local operations in quantum communication", *Physical Review Letters*, 81(26):5932, 1998.

[10] Patil A., Jacobson J. I., Van Milligen E., Towsley D., Guha S., "Distance-Independent Entanglement Generation in a Quantum Network using Space-Time Multiplexed Greenberger–Horne–Zeilinger (GHZ) Measurements", *in* 2021 IEEE International Conference on Quantum Computing and Engineering (QCE), pp. 334-345, *IEEE*, arXiv:2108.09352, novembre 2021.

[11] Nguyen T. N., Nguyen D. H. P., Pham D. H., Liu B.-H., Nguyen H. N., "Maximizing entanglement routing rate in quantum networks: Approximation algorithms", *IEEE*, arXiv:2207.11821, 2022.

[12] Fittipaldi P., Giovanidis A., Grosshans F., "A Linear Algebraic Framework for Quantum Internet Dynamic Scheduling", *IEEE*, arXiv:2205.10000, 2022.

[13] Dupuy F., Goursaud C., Guillemin F., "Comparing Scheduling Policies and Routing Schemes in one Quantum Network Framework", publication à venir.

[14] Li J., Wang M., Jia Q., Xue K., "Fidelity-guaranteed entanglement purification and routing in quantum networks", arXiv:2111.07764, 2021.

[15] Steane A. M., "Enlargement of Calderbank-Shor-Steane quantum codes", *IEEE Transactions on Information Theory*, 45(7):2492–2495, 1999.

[16] Calderbank A. R., Shor P. W., "Good quantum error-correcting codes exist", AT&T Bell Laboratories, *Physical Review A*, vol. 54, pp. 1098-1105, août 1996.

[17] Jiang L., Taylor J. M., Nemoto K., Munro W. J., Van Meter R., Lukin M. D., "Quantum repeater with encoding", *Physical Review A*, 79(3):032325, 2009.

[18] Munro W. J., Stephens A. M., Devitt S. J., Harrison K. A., Nemoto K., "Quantum communication without the necessity of quantum memories", *Nature Photonics*, 6(11):777–781, 2012.

[19] Muralidharan S., Kim J., Lütkenhaus N., Lukin M. D., Jiang L., "Ultrafast and fault-tolerant quantum communication across long distances", *Physical review letters*, 112(25):250501, 2014.

[20] Dahlberg A., Skrzypczyk M., Coopmans T., Wubben L., Rozpedek F., Pompimi M., Stolk A., Pawelczak P., Knegjens R., de Oliveira Filho J., *et al.*, "A link layer protocol for quantum network", *in Proceedings of the ACM Special Interest Group on Data Communication*, pp. 159-173, 2019.

[21] Boche H., Mathar R., Bassoli R., Deppe C., Ferrara R., Fitzek F. H. P., Janssen G., Saeedinaeeni S., *Quantum Communication Networks*, Springer, 2021.

[22] Wu X., Kolar A., Chung J., Jin D., Zhong T., Kettimuthu R., Suchara M., "Sequence: a customizable discrete-event simulator of quantum networks", *Quantum Science and Technology*, 6(4):045027, 2021.

[23] Bartlett B., "A distributed simulation framework for quantum networks and channels", arXiv:1808.07047, 2018.

[24] Coopmans T., Knegjens R., Dahlberg A., Maier D., Nijsten L., de Oliveira Filho J., Papendrecht M., Rabbie J., Rozpędek F., Skrzypczyk M., *et al.*, "Netsquid, a NETwork Simulator for Quantum Information using Discrete events", *Communications Physics*, 4(1):1–15, 2021.

[25] DiAdamo S., Nötzel J., Zanger B., Beşe M. M., "Qunetsim: A Software Framework for Quantum Networks", *IEEE Transactions on Quantum Engineering*, 2:1–12, 2021.

[26] Satoh R., Hajdušek M., Benchasattabuse N., Nagayama S., Teramoto K., Matsuo T., Metwalli S. A., Satoh T., Suzuki S, Van Meter R., "Quisp: a quantum Internet simulation package", arXiv:2112.07093, 2021.

[27] Wu X., Kolar A., Chung J., Jin D., Suchara M., Kettimuthu R., "Parallel Simulation of Quantum Networks with Distributed Quantum State Management", *TOMACS*, vol. 34, n° 2, janvier 2024.

[28] Dupuy F., Goursaud C., Guillemin F., "ASPEQT, A Smart Protocol Environment for Quantum Transmissions", INSA Lyon et Orange, publication à venir.

Chapitre 7

[1] Wippish M., https://www.youtube.com/watch?v=lVu_F1Amygl.

[2] https://physicsworld.com/a/quant-nets-testbed-innovations-reimagining-the-quantum-network/.

[3] Bersin E., Grein M., Sutula M., Murphy R. *et al.*, "Development of a Boston-area 50-km fiber quantum network testbed", *Physical Review Applied*, arXiv:2307.15696, 2021.

[4] Wu W., Chung J., Kanter G., Lauk N., Valivarthi R., "Illinois Express Quantum Network for Distributing and Controlling Entanglement on Metro-Scale", *IEEE*, arXiv:2111.10256, 2021.

[5] Rabbie J., Chakraborty K., Avis G., Wehner S., "Designing Quantum Networks Using Preexisting Infrastructure", QuTech, 2020.

[6] https://www.insidequantumtechnology.com/news-archive/china-creates-worlds-first-integrated-quantum-network-stretching-for-thousands-of-kilometers/.

[7] https://www.machinedesign.com/3d-printing-cad/article/21837696/doe-builds-largescale-quantum-network-testbed.

[8] https://www.insidequantumtechnology.com/news-archive/numana-quantum-communication-testbed-2-0-an-innovation-tool-for-all-players-in-the-ecosystem/.

[9] Pelet Y., Sauder G., Cohen M., Labont L., Alibart O., Martin A., Tanzilli S., "Operational entanglement-based quantum key distribution over 50 km of real-field optical fibres", arXiv:2207.14707, 2022.

[10] https://www.youtube.com/watch?v=QcQBxxn52GQ.

Index

Q

S

T

V

W